本书系国家社会科学基金教育学青年课题
"基于职业化的新型职业农民学习策略与支持体系研究"
（CKA150135）的研究成果。

新型职业农民
职业化学习研究

欧阳忠明◎著

人民出版社

目　录

前　言

随着工业化、城镇化的迅速发展，"昼出耘田夜绩麻，村庄儿女各当家"的往日情景已然变成了"难忘日间禾苗香，最忆夜间月半霜"的故土怀旧。当前，农村劳动力大量流动，农户兼业化、村庄空心化、农村人口老龄化等问题日渐凸显，越来越多的人意识到摆在我们面前不容回避的问题：谁来坚守乡村振兴的前沿阵地？未来中国，谁来种地，如何种好地？结合当前我国国情和农业发展实际，培养爱农业、懂技术、善经营的新型职业农民成为破解难题的重要策略。

2012年中央一号文件首次从国家层面做出了"大力培育新型职业农民"的决定。农业部也从2012年开始在各个省份开展了新型职业农民培育的试点工作。2013年中央农村工作会议进一步指出，"要把加快培育新型农业经营主体作为一项重大战略，以吸引年轻人务农、培育职业农民为重点，建立专门政策机制，构建职业农民队伍"。2014年，农业部、财政部决定，全面推动农村劳动力培训阳光工程转型升级，启动实施新型职业农民培育工程。2017年，原农业部印发《"十三五"全国新型职业农民培育发展规划》，明确"十三五"我国新型职业农民培育的发展思路、主要任务、重点工程和具体措施，对新型职业农民培育工作具有重要指导意义。2018年1月，《中共中央国务院关于实施乡村振兴战略的意见》指出，加快推进乡村治理体系和治理能力现代化，加快推进农业

1

农村现代化,走中国特色社会主义乡村振兴道路,让农业成为有奔头的产业,让农民成为有吸引力的职业,让农村成为安居乐业的美丽家园。

当我们为"农民"成为有吸引力的职业而兴奋不已时,问题也随之而来。谁是新型职业农民,怎么培育新型职业农民?从2012年开始,关于新型职业农民培育的研究成果呈快速增长趋势。然而,在众多研究成果中,关于"新型职业农民是谁"却存在一定的混淆。有研究者把新型职业农民仍然局限于"传统农民",有研究者则认为新型职业农民一定要居住在农村,诸如之类的"对象论""地域论"的内涵界定无疑让业界纷扰。《"十三五"全国新型职业农民培育发展规划》指出,新型职业农民是以农业为职业、具有相应的专业技能、收入主要来自农业生产经营并达到相当水平的现代农业从业者。从发展进程看,新型职业农民这一术语是在传统农民基础上发展而来的,被中国时代发展赋予了新的内涵。作为一个从农民发展而来的概念,除了具备农民以农业生产经营为主要收入等特征外,还应具备以下特点:职业的稳定性,即"谁来种地";生产的市场化,即"怎么种地";能力的素质化,即"如何种好地"。这也就意味着,无论是谁,只要具备上述特性,都可以成为新型职业农民。

在美国社会学家安德鲁·阿伯特(Andrew Abbott)看来,职业是指一些排他性的行业群体,它们把某种抽象知识用于特定事项。相对于"职业"的静态性,"职业化"呈现出一种由"不是"向"是"转变的动态过程。科恩认为,职业化强调个体在发展过程中获得专业知识、技能和身份的复杂过程。在该过程中,个体通过与他人、环境的互动,不断内化自我的价值观、行动规范等。由此看出,新型职业农民的职业化是一个持续的、动态的以及与外部持续互动的学习过程。虽然当前关于新型职业农民培育研究的成果丰硕,但往往局限于一种"静态"形式,即某个时段的学习过程,难以全景式地、动态地揭示新型职业农民职业化进程;同时,当前关于新型职业农民培育的研究,过多地聚集于外部支持体系,忽视了新型职业农民作为一个学习主体的主观能动性。为此,新型职业农民走向职业化，我们需要重点关注两个问题：一是新型职业农民成长的全过程。新型职业农民在不同的成长阶段面临的任务有所差异，其所面临的外部情境各异，那么其学习目标、学习策略的选择也必将有所侧重。二是既要关注新型职业农民培育的外部支持体系，更要关注新型职业农民学习的主体性。新型职业农民走向职业化，不仅需要政策、经费投入、课程体系、师资力量等外部要素的支持，还需要基于自我需求而做出的主动选择学习的过程。

基于上述考量，个人于2015年以"基于职业化的新型职业农民学习策略与支持体系研究"为题，成功获得国家社会科学基金教育学青年课题立项（课题批准号CKA150135）。从立项开始，个人和团队成员先后奔赴全国7个省市22个地县市对22位新型职业农民进行了深度访谈，并发放1000多份问卷，力争勾勒新型职业农民职业化学习图景。可以说，本书内容是该课题研究成果的最终结晶。本书共八章。第一章以"新型职业农民职业化兴起的话题"为切入点，探究新型职业农民职业化的必要性，对新型职业农民的内涵、核心能力做了界定，并对国内外关于新型职业农民职业化学习研究成果进行了概述。第二章从成人学习理论概述、职业化基本内涵概述、成人学习与个体发展的关系视角，回答成人为什么能够通过职业化进程成长为新型职业农民。第三章到第六章主要从研究设计、故事呈现、图景勾勒与理论检验，回答新型职业农民如何通过学习实现职业化发展的问题。第三章对混合研究设计的方法论依据、研究设计和操作流程进行介绍；第四章和第五章通过描述6位来自不同地区、行业、经历的新型职业农民成长故事，为读者揭示他们在职业化发展中的成长与蜕变历程，勾勒出新型职业农民职业化学习的理论框架，以及学习中存在的问题；第六章则再次深入实践，通过扩大新型职业农民研究对象，搜集数据，检验前期研究结论的科学性与合理性。第七章从新型职业农民个体角度出发，建构了自我学习的有效策略。第八章从社会支持体系出发，提出了相关的学习保障策略。

第一章　新型职业农民职业化的兴起

一、新型职业农民职业化的必要性

农村稳则天下安，农业兴则根基牢，农民富则国家盛。2017 年 10 月 18 日，习近平总书记在党的十九大报告中，首次提出"实施乡村振兴战略"，指出"农业农村农民问题是关系国计民生的根本性问题，必须始终把解决好'三农'问题作为全党工作重中之重"。2018 年 1 月，《中共中央国务院关于实施乡村振兴战略的意见》指出，加快推进乡村治理体系和治理能力现代化，加快推进农业农村现代化，走中国特色社会主义乡村振兴道路，让农业成为有奔头的产业，让农民成为有吸引力的职业，让农村成为安居乐业的美丽家园。虽然，伴随着我国产业结构的不断调整，农业在国民经济中的比重不断下降，但它作为国民经济基础的地位依然稳固。在农业现代化发展进程中，随着科学技术的迅猛发展，如果仅仅靠土地等传统生产要素投入来推动农业经济增长，已然无法适应现代农业的发展模式。具有较高科学文化素质、掌握现代农业生产技能、具备一定经营管理和市场开拓能力的农业从业者成为当前我国农业发展的关键因素。

（一）农业农村现代化对人才的诉求

务农重本，国之大纲。在当代中国，农业的根本出路在于走向现代化。2016年10月，国务院印发《全国农业现代化规划（2016—2020年)》，将农业现代化作为引领农业发展的新方向。党的十九大报告中明确指出，要加快推进农业农村现代化。当然，要实现与国家现代化建设同步，农业农村现代化比单一的农业现代化的内涵更加丰富，它包含现代农业的产业体系、生态建设、乡风构建、治理方略、生活情况等各方面的内容。农业农村现代化应包括农业生产方式的现代化、农民生活方式的现代化、农民价值观和思维方式的现代化。

人是生产力发展的第一要素，是推动农业农村现代化必需的支撑。不可否认的是，我国在推动农业生产经营的改革中，更多地关注农业生产或农产品数量指标的增长，而对于这些产品如何有效生产，依靠谁来生产的问题并没有深入探究。根据《新型农业经营主体发展指数调查（三期）报告》调研数据，2015年，新型农业经营主体，即农业产业化龙头企业、农民专业合作社、种养大户以及家庭农场等，所销售的"三品"认证农产品总额为6535.63亿元，占全国农业总产值的6.10%。由此可见，我国新型农业经营主体在高品质农业生产中扮演重要角色，是转变农业发展方式、推进我国农业供给侧结构性改革的生力军。新型农业经营主体仅仅是我国通过推进农业供给侧结构性改革来解决"三农"问题的一个缩影。当前，转变农业发展理念，革新农业发展方式，推进农业供给侧结构性改革，在农业产业结构调整、机制体制整合等方面进行一场与时俱进的深刻变革，成为时代的应然。

在这场变革中，首要且根本的要求就是人的思维、眼光、追求、方法、能力等的变革与提升，就是要推进与"农业农村现代化"相适应的农业生产经营人才队伍的建设。从宏观层面看，影响我国农业农村现代化的因素包括人力资本质量、社会资本支持度、信息平台构建、经营规模影响、地区发展制约、新型农业经营主体类型等。然而，归根结底，这些最后都要落脚到人的因素，既包括高素质的农业人才，也包括与生产经营活动直接相关农民的素质。据官方统计，现在全国20.26亿亩农田中，有50%以上可以实现人工灌溉，说明"靠天吃饭"的农业传统正在改观；中国农业科技进步贡献率达到56%，这意味着农业增产的原因大多是基于科技进步，而非基于种植面积的扩大；全国田间平均机械化作业水平达到63%，这些无疑都是农业生产力发展的标尺。新型农业设备、技术、品种等的推广需要具有一定知识技能的农业生产经营人才的积极参与；农业产品质量的改善与绿色生态的可持续发展需要具有可持续发展眼光的农业生产经营人才来推动；农产品的品牌建设、生产营销、市场推广等需要具有现代农业思维能力和经营能力的队伍来驾驭。

党的十九大报告指出，我国已经进入全面建成小康社会的决胜期，也是加快推进农业现代化的关键期。农民是农业生产生活的主体，是推动农业现代化的首要力量。近年来，随着我国城镇化和现代化的推进，越来越多的年轻人离开农业、远离土地，导致农村大量耕地撂荒，劳动力持续缺乏，农业生产经营方式滞后，从而威胁着我国粮食生产和社会稳定。农村人口的流失给农业农村发展带来新的挑战：一方面，农村现有的务农劳动力呈现兼职化、老龄化、低文化的趋势；另一方面，现代农业规模化、标准化、集约化生产对农业劳动力素质提出了更高更新的要求。因此，加快培育新型农业生产经营主体，培养具有新思维、新眼光、新技术、新追求的农业人才，是从根本上解决农业农村现代化"短板"问题的必然选择。

（二）新型职业农民培育政策的兴起

在"城镇化"成为中国社会热门话题之际，农村人口流动、农民工等成为社会热词，农村"空心化"现象已然普遍存在。传统以家庭为单位的小农经济模式已不适应中国农业农村现代化的要求，规模化经营、市场化推广、精细化管理、科学化投入的模式是国家与社会对农业发展的新要求。那么，谁来从事农业生产？农民职业化的问题应时而生，一批爱农业、懂技术、善经营的"现代农民"——新型职业农民正在成为现代农业建设的先导力量，即农业农村现代化的中流砥柱。青年农民工、中高等院校毕业生、退役士兵、科技人员、农村种粮大户、农业企业骨干、家庭农场主等成为新型职业农民的主要来源，正逐步发展为具有适度规模的农业生产经营主体。截至2015年底，全国新型职业农民约1272万人，比2010年增长55%，可以说，农民职业化呈现势不可当的趋势。2017年，原农业部印发《"十三五"全国新型职业农民培育发展规划》明确提出，到2020年，我国新型职业农民数量要超过2000万人。对于拥有14亿人口，9亿农村人口的中国来说，多少数量的新型职业农民方可达到我国社会对农业发展的要求？据原农业部推算，拥有生产型3000万人、专业技能型6000万人、社会服务型1000万人，总数约1亿规模的新型职业农民比较符合中国国情。因此，只有加大新型职业农民的培育力度，才能为我国农业农村现代化提供坚实的人力基础。

让农民成为一个有前景、有获得感、有幸福感的职业，就要在农业发展过程中有效地开展新型职业农民培育工作。培育与培训仅仅一字之差，却代表了一种制度与观念上的革新，由追求效率性转到注重长期性、发展性；由单一的技术培训拓展到技能培训、经营管理等多元素质并重；由单纯的教育培训延伸到认定管理、跟踪服务以及政策扶持。新型职业农民培育是一项复杂的系统工程，科学系统的顶层设计和有效的政策支持，是推动其发展的重要保障。为了推动现代农业发展，我国在新型职业农民培育方面投入了大量资源。

就培育政策支持分析，相关文件的颁布为新型职业农民培育提供了有力支撑。2017年，由原农业部印发的《"十三五"全国新型职业农民培育发展规划》系统地分析了我国新型职业农民培育中的发展形势、发展指标、主要任务、重点工程，为各地开展新型职业农民培育提供了系统性、全局性的指导。陕西、江西等 11 个省、区、市政府也相应出台了《关于加快培育新型职业农民的意见》等文件，为各地切实推动新型职业农民培育提供了政策支持与依靠。

就培育对象覆盖面分析，广泛性与针对性相结合为新型职业农民培育构建了坚实基础。目前，新型职业农民的培育对象主要包括三类：一是具有创新、创业能力的"新农"，以大学生、返乡农民工和退伍军人为代表，主要进行绿色生态农业、休闲农业等培训，为现代农业发展注入新鲜血液。据不完全统计，目前全国"新农"规模超过 200 万人，成为引领我国现代农业发展的新生力量。二是想务农、有经验的"老农"，以传统农民为代表，主要开展农业技术推广、规模化经营、专业化生产等方面培训，积极为农民打造新出路。三是高学历、有情怀的"知农"，以高学历人才、农业科技人员等为代表，主要针对其开展理论学习、实践教学和创业孵化等相结合的创业、创新培训，为农业发展储备人才。

就培育体系创建分析，多元的农民教育培训体系为新型职业农民培育提供了多种选择。2016 年，新型职业农民培育工程已经覆盖 8 个整省、30 个整市和 800 个示范县，全国 1600 个县开展了新型职业农民培育。2012 年至 2017 年，中央一号文件都曾涉及关于新型职业农民培育的内容，致力于构建各级农业广播电视学校、涉农高校、科研推广机构、农业社会组织等多元化的培育体系。农业广播电视学校作为农民教育培训的专门机构，提供理论化、系统化和应用化的教育与培训；农民职业教育集团、农业园区和农业企业利用自身优势，打造新型职业农民培育实训基地和创业孵化项目。同时，新型职业农民培育项目实践也根据目的、内容、对象有所侧重。在培育认证方面，初步形成了新型职业农民初级、中级、高级"三级贯通"的新型职业农民培育认证框架。

就培育资源投入分析，资金、项目、人才等投入能帮助新型职业农民培育更加有效推进。2014年、2015年中央财政资金对新型职业农民培育分别投入11亿元专项资金，到2016年增加到13.9亿元，2017年投入为15亿元。目前累计投入专项资金超过80亿元。据不完全统计，地方各级政府纷纷加大投入，2017年地方各级财政投入突破10亿元，生产经营型职业农民补助3000元，现代青年农场主和农业职业经理人的补助更高。资金的投入为新型职业农民培训师资库发展、教材完善、基地建设等提供了支撑，提升了培训的质量。

（三）成人学习对农民职业化的推动

"谁来种地、如何种好地"的问题成为我国农业农村发展道路上必须要解决的紧要问题。毋庸置疑，解决这个问题的核心是要解决人的问题。在传统的农耕社会，"面朝黄土背朝天"道尽了农业耕作的艰辛，"跳农门"成为千百年来农民群体的无奈选择。随着国家对农业、农村、农民发展的重视，青年人与高级知识分子积极投身农业建设的例子越来越多。据原农业部2017年统计，各类返乡下乡人员已达到700万人，创办的经济实体平均可吸纳7—8人就业；其中返乡农民工比例为68.5%，涉农创业占60.0%；农村创业、兴业人员平均年龄44.3岁，学历为高中、职高或者大专的比例为40.7%。把农民概念回归职业概念，让农民成为令人羡慕的职业，"将来大家会渴求当农民"显然不是一句空话。

历史上，拥有自己的"一亩三分地"是每个农民最幸福的梦想。费孝通先生曾说："乡村里的人口似乎是附着在土上的，一代一代地下去，不太有变动。"[1] 正是对土地依附感的存在，在传统观念中，谈及"农

---

[1] 费孝通：《乡土中国》，人民出版社2008年版，第10页。

民"，人们往往想到的是一种社会等级、一种身份、一种生存状态、一种社会组织方式、一种文化模式或者心理结构。随着社会历史的发展与进步，传统农业一家一户分散经营模式已经不适应农业农村现代化的生产要求，导致了大批现代职业农民的涌现。人类学家埃里克·R.沃尔夫（Eric·R·Wolf）曾以从事生产活动的动机为标准，将农民区分为传统农民（Peasants）和职业农民（Farmers）。传统农民以维持生计为生产目标，而职业农民将农业生产作为一项产业来经营，并尽可能地追求利润的最大化。[1] 新型职业农民从一种身份变成一种职业，是将农业作为产业进行经营，并充分利用市场机制和规则来获取报酬，以实现利润最大化的理性经济人。

在国家大力推进农民职业化的同时，新型职业农民也需要紧跟时代步伐，不断提升自我来推动农业农村现代化。就当前我国新型职业农民群体分析，职业农民的来源主要有大学生村干部、大中专毕业生、农业创业者、返乡农民工和传统农民，这类群体对农业有热情、有兴趣，但或多或少都存在生产技术缺乏、经营发展能力欠缺、新技术运用能力不足等问题，为此，系统化的学习就十分必要。"无论是微观或中观层面上的一个个体、一个组织、一个地区，或者宏观层面上的一个民族、一个国家，从容应对社会嬗变的利器之一就是善于学习、不断学习，并通过学习创造奇迹。"[2] 农民职业化进程不是一蹴而就，培育有文化、懂技术、善经营、会管理的新型职业农民需要外部环境与资源的支持和推动，但更源于新型职业农民对学习的认知与践行。例如，一个菜农要成为新型职业农民，在不断积累生产实践经验的同时，更要主动参加有专业资质机构的知识培训，在实践中、与他人交流中、自我反思中不断学习，以拓宽自身在种植生产、品质管理、贮藏运输、市场拓展等方面知

---

① Eric R. Wolf, *Peasants*, New Jersey: Prentice Hall, 1996, p.77.

② ［美］雪伦·B.梅里安编：《成人学习理论的新进展》，黄健等译，中国人民大学出版社 2006 年版，第 1 页。

识。就当前我国新型职业农民培育情况而言，经过几年的培育试点与探索，我国新型职业农民培育体系、制度框架、培育内容等方面不断完善，但培育的科学性、实效性有待进一步检验。同时，农民作为学习的主体，只有充分发挥主体的能动性与积极性，才能充分提升新型职业农民培育的效果。

二、新型职业农民的历史演绎

20 世纪 60 年代中期，法国著名社会学家孟德拉斯在研究法国农民时曾说过："'我要是有一项职业，将比当农民好多了。'我们在调查中经常听到农民这样说。这种遗憾概括出农民的'地位'和其他职业的地位之间的根本差别。……在农村，人们生来就是农民，并且一直是农民。他们不是变为农民的：如果人们是农民，就没有职业。农民是一种存在，是对自我的一种整体的和静态的规定，而其他的职业是人们获得的和占有的'所有物'。"[1] 纵观当今世界，许多农业现代化国家已先后完成了农民从身份到职业的转换[2]。从中国的发展历史上看，农民往往象征着一种身份，是与土地紧密联系在一起的一类群体。当然，随着改革开放的进程，我国现代化的推进，人们已逐渐意识到，这种身份化规定已然不适应社会经济发展的要求，尤其是农业现代化的诉求。从身份到职业的变革，新型职业农民的倡导不仅仅是农民这一群体的发展与变革，更是与我国农业发展历史密切联系。

---

[1]　[法] H. 孟德拉斯：《农民的终结》，李培林译，中国社会科学出版社 1991 年版，第 195、273 页。

[2]　卢荣善：《走出传统——中国三农发展论》，经济科学出版社 2006 年版，第 75 页。

（一）从传统农民到职业农民的历史跨越

虽然，在中国的有关辞书中给出了农民的定义——"农民是指以农业为主要职业的人"[①]。然而，中国的农民实际上仍属于"Peasants"，即传统农民。美国人类学家沃尔夫曾这样定义传统农民：以维持生计为追求、身份有别于市民的群体。传统农民是社会学意义上的身份农民，它强调的是一种等级秩序。[②] 千百年来，中国长期处于小农经济状态，以家庭为本位，"家"是伦理价值和经济生活的核心，以农耕为主要经济特征。所以，我国农民往往被视作为一种身份的象征、户籍的管理制度以及一种社会认可的心理状态。

随着我国城镇化建设和工业经济的快速发展，农村劳动力开始大规模流出并涌入城市。从职业上看，这些人可能是城市工人、企业员工或商业经营者等非农业人员，但他们的身份大多数仍属于农民。伴随着城镇化进程的加速，留在农村务农的人员存在低素质化、老龄化以及空心化等现象。"谁来种地"等问题引发了一系列的社会反思，职业农民的出现正是对我国未来农业生产经营主体的一个发展性思考。这种农业劳动力的转移现象，既为经济发展提供动力、为解放农村劳动力、为农业生产集约化经营创造条件，又为农民职业化创造可能性。早在 20 世纪80 年代，费孝通先生在其著作《近年来中国农村经济发展的几个阶段》中就提及，"亦工亦农是一个行之有效的过渡的方式，随着工业化向深层次发展，工农势必分家，各自成为专业，农业也就实现了现代化"。[③]这是对规模农业生产方式的一个探讨，引导农民从一个限制性身份变成一个兼职职业。

---

① 翟文明、李治威：《现代汉语辞海》，光明日报出版社 2002 年版，第 1569 页。

② Eric R. Wolf, *Peasant Wars of the Twentieth Century Oklahoma*, University of Oklahoma Press, 1966, p.34.

③ 费孝通：《近年来中国农村经济发展的几个阶段》，见费孝通：《费孝通全集》第 14 卷，内蒙古人民出版社 1994 年版。

2005 年，原农业部出台了《关于实施农村实用人才培养"百万中专生计划"的意见》（农人发〔2005〕11 号），文件中首次提出培养"职业农民"[①]。由"传统农民"变成"职业农民"是农民职业化的一种转变过程，也是农民去身份化、知识化和专业化的表现。"职业农民"概念的提出，意味着农民从身份变成了一个可自由选择的职业。从劳动力角度看，职业农民将农民从土地的束缚中解脱出来，有利于劳动力资源在更大范围内进行优化配置，使得更多的人可以选择、能够选择农民作为职业。从农业生产经营角度看，职业农民具备经济头脑与经济目标，农业不仅仅是一个生产粮食的部门，而是集加工、销售、服务为一体的产业，商品经济意识成为职业农民的重要理念。从社会发展角度看，职业农民的提出更加尊重人的个性与选择，尊重个人对农业的兴趣，有利于激发其对农业生产的创造性。

（二）从职业农民到新型农民的社会诉求

1997 年，时任国务院总理温家宝在关于开展"跨世纪青年农民科技培训工程"工作的批示中指出，"从现在起，就应着手培养造就一大批觉悟高、懂科技、善经营的新型农民，使他们成为下世纪建设社会主义新农村的中坚力量"。党的十六届五中全会提出，按照生产发展、生活宽裕、乡风文明、村容整洁、管理民主的要求，建设社会主义新农村是我国现代化进程中的重大历史任务[②]。同时强调，要培养有文化、懂技术、会经营的新型农民，提高农民的整体素质。2007 年 10 月，新型农民的培养问题写入了党的十七大报告。党的十七大报告明确指出，要积极培育有文化、懂技术、会经营的新型农民，发挥亿万农民建设新农

[①] 农业部：《关于实施农村实用人才培养"百万中专生计划"的意见》，2005 年 12 月 20 日，见 http://www.moa.gov.cn/nybgb/2005/dseg/201806/t20180618_6152565.htm。

[②] 《中国共产党十六届五中全会公报》，2012 年 7 月 10 日，见 http://news.sina.com.cn/c/2005-10-11/21127142603s.shtml。

村的主体作用①。

新型农民，一个与传统农民相对而言的概念，一个代表农民新时代精神风貌的概念。与职业农民相比较，新型农民似乎是一个接近的概念，但其内涵与侧重点存在很大不同。从身份上分析，新型农民仍属于农民范畴，强调的是文化素质、技能水平等，与其相对的是传统农民；职业农民则完全摆脱"农民"身份，从"职业"的角度，将农业当作产业来经营。从农业生产经营目的上分析，新型农民更多是利用自身素质的提升来维持生存或者追求美好生活，农业收入是其收入的重要组成部分；职业农民则希望通过农业经营来追求最大化利润，农业是其收入的主要来源，与经济学的"理性经济人"相似。与此同时，新型农民与职业农民有很多共同之处，两者都受现代经营管理理念的影响；职业农民的出现及职业化过程往往伴随着知识技能水平的提升。

（三）从新型农民到新型职业农民的时代定位

2012 年，中共中央、国务院《关于加快推进农业科技创新持续增强农产品供给保障能力的若干意见》首次用"新型职业农民"代替"新型农民"，明确提出要"大力培育新型职业农民"，为农业现代化发展培养大批农村实用人才。② 随着我国社会经济的发展，现代农业已逐渐发展成为三种产业高度融合的产业体系，农业生产经营方式从单一农户向多元主体转变、从种养为主向多领域拓展、从手工劳作向现代科技变革，只有具备较强市场意识，懂经营、会管理、有技术的新型职业农民，才能支持现代农业的发展。

相对于传统农民而言，新型职业农民具有三个突出特征：第一，他

---

① 《十七大报告全文解读》，2007 年 10 月 24 日，见 http://www.xinhuanet.com/newscenter/2007-10/24/content_6938568.htm。

② 中共中央、国务院：《关于加快推进农业科技创新持续增强农产品供给保障能力的若干意见》，2012 年 2 月 2 日，见 https://www.baidu.com/?tn=78040160_26_pg&ch=1。

们有一定的规模化、专业化程度的要求；第二，他们以商品生产为目的，是市场中生产和经营的主体，而不再是被动的小生产者或自己生产自己消费的农民；第三，他们是以农业生产作为致富主业和长久产业的职业者。① 与职业农民概念相比，新型职业农民概念突出了"新型"二字，其意在于突出职业农民面临的社会新环境，更加强调职业农民对现代农业生产方式的适应，对新型农业经营主体的支持作用。与新型农民概念相比，新型职业农民概念突出"职业"二字，意在强调回归农民的职业属性，去除农民的"身份外衣"，赋予新型职业农民与市民同等的社会地位、社会保障等。②

三、新型职业农民的基本内涵

"治本于农，务兹稼穑。俶载南亩，我艺黍稷。"新型职业农民的培育，适应了我国现代农业农村发展的新形势与新要求，体现了传统农业生产方式向现代农业生产经营方式转变的诉求。

（一）新型职业农民术语的演变

随着社会发展的进步，"晨兴理荒秽，带月荷锄归"的农民形象正逐步改变。近年来，我国农业政策对于"农民""职业农民""新型职业农民"等概念的提法也在不断地变化。2005 年，农业部出台的《关于实施农村实用人才培养"百万中专生计划"的意见》中首次提出职业农民的概念，指出农村实用人才培养"百万中专生计划"的培养对象是：农村劳动力中具有初中（或相当于初中）及以上文化程度，从

---

① 夏金星：《发展现代农业职业教育大力培养新型职业农民》，《中国职业技术教育》2014 年第 21 期。

② 庄西真：《从农民到新型职业农民》，《职教论坛》2015 年第 10 期。

事农业生产、经营、服务以及农村经济社会发展等领域的职业农民①。2007 年 1 月 29 日，《中共中央国务院关于积极发展现代农业扎实推进社会主义新农村建设的若干意见》下发，明确指出，建设现代农业，最终要靠有文化、懂技术、会经营的新型农民②。2012 年，《关于加快推进农业科技创新持续增强农产品供给保障能力的若干意见》提出，以提高科技素质、职业技能、经营能力为核心，大规模开展农村实用人才培训……大力造就新型职业农民③。新型职业农民的概念由此提出，并在今后每年的中央一号文件中重点强调。2013 年，中央一号文件指出，大力培育新型农民和农村实用人才，着力加强农业职业教育和职业培训。④2014 年，中央一号文件提出，加大对新型职业农民和新型农业经营主体领办人的教育培训力度。⑤2015 年，中央一号文件将"积极发展农业职业教育，大力培养新型职业农民"作为发展要点。⑥2017 年，《"十三五"全国新型职业农民培育发展规划》这样定义新型职业农民：是以农业为职业、具有相应的专业技能、收入主要来自农业生产经营并达到相当水平的现代农业从业者。⑦2017 年 3 月，

---

① 农业部：《关于实施农村实用人才培养"百万中专生计划"的意见》，2015 年 11 月 25 日，见 http://www.hljagri.gov.cn/ycjy/jydt/200705/t20070523_36135.htm。
② 中共中央、国务院：《中共中央国务院关于积极发展现代农业扎实推进社会主义新农村建设的若干意见》，2007 年 2 月 1 日，见 http://www.xinhuanet.com/video/sjxw/2007-02/07/c_129469604.htm。
③ 中共中央、国务院：《关于加快推进农业科技创新持续增强农产品供给保障能力的若干意见》，2012 年 2 月 1 日，见 http://www.xinhuanet.com/fortune/2012-02/01/c_111478030.htm。
④ 中共中央、国务院：《关于加快发展现代农业进一步增强农村发展活力的若干意见》，2013 年 1 月 31 日，见 http://www.xinhuanet.com/2013-01/31/c_124307774.htm。
⑤ 中共中央、国务院：《关于全面深化农村改革加快推进农业现代化的若干意见》，2014 年 2 月 1 日，见 http://www.xinhuanet.com/2014-02/01/c_234351987.htm。
⑥ 中共中央、国务院：《关于加大改革创新力度加快农业现代化建设的若干意见》，2015 年 2 月 1 日，见 http://www.xinhuanet.com/fortune/2015-02/01/c_1114209962.htm。
⑦ 农业部：《"十三五"全国新型职业农民培育发展规划》，2017 年 1 月 22 日，见 http://jiuban.moa.gov.cn/zwllm/ghjh/201701/t20170122_5461506.htm。

习近平总书记在涉及农业发展问题时，指出要"就地培养更多爱农业、懂技术、善经营的新型职业农民"，为当前我国农业和农村的发展提供了一条新思路、新举措。

农民作为农业生产经营的主体，对农村经济发展水平提升与农业供给侧结构性改革，对农村现代化建设起着至关重要的作用。新型职业农民的培育成为建设新型农业生产经营体系的战略选择，是转变农业发展方式的有效途径，更是具有中国特色农民发展道路的现实选择。从国家对"新型职业农民"的政策文件中可以发现，从"农民"到"新型职业农民"术语的转变，一方面是受农业发展方式的外在变革影响；另一方面是受人才培养结构与社会分工的内在影响。随着我国农业规模经营的快速发展，产业结构的逐步优化，农业生产不断向产前、产后领域延伸，分工细化成为农业发展趋势，这对农民的素质要求也逐渐提升，具有较强市场分析与经营能力、懂得经营管理、善于学习科技知识等新型职业农民成为我国农业发展的必然需求。当前，伴随着受教育水平不断提升，传统农民通过学习提升自身素质，新生代农民具有一定教育水平，部分高学历知识分子投身农业经营，这使得农民的构成结构必然发生变化。"面朝黄土背朝天""雨天一身泥，晴天一身汗"的传统农民形象已经逐渐转变，新型职业农民群体的出现，对于加快构建集约化、专业化、组织化、社会化相结合的新型农业经营体系，将发挥重要的主体性、基础性作用。

（二）新型职业农民内涵的确定

何谓职业农民？何谓新型职业农民？一直以来，国内外研究者对其有不同的界定（见表1-1、表1-2）。我国研究者分别从新型职业农民的能力构成、身份定位、职业要求等角度提出了不同的内涵。就能力构成分析，魏学文（2012）认为，把农业作为固定职业、有较高的文化素质、有技术、会经营、善管理的才是新型职业农民[1]。就收入结构分析，曾一春（2012）提出，新型职业农民是居住在农村或集镇并以农业收入作为主要生活来源，具有科学文化、现代农业生产技能、经营管理能力等综合素质，是以农业生产、经营管理或服务作为主要职业的农业从业人员[2]。就目标追求分析，庄西真（2015）提出，作为现代农业生产的新生力量与领军群体，新型职业农民更加强调以市场为导向，灵活运用市场运作机制，追求自身经济利益的最大化，从而实现现代农业生产经营方式的变革[3]。就身份定位分析，有学者提出，所以用"新型"和"职业"加以界定，赋予了"农民"现代化的含义，特指从事现代农业生产、经营、管理相关的从业者，是经济和产业范围的概念，从而与政治、法律、文化等其他领域概念进行分别，不再局限于户籍制度和身份制度，彻底改变了农民的传统文化形象，甚至改变了"农民"作为特定政治阶层的阶级特点。

表1-1　国外研究者关于职业农民的定义

研究者	职业农民的定义
Eric R.Wolf (1969)[4]	职业农民更类似于经济学意义上的理性人，它是农业产业化乃至现代化过程中出现的一种新的职业类型。
Villa（1999）[5]	职业农民是一个非常动态的农业人口，拥有高素质，在农业经济、竞争力、适应性和接受新思想方面都有突出表现。

---

① 魏学文：《黄河三角洲产业结构生态化发展路径研究》，《生态经济（中文版）》2012年第6期。
② 曾一春：《培育新型职业农民需完善制度设计强化配套政策》，《农村科技培训》2012年第9期。
③ 庄西真：《从农民到新型职业农民》，《职教论坛》2015年第10期。
④ Eric R.Wolf：*Peasant Wars of the Twentieth Century*，Oklahoma：University of Oklahoma Press，1969，p.77.
⑤ 转引自 Paavola，S.，Hakkarinen，K.，"The Knowledge Creation Metaphor-An Emergent Epistemological Approach to Learning"，*Science & Edution*，14（6），2005，pp.535–557.

续表

研究者	职业农民的定义
Frank Ellis (2006) ①	有关农民的分类，即传统属于少数参与市场型和经验型农民，然而职业农民属于获取利润型农民。
Deborah Duveskog 等（2011）②	职业农民相比较传统农民而言，特征存在于显著的个体变化，自信心增强，较强的职业道德致力于农业，改进的人生观，更加注重农业规划和分析。
Vasiliki Brinia (2015) ③	职业农民则充分地进入市场，使自己的土地与劳动从属于开放的竞争，利用一切可能的选择使报酬极大化，并倾向于在更小风险的基础上进行可获更大利润的生产。

表1-2　我国部分研究者关于新型职业农民的定义

研究者	新型职业农民的定义
魏学文（2012）	把农业作为固定职业，有较高的文化素质、有技术、会经营、善管理的才是新型职业农民。
曾一春（2012）	新型职业农民是居住在农村或集镇并以农业收入作为主要生活来源，具有科学文化素质、现代农业生产技能、经营管理能力等综合素质，是以农业生产、经营或服务作为主要职业的农业从业人员。
李玉山、张素罗（2014）④	新型职业农民是农业现代化发展中，能够将体力劳动和科技知识相结合，会生产、懂技术、善经营的新群体，他们是社会主义新农村的建设者和最终受益者，是发展社会主义新农村的建设体。

---

① ［英］弗兰克·艾利思：《农民经济学——农民家庭农业和农业发展》，胡景北译，上海人民出版社2006年版，第21页。

② Edward W. Taylor, Esbern Friis Hansen, Deborah Duveskog, "Farmer Field School in Rural Kenya: A Transformative Learning Experience", *Journal of Development Studies*, 47(10), 2011, pp.1529–1544.

③ Vasiliki Brinia, Nikolaos Soundoulounakis, "Quality Assurance System in Higher Education, International Journal of Academic Research in Accounting", *Finance and Management*, (10), 2015, pp.123–128.

④ 李玉山、张素罗：《新型农民的培养对策浅析》，《特区经济》2014年第1期。

续表

研究者	新型职业农民的定义
庄西真（2015）	作为现代农业生产的新生力量与领军群体，新型职业农民更加强调以市场为导向，灵活运用市场运作机制，追求自身经济利益的最大化，从而实现现代农业生产经营方式的变革。
张明媚（2016）①	在农业现化代背景之下，具有满足现代农业生产、经营、管理所需的科技文化素质、生产技能和职业道德水平，并经过市场和现实的选择，长期或相对固定的农业从业人员。

新型职业农民，作为一个从农民发展而来的概念，除了具备农民以农业生产经营为主要收入等特征外，应该具备以下特点：（1）职业的稳定性，即"谁来种地"。新型职业农民以务农作为固定职业，甚至终身职业，有对身份的认同感，有职业素质要求与职业标准。（2）生产的市场化，即"怎么种地"。新型职业农民涉及农业生产经营的全过程，立足农业生产过程，不断扩展产前的技术研发、模式探究，产后的品牌销售、市场拓展等内容，实现农业生产经营市场化、现代化、科学化。（3）能力的素质化，即"如何种好地"。新型职业农民不仅有文化、懂技术、会经营，还要求其行为对生态、环境、社会和后人承担责任。

在我国，受社会历史影响，农民是身份概念，指的是长期从事农业生产的人。在当代发达国家，农民多为职业概念，指的是经营农业的人。新型职业农民术语是在传统农民基础上发展而来的，被中国时代发展赋予了新的内涵。传统农民与新型职业农民的内涵既有联系又有区别（见表 1-3）。原农业部印发的《"十三五"全国新型职业农民培育发展规划》中对新型职业农民进行了明确界定：以农业为职业、具有相应的专业技能、收入主要来自农业生产经营并达到相当水平的现

---

① 张明媚：《新型职业农民内涵、特征及其意义》，《农业经济》2016 年第 10 期。

代农业从业者。①

表1-3 传统农民与新型职业农民的联系与区别

	传统农民	新型职业农民
联系		
1. 大部分时间从事农业生产、经营、服务等相关劳动； 2. 经济收入主要来源于农业生产、经营、服务等经济活动。		
区别		
定义角度不同	社会学上的身份定义	经济学上的职业定义
人口流动性	身份限制，以户口为依托，流动性较小	职业选择，自由流动
目标定位不同	维持生计	市场主体，追求利润最大化
涉及领域不同	以农业耕作为主	农业新兴产业、服务性产业、规模化产业等
生产投入不同	以个人劳动力为主	较大资金投入、专业知识技能投入、规模化人员投入等
能力要求不同	体力	技能素质、经营管理素质等综合素质

四、新型职业农民的能力特征

（一）新型职业农民的能力界定

人力资源管理学者斯宾瑟（Spencer）认为，能力是指将某一工作（或组织、文化）中有卓越成就者与表现一般者区分开来的个人潜在特征，它可以是特质、动机、自我形象、某领域知识、态度或价值观、认

---

① 农业部：《"十三五"全国新型职业农民培育发展规划》，2017 年 1 月 22 日，见 http://jiuban.moa.gov.cn/zwllm/ghjh/201701/t20170122_5461506.htm。

知或行为技能——任何可以被测量或计数的并能显著区分优秀与一般绩效的个体特征。[①] 新型职业农民是以农业作为生存与发展的基础与依托，也是将职业作为社会价值实现的载体。新型职业农民作为社会劳动者，其参与农业生产、经营与服务的过程就是职业活动的过程，而支撑新型职业农民实现这个过程的关键是能力。

农民，作为一种职业的存在，是对农业发展的一个变革，新型职业农民是对农民这个职业的认可与肯定。因为，本研究在探讨新型职业农民的能力时，更多从职业能力角度出发。新型职业农民的能力是指把农民作为一种职业的能力，即在现代化农业背景下，从事农业领域的农民胜任农业生产、经营、服务所必须具备的综合能力，是知识、技能、经营、管理、责任感、工作态度等的综合呈现。

对于职业能力的概念，我国学者主要有两方面的观点：一是认为，个体职业能力的高低取决于专业能力、方法能力和社会能力三要素整合的状态。[②] 二是认为，职业能力主要有三个层次：职业特定能力、行业通用能力以及核心能力。[③] 在传统观念中，耕种是农民赖以生存的方式，只要肯做，勤劳，就能大量收获，维持生计。农民，曾经是一个没有任何准入门槛，也没有任何技术含金量的代名词。现在，农业已经不仅仅局限于传统的作物耕作，成为一个涉及生产、管理、经营、服务等一体化的行业。新型职业农民应该按照现代职业的要求，确立职业规范与职业能力，让农民成为具有现代技术的农业产业工人与管理者，这是新型职业农民作为职业的存在感的体现，也是促进农业发展的依托力量。

（二）新型职业农民的能力模型

理查德·S.威廉姆斯（Richard S. Williams）认为，"能力模型描

---

① 时勘：《基于胜任特征模型的人力资源开发》，《心理科学进展》2006 年第 4 期。

② 姜大源：《职业教育学基本问题的思考（一）》，《职业技术教育（教科版）》2006 年第 1 期。

③ 陈宇：《职业能力以及核心技能》，《职业技术教育》2003 年第 33 期。

述了有效地完成特定组织的工作所需要的知识、技能和特征的独特组合"①。从职业角度定义，新型职业农民是从事农业生产经营活动的，具有较高科学文化素质、专业生产技能和职业道德素养，并能够充分利用市场机制来获得稳定经济来源，并最终达到盈利最大化的理性经济人。新型职业农民的能力模型是构成新型职业农民职业的核心概念，也是描述新型职业农民特征的应有之义。

能力模型包括自我概念、态度、特性、知识、行为技能等要素，不同学者对新型职业农民的能力模型持有不同观点。王乐杰、沈蕾(2014)从目标层、准则层和操作层三个层次提出了新型职业农民的基本素质、经营能力、职业认同、生态素质的能力构成②。李君等（2016）采用因子分析法，从人际公关特征、职业认同特征、农业知识技能特征、个性心理特征、创业创新特征和学习发展特征等 6 个方面构建了新型职业农民的胜任力模型③。马建富等(2016)依据人力资源素质评价 KSAIBs 模型，从目标要求所应具有的知识、技能、个人的才能以及其他个人特征构建了新型职业农民模型④。范力军(2017)运用 CiteSpace V 可视化分析软件，对研究文献的关键词进行聚类分析，并以此为基础，构建包含个人特征、农业专业化水平、经营管理能力、创新创业能力、法律及政策分析能力、学习能力的六个一级指标十八个二级指标的新型职业农民能力素质模型，为深入开展新型职业农民培育提供参考⑤。

① Richard S.Williams, *Performance Management*, London:International Thomson Business Press, 1998, pp.119–100.
② 王乐杰、沈蕾:《城镇化视阈下的新型职业农民素质模型构建》,《西北人口》2014 年第 3 期。
③ 李君等:《新型职业农民胜任力模型的构建》,《贵州农业科学》2016 年第 7 期。
④ 马建富等:《新型职业农民素质模型的建构——基于 KSAIBs 模型及国内外认定标准》,《职教通讯》2016 年第 34 期。
⑤ 范力军:《新型职业农民能力素质模型构建——基于 CiteSpaceV 的可视化分析》,《中国农业教育》2017 年第 2 期。

　　美国学者理查德·博亚特兹（Richard Boyatzis）在对冰山模型研究基础上，提出了"洋葱模型"，如图1-1所示。能力由内到外构成不同的层次结构，就如洋葱一样，核心的部分是动机，具有一定的固定性，不容易发展，然后由内到外依次是个性、自我形象与价值观、社会角色、态度、知识、技能，越向外层越容易培养与获得。本研究基于"洋葱模型"建构新型职业农民能力模型。根据时代对新型职业农民的要求及其构成特点，新型职业农民的能力包括农业知识与技能、产业经营与管理、信息交流与合作、经营独立性与社会责任感、自主学习与提升等多个方面，但不同的能力特征的重要性与获得性不同，其中自主学习与提升能力是核心部分，经营独立性与社会责任感、信息交流与合作能力是对自身职业的认可与社会角色的认同，农业知识与技能、产业经营与管理能力是经过逐渐培养与提升，实现其职业价值。

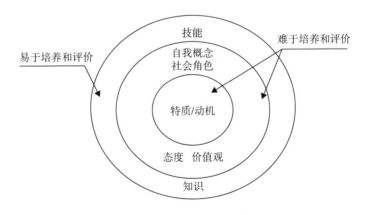

图 1-1　能力洋葱模型 [1]

① Peerasit Patanakul, Dragan Milosevic, "A competency Model for Effectiveness in Managing Multiple Projects", *The Journal of High Technology Management Research*，18（2），2008，pp.118–131.

（三）新型职业农民的能力特征

基于新型职业农民能力模型的建构，从以下几个方面概括新型职业农民的能力特征。

1. 农业知识与技能

当今社会，知识经济时代的背景与学习型社会的要求，对劳动者的知识与技能水平提出了更高的要求。新型职业农民作为今后中国农业的从业主体，应当具备从事现代农业生产的基本知识与技能，包括作物栽培、营养供给、土壤施肥、农业气象等基础农业知识，还应该有相关政策要求、法律、人力资源管理等社会科学文化知识。此外，现代农业机械的使用与操作技能也应该是新型职业农民应该掌握的技能，新材料、新能源的应用技术能够提升农业生产效率，掌握从采购、使用、保养、检测、维修等各个方面对新工具实施全方位管控的技术，使这些新工具能够维系良好的使用状态，从而延长新工具使用寿命。

2. 产业经营与管理

现代农业的发展已然通过产业链的形式向前推进，农业不仅仅只停留在与土地直接联系的生产耕作领域，农业新品种开发、技术推广、产品包装、品牌推广、深加工等经营服务活动潜力巨大。作为新型职业农民要能够运用互联网技术，了解市场行情；运用先进的农业技术，实时跟踪农作物生长情况；绿色种植，并不断获取农产品推广及线上销售等能力。同时，掌握一定管理能力，能够充分利用不同从业者的生产特点，能够合理组织配置人、财、物、信息以及土地等资源，将农业生产经营系统化、科学化，解决经营管理中遇到的问题。

3. 信息交流与合作

当前，农业的规模化生产与经营对农民提出了更高的要求。一方面，新型职业农民要具备一定的信息处理能力，关键是互联网信息处理能力，能够通过搜集、整理、分析和处理信息，合理判断与预测农产品市场变化，包括容量、特点、区域差异等，预测需求，不断调整农业生产。另一方面，新型职业农民要运用社会化团队或组织的优势，资源共享、合作经营和优势互补。通过组建农业合作社或者产业公司，通过紧密协作与恰当分工，搭建信息传递、交流、共享的互动平台，提升风险防范的能力。

4.经营独立性与社会责任感

传统农民长期以来受身份影响而被"孤立"的重要原因是其生活理念与社会观念方面的缺失，与时代发展相脱节。新型职业农民从文化构成上看，以接受过中等以及高等教育的人为主体，能够对职业及身份有明确的认知。新型职业农民能够抛弃以前歧视农民的偏见和行为，爱农业，把农业作为终身职业，增强成为职业农民的自豪感与责任感。同时，能够对社会进步与国家发展政策有充分了解，具备现代职业人的观念，在从事农业生产经营过程中，对社会环境、生态和可持续发展承担责任。最后，要能够不断提升自身生活质量，提升个人综合素质，享受生活，追求美好生活。

5.自主学习与提升

传统农民所具有的优势体现在一定的农业生产经验，但这仅仅停留在"口口相传"或自身积累上，使得农业生产局限在靠天吃饭的经验中。作为"新型职业农民"，首先就要坚持学习与创新，树立终身学习的意识。在互联网与知识经济时代，新型职业农民要将学习作为一项核心的生存与生产能力，从"知识积累"到"知识顺应"，再到"知识创造"，将学习力转化为个人职业成长的动力、农业生产经营的支撑以及社会发展的依托。

五、新型职业农民职业化学习研究成果概述

基于研究主题，以"新型职业农民学习""新型职业农民培训""新

型职业农民教育"等为关键词，对国内相关数据库进行文献检索；以"Farmer Learning""Farmer Training""Farmer Education"等为英文关键词，在 SAGE、Emerald、Springer、EBSCO 等国外数据库进行文献检索，对新型职业农民学习的相关主题进行文献梳理。

（一）国内关于新型职业农民学习的相关研究

1. 新型职业农民学习策略的研究

根据现有文献，按照学习方式的不同，国内围绕新型职业农民学习策略的研究主要分为如下维度：

一是职业培训与新型职业农民学习。在当代中国，农业根本的出路就在于现代化。劳动者是诸多农业生产要素中最关键的要素，而劳动者的素质高低将直接影响传统农业向现代农业的转型。目前，我国新型职业农民培育试点工作已全面铺开，通过职业培训不仅能使农业生产者掌握现代农业生产劳动技能，而且能培养具有生产经营管理能力的现代农业从业者。为此，许多学者从新型职业农民职业培训进行研究。陈春霞和石伟平（2017）指出，新型职业农民培育需要多路径协同进行，其中，职业教育培训是提升农民素质不可或缺的重要路径。[①] 胡焱和王伯达（2017）认为，我国职业农民大多来源于传统农民，要想在短期内将传统农民培养成基本具备现代农业从业者要求的职业农民，最主要的方式便是通过专业性教育培训。[②] 姜明伦等（2009）利用宁波市的问卷调查数据，总结了发达地区农民科技培训的特点，发现了农民对农业科技培训的时间、地点、季节等存在偏好，较为喜欢短、平、快的短期培训方式，并提出了强化农民培训的需求瞄准机制、着重抓好核心农户的培

---

① 陈春霞、石伟平：《新型职业农民培训供给侧改革：需求与应对——基于江苏的调查》，《职教论坛》2017 年第 28 期。

② 胡焱、王伯达：《新型职业农民培育困境及对策研究》，《理论月刊》2017 年第 8 期。

训等建议。① 石火培和成新华（2008）以苏中地区为例，分析了学历、平均收入以及费用分担模式对农民参加培训的重要影响。② 何建斌等（2010）就农村实用性人才的培训层次和体系进行了分析，认为要针对不同年龄、学历、技能的农村实用型人才进行有的放矢的职业培训。③ 易阳和董成（2014）对湖北省230位新型职业农民进行调查研究，发现他们参加培训的最主要目的是增加收入和提高技能。新型职业农民对培训内容更注重实用性，特别是对种植、养殖技术和了解农业政策方面有强烈需求。④ 基于新型职业农民职业培训的现实情况，部分学者通过研究发现，职业培训与新型职业农民需求存在脱节的现象。宋新辉和汤钦乐(2014) 指出，培训职能和资金分散于农业、劳动和社会保障、教育、科技等政府部门，在没有成立相应协调机构或形成协调机制的情况下，容易出现培训规划重复或不相匹配的问题，培训资源供需错配等问题，撒芝麻式的经费分配方式也难以开展高质量的培训。⑤ 陈东勤（2016）亦指出，培训效果考试方式不科学，往往以培训农民的人次、发放证书的数量作为考核指标，还没有真正落实到以培训对农民技能和收入的提升作为考核标准的层次。⑥

　　二是农民田间学校与新型职业农民学习。农民田间学校（Farmer Field School，FFS）是以"农民"为中心，以"田间"为课堂，参加学

---

① 姜明伦等：《发达地区新型农民农业科技培训需求及意愿分析——基于宁波市的调查和分析》，《乡镇经济》2009 年第 8 期。

② 石火培、成新华：《基于 logit 模型下农民接受"新型农民培训"的意愿分析——以苏中地区为例》，《中国农业教育》2008 年第 5 期。

③ 何建斌等：《关于河北省农村实用人才队伍建设的专题研究》，《农民科技培训》2010 年第 11 期。

④ 易阳、董成：《湖北省新型职业农民培训需求调查分析》，《湖北农业科学》2014 年第 14 期。

⑤ 宋新辉、汤钦乐：《当前新型职业农民培育问题探析》，《南方农村》2014 年第 9 期。

⑥ 陈东勤：《新型职业农民培育视角下农民在线学习需求及策略研究——以苏南、苏北地区为例》，硕士学位论文，南京师范大学教育科学学院，2016 年，第 46 页。

习的学员均为农民，由经过专业培训的农业技术员担任辅导员，在作物全生育期的田间地头开展培训。李伟（2014）认为，FFS 更注重实践知识的训练，学员能够与教员进行更为充分的交流，能够提高农民的主体能动性，激发参与热情，在新型职业农民的培养中意义重大。①张宏彦（2016）认为，FFS 应关注新型职业农民的主体地位、注重实际技能培训、充分发挥团体活动的吸引力、以参与式的培训方法为主、发展"农民学习活动日"和做好培训效果评估工作。②田野和常建平（2016）阐述了 FFS 在宁夏的发展现状、具体实践以及取得的成绩。他们认为，应将 FFS 用于新型职业农民的中等职业教育中，并与其相互衔接。③

三是信息通信技术与新型职业农民学习。部分研究者指出，当前对新型职业农民学习策略的研究更多关注于培训方面，他们一致认为，应当通过技术平台构建学习新模式。许浩（2012）提出，要利用远程教育作为新型职业农民学习的新途径，以促进"工业化、新城镇化、农业现代化"的实现。④郭小粉等（2015）针对河南省新型职业农民学习中存在的问题，如：培训时间少、学习形式单一以及缺乏方便实用的教育平台等，探讨了基于 Android 智能手机的新型职业农民教育软件。⑤陈士海和陈晓琼（2015）认为，我们的社会随着"微博""微信""微视""微电影"等微媒体的快速发展和迅速涌现，已然进入"微时代"，要以"微能量"来提高新形势下职业农民

---

① 李伟：《新型职业农民培育问题研究》，博士学位论文，西南财经大学金融系，2014 年，第 32 页。

② 张宏彦：《农民田间学校模式在新型职业农民培育中的应用》，《甘肃农业》2016 年第 5 期。

③ 田野、常建平：《农民田间学校在新型职业农民培育中的应用》，《农民科技培训》2016 年第 1 期。

④ 许浩：《培育新型职业农民：路径与举措》，《中国远程教育》2012 年第 11 期。

⑤ 郭小粉等：《基于 Android 智能手机的新型农民教育软件的设计与实现》，《湖北农业科学》2015 年第 7 期。

培训水平。① 陈东勤（2014）通过调查苏南、苏北地区的新型职业农民得出结论：视频学习以其轻松的学习环境、形象直观有效果的教学形式、节约时间节约成本等优点，充分满足了新型职业农民在线学习的需求，因此，视频学习则成为农民朋友喜闻乐见的在线学习方式。②

四是合作学习与新型职业农民学习。合作学习是一种基于共同目标的互动性学习，目的是实现知识的良性互动。新型职业农民和农业专家基于互惠互利的合作学习，能够最大限度地促进知识互动。教育部办公厅、原农业部办公厅（2014）颁布的《中等职业学校新型职业农民培养方案试行》中明确提出，"要注重吸纳经验丰富的'土专家'参与教学，要积极与农业教育、科研、推广机构建立合作关系"。③ 欧阳忠明和杨亚玉（2017）通过调查指出，新型职业农民向不同类型的合作对象学习，通过借鉴、模仿与应用合作对象的相关知识实现自我知识与合作对象知识的交叉，从而创造新的知识体系④。张晨等（2010）研究指出，由于身份差异的存在，在项目合作中就需要农业专家与新型职业农民在尊重差异与平等协商的基础上，农业专家放低自己的姿态给新型职业农民一个支撑点，通过新型职业农民积极主动的广泛参与，实现双方可持续的、成果共享的、有效益的发展。⑤ 肖菲和王桂丽（2017）通过调研发现，在各自的发展道路上，新型职业农民在职业化的过程中，会遇到技术、营销以及管理等方面的非常规难题，农业专家在研究的道路上也

---

① 陈士海、陈晓琼：《培育中的"微"能量》，《农民科技培训》2015 年第 3 期。

② 陈东勤：《新型职业农民培育视角下农民在线学习需求及策略研究——以苏南苏北地区为例》，硕士学位论文，南京师范大学教育科学学院，2014 年，第 38 页。

③ 教育部办公厅、原农业部办公厅：《中等职业学校新型职业农民培养方案试行》，2014 年 4 月 3 日，见 http://www.gov.cn/xinwen/2014-04/03/content_2652543.htm。

④ 欧阳忠明、杨亚玉：《新型职业农民的职业化学习图景叙事探究》，《现代远程教育研究》2017 年第 4 期。

⑤ 张晨等：《"参与式发展"研究综述》，《农村经济与科技》2010 年第 5 期。

会出现难以攻克的课题。这时，农业专家和新型职业农民不再局限于之前的 3 类学习，基于互惠互利的原则，通过合作学习的方式，取他人之长，补己之短，实现合作双方的优势及资源互补。[①]

五是实践共同体与新型职业农民学习。实践共同体在农业中的直接应用受到限制，因此，我国关于实践共同体与新型职业农民学习的研究也较少。我国相关研究主要体现在新型职业农民学习共同体和培训共同体中。张胜军（2015）认为，学习共同体对创新新型职业农民培训模式、提升培训品质具有重要意义，并提出了新型职业农民培训中学习共同体的建构策略。[②] 何超群和吴锦程（2016）认为，我国学习共同体还未真正地融入新型职业农民学习的研究中。[③] 张胜军和李翠珍（2015）认为，"新型职业农民培训共同体是集精神共同体、利益共同体和实践共同体三重意蕴于一体的有机结合体"。[④] 张胜军和邢敏村（2016）提出了理性构建新型职业农民培训共同体的可行策略。[⑤]

2. 新型职业农民学习策略偏好的相关研究

国内学者对新型职业农民学习策略偏好主要集中在新型职业农民学习方式、学习目标、学习心理等的探讨。陈芃（2014）认为，新型职业农民的学习习惯有一定的特点：（1）学习方式上，他们喜欢能够通过实践而真正体验和掌握的学习方式；（2）学习兴趣上，他们喜欢学对自己

[①] 肖菲、王桂丽：《冲突情境中的学习：基于新型职业农民与农业专家项目合作的个案研究》，《职教论坛》2017 年第 36 期。

[②] 张胜军：《新型职业农民培训中学习共同体建构的意义与策略》，《职教通讯》2015 年第 25 期。

[③] 何超群、吴锦程：《近十年新型职业农民学习共同体研究述评》，《湖北成人教育学院学报》2016 年第 3 期。

[④] 张胜军、李翠珍：《新型职业农民培训共同体：内涵与意蕴》，《职教论坛》2015 年第 34 期。

[⑤] 张胜军、邢敏村：《新型职业农民培训共同体：意义与生成》，《职教论坛》2016 年第 18 期。

有用的知识；（3）教学方法上，他们喜欢多次重复的整体学习；（4）学习模式上，他们喜欢相互学习，取长补短，并以此为基础提出优化传统教学、强化田间课堂等创新模式。高安平（2015）也对新型职业农民学习心理、习惯、特点进行了研究，他对新型职业农民学习的见解与陈芃相似，他还指出，新型职业农民的学习目的十分明确，就是发家致富；学习时间比较散，不喜长期与远地培训；而且他们抱有较强的求稳求实、不敢冒险、不喜创新的心理。李朝平等（2015）对浦东新区新型职业农民的调查研究发现，新型职业农民的学习目的是以解决实际问题为导向，具有鲜明的职业导向性和实用性。调查结果显示，新型职业农民更加喜欢直观的教学，希望更多的"走出去"。欧阳忠明和李国颖（2017）通过对三位新型职业农民访谈得出，"跟师傅学习""实地考察"是三位新型职业农民在职业初始期最乐于采取的学习策略；偏好的学习内容为专业技能、经营模式及产品种类。[1] 赵邦宏（2012）通过调研发现，最受农民喜欢的培训方式是现场学习和面授。现场学习有较强的实践性和说服性，能够激发农民的兴趣；通过专家面授补充缺乏的技能，并提供双向交流的机会。[2]

3.关于新型职业农民成长的支持体系研究

当然，新型职业农民成长离不开内外部支撑体系的构建。从现有的研究看，大多数研究者关注于外部支持体系的构建：（1）基于教育培训体系的维度。丁红岭和郭晓珍（2018）从培训制度角度出发，以促进新型职业农民培育过程中政府机制与市场机制的协同运转作为基本逻辑思路，设计一套系统完整的新型职业农民培育制度体系。[3] 孙铁玉

---

① 欧阳忠明、李国颖：《传统农民向新型职业农民转型过程中的学习研究》，《河北师范大学学报（教育科学版）》2017 年第 6 期。

② 赵邦宏：《对培育新型职业农民问题的思考》，《农民科技培训》2012 年第 5 期。

③ 丁红岭、郭晓珍：《新型职业农民培育制度体系框架构建研究》，《中国成人教育》2018 年第 2 期。

(2017) 则从培训课程体系设计出发,对新型职业农民培育课程体系设计的理念、原则和框架进行了探讨,并基于泰勒原理,对新型职业农民培育课程体系的目标、课程内容、课程实施和评价进行了较为深入的探讨。[1] 赵奎皓和张水玲 (2015) 则从培育评估角度出发,将新型职业农民教育培育评估指标设计为态度、知识、职业技能和自我发展四个一级指标和相应的八个二级指标,与新型职业农民资格认定的等级相关联,教育培育评估标准依次设计为优秀、良好、合格和不合格四个等级水平。[2] (2) 基于社会支持的维度。马建富和黄晓赟 (2017) 认为,新型职业农民培育需要从多个维度出发,构建一个完整的社会支持体系。"政府必须明确定位,转变职能;职业院校要研究市场,提供优质服务;涉农企业要积极参与,释放活力;社会要努力做好舆论引导,政策宣导激励工作"。[3] (3) 基于法律政策的维度。阙言华 (2014) 认为,政策扶持则是我国建立新型职业农民国家制度的核心内容,是培育新型职业农民的创新举措和根本保障,需要立足国情,完善以土地流转等集聚资源要素为主的农业生产经营扶持政策[4]。钟慧 (2016) 基于相关法律政策文献的梳理发现,"在现有法律政策体系中,缺乏对新型职业农民认定管理、跟踪服务的规范,也尚未构建相应的动态管理机制"。为此,研究者指出,"需要健全新型职业农民的认定管理制度,完善政策扶持体系,构建部门间的合作机制,加强新监督考核激

---

[1] 孙铁玉:《海南新型职业农民培育课程体系构建研究》,《高等继续教育学报》2017 年第 5 期。

[2] 赵奎皓、张水玲:《新型职业农民教育培育评估指标体系设计研究》,《中国成人教育》2015 年第 17 期。

[3] 马建富、黄晓赟:《新型职业农民职业教育培训社会支持体系的建构》,《职教论坛》2017 年第 16 期。

[4] 阙言华:《构建新型职业农民支持扶持政策体系》,《农民日报》2014 年 6 月 21 日。

励机制等"。①

（二）国外关于职业农民学习的相关研究

1. 职业农民具体学习策略的研究

在国外，与新型职业农民类似的术语为"Farmer"，通过对现有文献的梳理，现有研究成果主要聚焦于如下维度：

一是职业培训与职业农民学习。在当前全球化背景下，国家经济活动各个方面的高度竞争已严重影响到农业的专业发展。显而易见的是，该领域的工作需要职业农民接受与时俱进的培训，提升自我的知识、技能以及态度。农业培训与现代农业生产要求（农业技术的改进、新的生产模型、有机产品的需求、自然资源的整合）有很强的联系。而且，现今农业培训不应该仅仅解决农业生产问题，而且还要解决社会和农业劳动的竞争力问题。为此，相关研究者对职业农民参与职业培训进行相应的研究。有研究者对培训与变革之间的关系进行了探讨，例如，苏·基尔帕特里克（Sue Kilpatrick，2000）指出，职业培训有利于提高职业农民对管理实践做出变革的能力和意愿。当然，培训项目只是影响参与者进行变革实践的几个因素之一。培训活动为参与者和专家培训师提供了互动的机会。当然，这种互动有助于改变职业农民对新实践的价值观和态度②。有的研究者探讨了职业培训与职业农民所在组织之间的关系，例如，理查德·F. 米瑞德等（Richard F. Miirod，2014）基于深度访谈的方法，探讨了职业培训与职业农民组织绩效之间的关系。研究发现，"个体迁移的能力""受到反馈"和"资源的适用性"会影响到培训成果的转化，从而影响组织绩效。为此，研究者建议，如果要使职业农民的

---

① 钟慧:《论培养新型职业农民的法律政策支持体系》,《云南大学学报（法学版）》2016 年第 6 期。

② Sue Kilpatrick, "Education and Training: Impacts on Farmmanagement Practice", in *The Journal of Agricultural Education and Extension*, 2000, pp.105–116.

培训成果合理地转化为组织绩效，就需要关注培训迁移系统的要素，例
如：为学员提供积极反馈和资源的支持①。有的研究者对职业农民培训体
系进行了分析，例如，瓦西里基·布里尼亚和帕潘基欧提斯·帕帕瓦斯
雷欧（Vasiliki Brinia & Panagiotis Papavasileiou，2015）采用定量研究
的方法，借助问卷调查进行数据搜集，对分布在希腊基克拉泽斯州不同
的岛屿上的129位职业农民（40岁以下）进行研究。该研究发现，基
克拉泽斯州岛屿上的年轻职业农民对农民职业培训普遍有积极的态度。
他们还强调了培训内容的重要性，关注当地的农业需求，而非普遍的农
业政策和实践。因此，未来所有的培训项目都应该为当地农业经济的
需要而量身定做（tailor-made）（例如，国家的不同地区有不同的培训
方案)②。有的研究者对培训师的选择进行了相关研究，例如，B.鲁库玉
等（B. Lukuyu，2012）通过焦点小组、公开讨论和访谈的方式，探讨
了职业农民培训师的有效性问题。研究发现，培训师愿意参加职业农民
培训的主要动机包括：职业农民对技术的需求、技术带来的好处、社会
地位的提升和提升产品的愿望。为此，研究者建议，选择有效的培训师
应该考虑两个要素：其一是技术的适切性；其二是培训师的动机。③ 有
的研究者对女性职业农民参与培训进行了探讨，例如，西罗科·梅塞利
（Siroco Messerli，2006）以吉尔吉斯斯坦的女性职业农民为研究对象，
探讨其参与农村职业院校提供的职业培训项目。研究发现，职业培训应

① Richard F. Miirod，Frank B. Matsiko, Robert E. Mazur，"Training and Farmers'Organizations'
Performance"，*The Journal of Agricultural Education and Extension*，Vol.20，No.1，2014，
pp.65–78.

② Vasiliki Brinia, Panagiotis Papavasileiou，"Training of Farmersin Island Agricultural Areas:
The Case of Cyclades Prefecture"，*The Journal of Agricultural Education and Extension*，
Vol.21，No.3，2015，pp.235–247.

③ B. Lukuyu, F. Place, S. Franzel, E. Kiptot，"Disseminating ImprovedPractices: Are Volun-
teer Farmer Trainers Effective"，in*The Journal of Agricultural Education andExtension* ，
Vol.18，No.5，2012，pp.525–540.

该为女性职业农民提供特定的专业课程，她们在参与培训的学习成绩上的表现比男性更好，但是在实际运用过程中却容易暴露出知识和技能等相关问题。①

二是农民田间学校与职业农民学习。农民田间学校旨在使技术和科学知识实现融合，帮助农民成为更好的决策者。然而，传统的"技术转让"方式主要侧重于"最好的技术"，并将这些技术迁移给职业农民；农民田间学校则属于另一种范式，即帮助职业农民成为更好决策者，获得适应、可行的技术。如何让农民田间学校发挥有效的作用，研究者从不同的视角切入。苏珊娜·尼德洛夫和伊西基尔·N.奥东科（E. Suzanne Nederlof & Ezekiehl N. Odonkor，2006）基于体验学习（Experiential Learning）的视角，对加纳豇豆项目进行具体的案例探讨。研究者发现，在这个项目中，农民田间学校能够帮助职业农民开发技术，但忽视了让他们获得可接受和适宜的技术。为此，研究者认为，农民田间学校过去更多地被用来作为信息传递的工具，而不是培育职业农民的体验学习②。爱德华 W. 泰勒（Edward W. Taylor，2012）则基于质变学习（transformative learning）的视角，以质性研究方法论为指导，通过多元访谈和观察，研究者揭示了非正规教育背景下质变学习错综复杂的图景。从表面上看，FFS 与哲学教育观存在冲突：一方面，FFS 是一个高度结构化的项目，往往依靠传授模式的教学，但与此同时，它又鼓励参与式决策（如建构主义）、小组讨论和定期参与地

---

① Siroco Messerli, Maksat Abdykaparov, Peter Taylor, "Vocationaleducation and Training for Woman Farmers in Kyrgyzstan: A Case Study of an Innovativeeducation Programme", *Journal of Vocational Education & Training*, Vol.58, No.4, 2006, pp.455–469.

② E. Suzanne Neder, Ezekiehl N. Odonkor, "Lessons from an Experiential Learning Process: The Case of Cowpea Farmer Field Schoolsin Ghana", *The Journal of Agricultural Education and Extension*, Vol.12, No.4, 2006, pp.249–271.

方文化活动①。索尼娅·戴维和克里斯托弗·阿萨莫阿(Soniia David & Christopher Asamoah, 2011) 基于社会资本的视角, 以案例研究方法探讨了可可种植职业农民进入 FFS 学习的过程。研究者发现, FFS 提升了职业农民之间的社会凝聚力, 通过创造新的知识交换和支持网络, 提升了个体社会技能, 促进了群体信息交流, 还提升了职业农民在群体工作时的自信和能力。研究者指出, FFS 为职业农民的人力资本和社会资本的培育提供了更好的跳板②。还有相关研究者认为, 参与 FFS 的活动, 能够提高职业农民的年收入③。

三是信息通信技术与职业农民学习。杰姆·罗杰斯(Jim Rogers)在《数字化时代的社会生活》中提出:"我们生活在一个日益数字化的社会中, 用批判性意识证明互联网以及一系列数字通信和信息技术对社会的影响, 从来没有比今天更为重要。"④在职业农民学习过程中, 信息通信技术(Information Communication Technology, ICT) 成为农业技术推广的一种有效策略。杰佛利·胡本特利(Jeffery W. Bentley, 2015)等指出, 假如 ICT 使用得当, 职业农民能够参与其中, 那么其在农业技术推广过程中, 将会具有很好的前景⑤。帕克(Park et al., 2007)等

---

① Edward W. Taylor, Deborah Duveskog, Esbern Friis-Hansen, "Fostering Transformative Learning in Non-formal Settings: Farmer-Field Schools in East Africa", *International Journal of Lifelong Education*, Vol.31, No.6, 2012, pp.725–742.

② Soniia David, Christopher Asamoah, "The Impact of Farmer Field Schools on Human and Social Capital: A Case Studyfrom Ghana", *The Journal of Agricultural Education and Extension*, Vol.17, No.3, 2011, pp.239–252.

③ Yasuyuki Todo, Ryo Takahashi, "Impact of Farmer Field Schools on Agricultural Income and Skills: Evidence from an Aid-Funded Project in Rural Ethiopia", *Journal of International Development*, J. Int. Dev.25, 2013, pp.362–381.

④ [美] 柯蒂斯·J. 邦克:《世界是开放的——网络技术如何变革教育》, 焦建利主译, 华东师范大学出版社 2011 年版, 第 277 页。

⑤ Jeffery W. Bentley, Paul Van Mele, Md. Harun-ar-Rashid, Timothy J. Krupnik, "Distributing and Showing Farmer Learning Videos in Bangladesh" in *The Journal of Agricultural Education and Extension*, Vol.1, 2015, pp.1–19.

的研究发现，韩国职业农民对电子学习系统的使用比较满意，他们更喜欢基于互动的 ICT 学习环境，而不是使用传统的教学策略①。夸-门萨和马丁（Kwaw-Mensah & Martin，2013）指出，在美国，农业技术推广者把基于信息通信技术的教学视作为畜禽废物管理教育最有效的策略②。拉古拉·香西和蒂亚拉贾（Rajula Shanthy & Thiagarajan，2011）曾经对印度甘蔗种植培训进行了一个比较研究，相对于单一课堂教学或多媒体示范，如果职业农民能够把课堂教学和多媒体示范结合起来，那么其能够学习更多，也更愿意在实践中运用③。赫宏（Heong，2014）等对越南一档农业信息电视节目进行探究，研究表明，那些看过该电视节目的职业农民，更愿意在实践中采用农业生态方法，例如在大面积稻田附近种植鲜花，吸引有益昆虫，从而有利于降低种子破坏率、杀虫剂的使用和不必要的氮肥施用④。然而，斯特朗（Strong，2014）等认为，现代农业技术推广不能期望简单地使用视频和其他信息技术。研究者在一项对加勒比地区 119 名推广人员的调查中表明，大多数农业技术推广人员使用信息通信技术为职业农民进行培训，但仍然使用传统的访问和直接互动来接触职业农民。为此，研究者指出，现代农业技术推广人员可

---

① Park, D. B.Y. B. Cho, M. Lee，"The Use of an e-Learning System for Agricultural Extension:A Case Study of the Rural Development Administration, Korea"，in *The Journal of Agricultural Education and Extension*，Vol.13，No.4，2007，pp.273–285.

② Kwaw-Mensah, D. R. A. Martin.，"Perceptions Regarding Selected Educational Strategies Used by Extension Educators"，in *The Journal of Agricultural Education and Extension*，Vol.19，No.4，2013，pp.395–406.

③ Rajula Shanthy, T., R. Thiagarajan，" Interactive Multimedia Instruction versus Traditional Training Programmes: Analysis of their Effectiveness and Perception"，in *The Journal of Agricultural Education and Extension*，Vol.17, 2011，pp.459–472.

④ Heong, K. L., M. M. Escalada, H. V. Chien, L. Q. Cuong，"Restoration of Rice Landscape Biodiversity by Farmers"，in *Vietnam through Education and Motivation Using Media*，Sapiens, Vol.7，No.2，2014，pp.1–7.

能需要关于如何使用 ICT 进行有效推广的指导①。

四是社交网络与职业农民学习。从相关研究成果看，部分研究者对职业农民学习的社交网络进行了探讨。西福洛（Chiffoleau，2005）曾经把职业农民的社交网络概括为三类：日常沟通网络、咨询网络和集体行动网络。有研究者指出，社交网络的学习效率可以根据关系紧密度、获取信息的程度和学习成果实施程度进行衡量。② 也有研究者通过实证研究的方法，探讨了社交网络在职业农民学习过程中的价值。从相关文献所呈现的研究结论看，该价值所扮演的角色逐渐发生变化。在早期，社交网络对于职业农民的帮助较为简单。罗杰斯（Rogers，1995）在一项定量研究中发现，在职业农民的线性模型中实现创新扩散，社交网络一般只起到传达信息的作用。由于只是简单的信息传达功能，社交网络的学习局限性就暴露出来。③ 瓦伦特（Valente，1996）在一项案例研究中发现，假如职业农民已经在实施该项创新所关注的内容，那么诸如此类的社交网络在创新技术扩散过程中更加有效④。当然，越来越多的研究者意识到，社交网络不仅仅是信息传递的渠道，更为知识创新提供了空间。桑加（Sanginga，2009）等指出，社交网络作为一种知识创造空间，已经广泛影响了知识推广的方法，帮助职业农民在当地进行知识创新的设计和实施。⑤

五是实践共同体与职业农民学习。实践共同体（Community of

---

① Strong, Robert, Wayne Ganpat, Amy Harder Travis, L. Irby, James R. Lindner, "Exploring the Use of Information Communication Technologies by Selected Caribbean Extension Officers", in *The Journal of Agricultural Education and Extension*, Vol.20, 2014, pp.485–495.

② Chiffoleau, Y., "Learning about Innovation Through Networks: The Development of Environment Friendly Viticulture", *Technovation*, Vol.25, 2005, pp.1193–1204.

③ Rogers, E.M., *Diffusion of Innovations*, New York: Free Press, 1995.

④ Valente, T.W., "Social Network Thresholds in the Diffusion of Innovations", *Social Networks*, Vol.18, 1996, pp.69–89.

⑤ Sanginga, P.C., Waters-Bayer, A., Kaaria, S., Njuki, J., Wettasinha, C., *Innovation Africa.Enriching Farmers Livelihoods*, London: Earthscan, 2009, p.114.

Practice）关注情境化的社会学习，具体关注知识、实践、社会结构之间的互动。基于实践共同体的学习被视为一个社会建构与知识分享的过程，而不是一个知识传递的过程。为了探讨实践共同体是否存在相关的缺陷和发生解体的过程，部分研究者从实践共同体进行切入。比约恩·恩维斯特（Bjorn Nvkvist，2014）以社会学习理论为切入点，通过半结构访谈方法，对瑞典的职业农民形成的实践共同体深入探讨。研究者发现，职业农民之间的学习与生俱来具有社会性特质，但是该学习不一定会提升自然资源管理或导致更好的环境治理①。塞利夫·劳埃德·摩根（Selyf Lloyd Morgan，2011）基于案例研究方法，以三个有机职业农民形成的实践共同体为比较对象，探讨其如何或是否有助于理解有机职业农民间的社会学习。研究发现，实践共同体的三维模型——共同参与、共同事业和共享智库被用于社会学习的探索过程，与共同体的结构、表面目标、农民的学习行为以及现存知识相联系②。M.P. O' 凯恩（M.P. O'Kane，2006）等以澳大利亚 3030 项目为案例，通过深入访谈发现，该项目的组织结构发展成一个创新型的实践共同体，这个发展过程包括了社会协商学习过程和情境。实践共同体在决策过程中会形成多样话题的互动，从而帮助职业农民获得参与学习的机会和协商创新的方式。③

---

① Bjorn Nvkvist, "Does Social Learning Lead to Better Natural Resource Management a Case Study of the Modern Farming Community of Practice in Sweden", *Society and Natural Resources*, Vol.27, 2014, pp.436–450.

② Selyf Lloyd Morgan, "Social Learning among Organic Farmers and the Application of the Communities of Practice Framework", in *The Journal of Agricultural Educationand Extension*, Vol.17, No.1, 2011, pp.99–112.

③ O'Kane, M.P., Paine, M.S., King, B. J., " Context, Participation and Discourse: The Role of the Communities of Practice Concept in Understanding Farmer Decision-Making", *The Journal of Agricultural Education and Extension*, Vol.14, No.3, 2008, pp.187–201.

2. 职业农民学习策略使用偏好研究

面对外部环境的持续发展，许多职业农民在应对职业生涯不间断的变化中会面临着不同的困境。因此，在过去几十年间，很多研究者试图通过关注农业变化和农民尝试着处理变化这两方面来解决相应的问题。尤为突出的是，大量研究者着手探索了职业农民的学习策略偏好。科什宁和霍本（Korsching & Hoban，1990）采访了 600 位爱荷华州的职业农民，来评估他们的学习策略偏好。按照重要性的降序排列，这些职业农民采用的最重要的学习策略依次是：向其他农民寻求帮助、咨询当地的农产品经销商和政府机构。相对而言，受访者认为，大众媒体渠道对于他们并不重要 [①]。吉尔帕特里克和约翰斯（Kilpatrick & Johns，2003）通过定量研究发现，多数职业农民使用的主要学习策略包括咨询金融及相关领域的专家、向家庭成员和其他农民寻求帮助以及一些其他的非正式学习（如文字性的或电子媒介、在职学习）[②]。同样，索拉（Solano，2003）等通过研究 91 名哥斯达黎加的奶农发现，家人的帮助和咨询技术顾问是他们最喜欢的学习策略 [③]。克莱因和诺维斯基（Kleih & Janowski，2004）在对乌干达职业农民的研究发现：按照重要性的降序排列，农贸市场里的职业农民使用的最重要的学习策略是通过家人、邻居、广播和商贩进行学习 [④]。马赫塔卜和胡山（Mahtab Pouratashi &

---

① Korsching, P.F., Hoban, T.J. IV., " Relationship between Information Sources and Farmers' Conservation Perceptions and Behavior", *Society and Natural Resources*, Vol.3, No.1, 1990, pp.1–10.

② Kilpatrick, S. Johns, S., "How Farmers Learn: Different Approaches to Change", in *The Journal of Agricultural Education and Extension*, Vol.9, No.4, 2003, pp.51–64.

③ Solano, C., Leon, H., Perez, E., Herrero, M., "The Role of Personal Information Sources on theDecision Making Process of Costa Rican Dairy Farmer", *Journal of Agricultural Systems*, Vol.76, No.1, 2003, pp.3–18.

④ Kleih, U., Janowski, M., Farmers' and Traders' Source of Market Information in Lira District, Uganda Journal of Agricultural Sciences, 9, 2004, pp.693–700, http://www.coard.co.uk/downloads/section09/papers/theme4/0693-0700-kleih.pdf, accessed 20 December 2005.

Hooshang Iravani Mostafa Karbasioun，2012）基于定量研究方法，对不同人格特质的学习者的学习策略进行比较。从性别看，男性和女性职业农民学习策略偏好为：视觉型学习模式：18%和15%；听觉型学习模式：13%和16%；阅读写作型学习模式：5%和1%；动觉型学习模式：28%和17%。从年龄看，低于30岁以及41—50岁的职业农民对视觉型学习模式青睐；31—40岁以及50岁以上的职业农民更倾向于动觉型学习模式。从教育层次看，低学历的职业农民喜欢动觉型学习模式；高学历的职业农民更喜欢听觉型学习模式。穆斯塔法·卡尔巴森（Mostafa Karbasioun，2008）等则通过对120名曾参加过扩展课程的伊斯法罕职业农民进行访谈，发现（见表1-4）他们已经会适当地通过书籍、期刊、农场主、朋友、同事和成功的农民等途径学习，也会小范围地向农民学习小组、视听材料、私人机构、输入供应商、产品买家、农村委员会和他们受过教育的孩子学习，而参加农村青年俱乐部和网络在线学习是最不常用的学习策略。同时研究者发现，不同的人格特质差异，导致他们的学习策略存在差异。例如，年纪较大的农民更少使用农业期刊和书籍，很少从朋友、同事和亲戚那里得到帮助，较少参与农民学习小组，也较少接受私人机构的支持；更高文化水平的农民则能够更好地利用各种策略，如阅读期刊与书籍学习、积极参加学习小组、与不同的农民群体交流、利用自学材料、向产品的买家或供应商学习以及使用网络学习。

表1-4 伊斯法罕职业农民使用的学习策略的排名、平均值和标准差 ①

学习策略	Na	Rb	Mc	SD
1. 参加短期扩展课程	101	1	3.0	1.06
2. 通过个人访问官方的扩展代理获得帮助	100	2	2.7	1.04
3. 在职学习中反复试验	102	3	2.4	1.20
4. 参加会议、讲习班和研讨会	102	4	2.2	1.30
5. 阅读专业期刊和书籍	98	5	1.9	1.17
6. 从参观推广研究农场中学习	98	5	1.9	1.25
7. 向朋友、同事和亲属学习	102	6	1.8	0.96
8. 向成功的农民求助	101	6	1.8	1.11
9. 参加农民学习小组	101	7	1.2	1.26
10. 使用视听材料、录像带等自学工具	101	8	0.9	1.07
11. 向私人机构求助	99	9	0.8	1.11
12. 向投入供应商学习	100	9	0.8	0.97
13. 向产品买主学习	102	9	0.8	0.96
14. 向农村委员会成员学习	99	9	0.8	1.05
15. 向受过教育的孩子学习	99	10	0.7	0.94
16. 参加农村青年俱乐部	100	11	0.3	0.78
17. 网上在线学习	100	11	0.3	0.84

注：a 少于102个被调查者数；b 排名；c 平均值；Standard Deviation（SD）为标准偏差。

---

① Mostafa Karbasioun, Harm Biemans, Martin Mulder, "Farmers' Learning Strategies in the Province of Esfahan", in *The Journal of Agricultural Education and Extension*，Vol.14，No.4，2008，pp. 307–318.

第二章　成人学习与职业化基本理论概述

一、成人学习理论概述

（一）学习的基本内涵

在成人学习领域，学习被赋予了丰富的内涵。为此，了解"学习"的基本内涵是本研究的逻辑起点。任何讨论学习的定义，都会对"教育"与"学习"进行区别。教育往往是由一个或多个代理人发起和实施的活动，目的是实现个体、群体和社区的知识、技能与态度的改变。教育强调教育工作者、变革代理人为学习提供刺激和强化，并设计相关的活动引发变化。相反，学习强调的是变化发生或期待变化发生的个体。学习是一种行为改变的行动或过程，是知识、技能和态度获得的过程。虽然，二者存在差异，但是要对学习进行较为综合界定，还是较为复杂的。正如加涅（Gagne）曾经指出，学习不是一种能通过简单的理论进行诠释的现象，这是因为，其在不同的条件下，学习引发的行为有所差异[①]。甚至有学习理论家宣称，界定"学习"是困难的，斯密斯（Smith，1982）曾经对这些困难进行了概括：有人认为，由于学习的多样用途，

---

① Gagne, R. M., *The Conditions of Learning*, New York：Holt, Rinehart and Winston, 1965, p.V.

难以对它进行精确的界定。学习通常用来指：（1）已知知识的掌握和获得；（2）个人经验意义的拓展和澄清；（3）有组织、有意识地对相关问题的理念进行检验的过程。换句话说，学习经常用来描述产品、过程或功能①。然而，作为学习理论的著名研究者之一，欧内斯特·希尔加德（Ernest Hilgard）认为，学习应该以诠释而非界定为中心。

虽然，界定一个令人满意的概念是非常困难的，但是，依然有诸多研究者对"学习"进行了相关界定，例如，克罗（Crow，1963）等认为，学习涉及变化。它关注个体的习惯、知识和态度的获得，帮助个体进行自我和社会调整。伴随着学习概念的内涵变化，任何行为变化意味着学习正在发生或已经发生。在变化的过程中发生的学习都可称之为学习过程②。欧内斯特·希尔加德（Ernest Hilgard，1966）对"学习"的界定为：学习是个体与环境互动中发生变化的行为，从而能够有效地适应环境③。克努兹·伊列雷斯（Knud Illeris，2013）认为，学习指生命有机体导致持久性能力变化的过程，而不是由于生物成熟或老化引发的过程。在他看来，学习包含了3个维度：内容、激励和互动④。他曾经通过图例的方式，建立了理解学习的主要领域（见图2-1）。它主要包括两个基础过程和三个学习维度：所有学习都意味着两个截然不同过程的整合，即一个学习者与其社会、文化或物质环境之间的外部互动过程，以及内部心理的阐述和获取过程，并延伸出内容、激励和环境的学习维度⑤

① Smith, R.M., *Learning How to Learn*, *Englewood Cliffs*, NJ：Cambridge，1982，p.34.

② Crow, L.D., Crow, A., *Readings in Human Learning*, New York：McKay，1963，p.1.

③ Hilgard,E.R., Bower,G.H., *Theories of Learning*, New York：Appleton-Century-Crofts，1966，p.6.

④ [丹] 克努兹·伊列雷斯：《我们是如何学习：全视角学习理论》，孙玫璐译，教育科学出版社2013年版，第3页。

⑤ Knud Illeris，*Contemporary Theories of Learning*：*Learning Theorists in Their Own Words*，*Taylor & Francis Routledge*，2009，p.8.

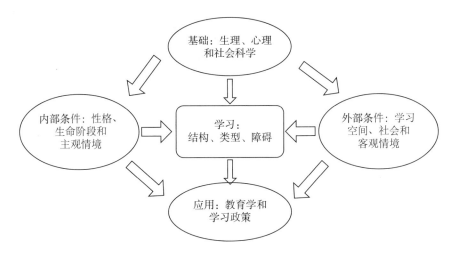

图 2-1　学习的主要领域

从诸多定义来看，大家达成的一个共识是：学习是由行为变化表现出来的经验的结果。从学术界对"学习"内涵的界定，本章拟以三种"隐喻"的方式对"学习"内涵进行诠释：

（1）学习作为一种"获取"的隐喻。这种隐喻的取向主要来源于认知主义学派。学习是个体通过内化和外化活动，获得反映客观规律的认知结构，从而形成有效解决问题的认知能力。"获取"通常表现为如下特征：将新的冲动、影响与相关的早期学习成果联系起来——通过这一点，学习成果获得了它个人的印记①。"获取"主要包括两个要素："内容"和"动机"。"内容"要素往往指个体所学之物，例如：知识、技能、观点、经验以及意义等东西。正是这些东西，构成了学习者的"获取"目标。当然，"获取"过程还需要得到内部能量的支持，即动机、态度、情绪和意志等。这种内部能量能够保证学习者的学习过程充满活力，从而保证内容"获取"的顺利实现。

---

① ［丹］克努兹·伊列雷斯：《我们是如何学习：全视角学习理论》，孙玫璐译，教育科学出版社 2013 年版，第 23 页。

（2）学习作为一种"参与"的隐喻。在让·莱夫（Jean Lave）和埃蒂纳·温格（Etienne Wenger）看来，任何知识都是存在于文化实践中，参与到文化实践中是学习的一个认知论原则。在他们看来，任何学习者的学习不能孤立于社会环境之外，使得学习具有社会性。学习首先被视为一个社会建构与知识分享的过程，而不是一个知识传递的过程。它基于参与，在这一意义上，知识被发现是一个偏离中心的过程，而不是以线性方式从知识的掌握者传递给学习者。学习被看作是一种社会参与互动过程，且学习通过实践参与进行。通过参与一致行动的学习，目标是寻求相应的改变和提升，而不是再造已知的或现存的状态。

（3）学习作为一种"创造"的隐喻。斯法德（Sfard，1998）提出，当今学习主要存在两个基本隐喻："获取"隐喻和"参与"隐喻[1]。然而，正如爱德华兹（Edwards，2005）的观点：虽然这样的二分法确实重现了最近的一些争论，例如对认知的合理解释和定位之间的争论，但这是一种过于简单化的做法，最终可能会产生更多的误导作用[2]。为此，帕沃拉（Paavolas）等已经注意到隐喻的相应转变，他们建议将知识创造作为一个新的——第三个隐喻[3]；芬威克（Fenwick，2006）建议把参与、拓展和转化作为基于工作的学习理论的相关替代和补充隐喻[4]。为此，关于"学习"的认知，逐渐孕育了一种新的隐喻——"创造"。该隐喻强调，学习主要是获取和创造经验知识和概念的过程，或是导致理论知

---

[1] Sfard, A., "On Two Metaphors of Learning and the Dangers of Choosing Just One", *Educational Researcher*, 27（2），1998，pp.4–13.

[2] Edwards, A., "Let's Get Beyond Community and Practice：The Many Meanings of Learning by Participating", *The Curriculum Journal*, 16（1），2005，pp.49–65.

[3] Paavolas, Hakkarinen,K., "The Knowledge Creation Metaphor-An Emergent Epistemological Approach to Learning", *Science & Edution*, 14（6），2005，pp.535–557.

[4] Fenwick,T., "Toward Enriched Conceptions of Work Learning：Participation, Expansion, and Translation among Individuals with/in Activity", *Human Resource Development Review*, 5（3），2006，pp.285–230.

识和观念形成的过程。在"创造"隐喻中，学习者学习尚未出现的东西。换一种说法，学习者为他们的集体活动构建了一个新的对象和概念，并在实践中实现了这个新的对象和概念。

（二）成人学习的基本内涵

成人期的学习往往是个人导向的活动。事实上，成人继续教育领域为成人提供了眼花缭乱的项目，出现了多元化的教育机构，以及实施了基于工作环境相关的学习。然而，成人学习把成人教育与其他教育形式区别开来的一个重要特征就是：成年人的生活语境。贝恩（K. Benne）认为，成人学习是解决社会生活问题的活动，是一个遇到问题解决问题的一系列活动过程，通过这一过程激发学习者兴趣，开发学习者智慧，增强多方面能力。一般来说，成人学习往往具有如下特质（见图 2-2）。

特质 1：成人学习者知道学习什么。在开始学习之前，成年人需要明白他们为什么需要学习。塔夫（Tough）发现，当成年人开始自主学习时，他们会投入相当大的精力去探索学习的益处以及不学习的消极后果。因此，成人学习的一个新警句是：学习促进者的首要任务是帮助学习者意识到"了解"的重要性。至少，学习促进者可在学习者的智力上提升学习价值，为学习者的行为或生活质量提供知识。更有效的工具提高人们对需要了解的知识的认识，这是真实的或模拟的体验。学习者发现他们的现在和未来之间的差距，如人员评估系统、工作轮换、角色模型以及诊断性评估等。

特质 2：成人具有自我概念。成人拥有对自我决策、生活方式的自我概念。一旦形成了某种自我概念，他们将产生深刻的心理需求——能够自我导向地参与活动。成人往往抵制和讨厌那些别人强加给他的意志。这就意味着，成人讨厌进入被贴有"教育""培训"等同义词标签的学习活动，难以接受"教我"的教学活动。为此，成人教育工作者应该努力创造学习经历，从而帮助成人成为一个独立或自我导向的学习

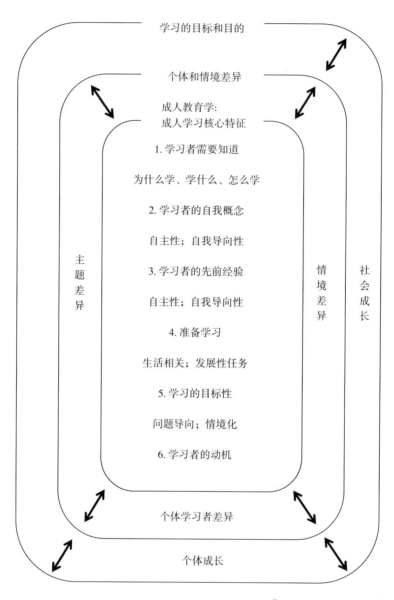

图2-2　实践中的成人教育学 ①

---

① Knowles，M. S.，Holton，E. F.，Swanson，R. A.，*The Adult Learner*，5rd，Houston：Gulf，1998，p.4.

者。自我导向学习经常被描述为：个体在有无别人的帮助下，基于自我的行动，对自身的学习计划、学习实施和学习评估等行为负责。美国著名成人教育学家诺尔斯（Knowles）曾强调：对于广大成人学习者来说，自我导向学习是最自然的，也是最好的学习方式①。

特质3：成人学习者的经验角色。成人在参与学习活动前，已经积累了大量的、不同的生活经验。由于生活经历更多，相对于学校的学生，成人积累了大量的生活、学习经验。这些经验为成人学习提供了重大的启示：这就意味着不同成人群体所积累的经验不同，从而导致他们的学习风格、动机、兴趣、需要和利益等存在差异。为此，成人学习应该强调个性化的教学和学习策略。这也意味着，对于不同学习类型来说，最富有的学习资源往往驻扎在学习者内部。因此，成人学习应该强调经验挖掘的技巧——挖掘学习者的经验技术。例如，小组讨论、模拟练习、问题解决活动以及同伴互助等。

特质4：成人做好了学习准备。成人学习者往往准备好学习他们需要的东西，目的是有效应对生活情境。"准备学习"的一个重要来源就是发展任务——从一个阶段发展到下一个阶段。该特质假设源自学习经历时机的控制，以配合那些发展任务。在部分成人教育学者看来（例如维格斯特、诺尔斯），应该将不同阶段相关的任务和行为与成人学习活动相结合。例如，诺尔斯指出，发展任务能够形成"学习准备度"，当它达到峰值时，便产生了"教育时机"②。通过职业咨询、模拟练习等方式，能够诱发学习的准备度。

特质5：成人学习者的目标性。相对于孩子或年轻人的学术科目导向的学习（至少在学校），成年人的学习往往以生活为导向（问题导向

① 欧阳忠明、任鑫、田丽君：《新型职业农民心理资本与自我导向学习的关系》，《现代远程教育研究》2016年第6期。
② 欧阳忠明、杨亚玉：《新型职业农民的职业化学习图景叙事探究》，《现代远程教育研究》2017年第4期。

或任务导向）。当他们认为学习能够帮助他们完成任务或处理生活中遇到的问题时，成人就会产生学习的动机。此外，当他们认为学习的新知识、理解、技能、价值和态度越适用于他们的生活情境时，学习就越有效。

特质6：成人学习者的动机。成人需要经常对外部应激（更好地工作、晋升、更高的工资等）做出反应，但最有力的激励因素是内部压力（对工作满意度、自尊、生活质量和喜欢等的渴望）。塔夫（Tough，1979）在他的研究中发现，所有正常的成年人经常受到成长和发展的激励，但这个动机经常被消极的自我概念所限制，例如，难以接近学习资源的机会、时间限制和违反原则的成人学习项目 ①。

（三）成人学习的类型

所有成人的活动都包含了学习活动。成人基于不同形式、场所和目标持续地学习，从而实现个人的发展。

1. 基于不同形式的成人学习

在格里夫·福利（Griff Foley）看来，根据不同形式划分，成人学习包含四个维度：

（1）成人正规教育。这是我们最熟悉的成人学习形式。它独特的特点就是：由专业教育工作者组织，有明确的课程，从而获得相关的资格。它包括在大学等教育机构、技术或继续教育学院的学习。

（2）成人非正规教育。这种学习经常发生在个体产生某种需求时所产生的系统指导，大多以一次或零星的方式出现。例如，员工在操作新机器所进行的培训。

（3）非正式学习。这种类型的学习经常发生在个体有意识地学习他

---

① Tough, A., "The Adult's Learning Projects, Toronto", *Ontario Institute for Studies in Education*, 1979, pp.56–67.

人经验。它包括个体或团体的观察、反思和讨论，但不包括正式的指导。

（4）偶发性学习。这种学习是在人们从事其他活动的同时进行的。例如，一个有经验的机械师已经学到了很多有关汽车的知识；年长的园丁对他们的园艺有很大的了解。这些学习是与个体参与的活动相关，而且往往是缄默的、肉眼难以观察到的学习。

尽管部分学者意识到，把成人学习的图景划分成这几类存在相应的问题，例如：在部分学者看来，上述的学习方式会存在某种重叠，有时候难以明确地区分出来。

2. 基于不同环境的成人学习

在梅里安（Merriam）等研究者看来，基于学习发生环境的不同，成人学习可以分为：

（1）基于学校的学习。从历史发展看，基于学校发生的学习，我们往往看到的是成人坐在教室，跟随讲台上的教学者，通过正式的课程或者小组讨论的方式发生学习。当询问参与者对学校的学习情境的看法时，他们经常把其描述为良好的组织、知识渊博和充满关怀的教学者、参与式教学方式、精心制作的讲义、相关和有用的教学材料，以及尊重成人的学习者身份。

（2）基于工作场所的学习。工作场所学习往往指发生在工作场所中的各类结构化或非结构化的学习，也包括通过工作场所自发发生的社会互动。工作场所的职业实践可以使学习者将所学知识潜移默化地进行巩固。这些学习职业实践的过程，往往对于所传授的专业实践至关重要，此类学习过程也常常被人们贴上"非正式"的标签，但它们是具有高度结构化和正式化的。此外，这些学习活动不是偶然发生的，此类结构化的经验学习成果可以转化为学习者的内在技能①。

---

① ［澳］史蒂芬·比利特：《工作场所学习：有效实践的策略》，欧阳忠明等译，江西人民出版社 2017 年版，第 4—5 页。

（3）基于社区的学习。谈及基于社区的学习，让人们想到的是，社区居民为了解决社区发展的相关问题，聚集于社区中心、图书馆和博物馆等相关社区学习场所，共同参与所发生的学习。参与这些项目的教育工作者深信，教育和培训可以成为学习的有力工具，从而有效掌控自己的生活。

（4）基于在线的学习。伴随着人类学习技术的不断更新换代，成人学习逐渐呈现了一个从实体环境向虚拟环境转变的趋势。我们越来越多地看到，成人的个体学习和群体学习发生在计算机实验室、参与的视频电话会议、通过网络与家人、他人发生的学习。这种在线学习的方式，可能是正规学习方式，可能是非正规学习方式，也有可能是非正式学习。

3. 基于不同目标的成人学习

在伊列雷斯（Illeris）看来，根据成人学习目标的不同，其学习可以分为：

（1）累积学习。这种学习主要源于学习者需要积累起应对面临环境所需的知识和技能。从其本质看，人类的累积学习主要发生在个体生活的早期，目的是建立与生活环境相匹配的心智图式。累积学习的特点是，当个体所遭遇的经历与学习情境相一致时，个体能够记住或回忆起相关的知识。

（2）同化学习。在同化学习过程中，其主要特征体现为持续的累积发展，在发展过程中，学习成果被构建、整合和稳固下来。在同化学习中，学习者将来自其所处周边环境的印象加以改造适应、合并吸收，成为早期学习所建构的心智图式的一种扩展和差异化。学习成果通常是知识、技能以及经验性机遇 ①。

---

① ［丹］克努兹·伊列雷斯：《我们是如何学习：全视角学习理论》，孙玫璐译，教育科学出版社 2013 年版，第 42 页。

（3）顺应学习。虽然，人们通过前面的学习能够进行一定的知识储备，但是面对新的环境，原有的知识不一定能够适用，这时候顺应学习就发生了。真正的顺应学习过程对于个体来说是一种紧张状态，表现的特征有焦虑、慌张和困惑，要求某种程度的力量①。

（4）质变学习。在麦基罗看来，质变学习是指导人的经验、概念以及社会互动方面重大的、不可逆的变革过程。② 经验、概念和社会互动是质变学习的结果。相对于其他学习方式，质变学习发生的条件则更高。正如恩格斯特伦的观点，在某些情况下这样的学习可以作为一种突然间的突破而发生，但是更通常的情况是需要一个漫长的过程，在此过程中社会关系发挥了重要的作用③。

二、职业化基本内涵概述 ④

（一）职业化的相关内涵

在阿伯特看来，职业是指一些排他性的行业群体，它们把某种抽象知识用于特定事项⑤。相对于"职业"的静态性，"职业化"呈现出一种由"不是"向"是"转变的动态过程。赵曙明指出，职业化是指普通的非专业性职业群体逐渐符合专业标准，成为专业性职业并获得相应专业

---

① ［丹］克努兹·伊列雷斯：《我们是如何学习：全视角学习理论》，孙玫璐译，教育科学出版社 2013 年版，第 45 页。

② Jack Mezirow, *Contemporary Paradigms of Learning,* Adult Education Quarterly, 46（3），1996，pp.158–173.

③ ［丹］克努兹·伊列雷斯：《我们是如何学习：全视角学习理论》，孙玫璐译，教育科学出版社 2013 年版，第 50 页。

④ 欧阳忠明、杨亚玉：《新型职业农民的职业化学习图景叙事探究》，《现代远程教育研究》2017 年第 4 期。

⑤ ［美］安德鲁·阿伯特：《职业系统：论专业技能的劳动分工》，李荣山译，商务印书馆 2016 年版，第 21 页。

地位的动态过程①。科恩认为，职业化强调个体在发展过程中获得专业知识、技能和身份的复杂过程。在该过程中，个体通过与他人、环境的互动，不断内化自我的价值观、行动规范等②。

在一些学者看来，职业化实际上是一种持续学习的过程。甚至有机构和学者把"职业"嵌入到"学习"术语中，提出了"职业化学习"的概念，并对其内涵进行了界定。有学者从广义的角度进行界定，例如，史塔兹和赖特（Stasz & Wright，2004）认为，职业化学习是指能够引发对工作环境相关知识、技能理解的任何活动和经历③。也有机构和学者从狭义的角度进行界定，例如，澳大利亚《学校职业教育框架》从学校教育角度论述：职业化学习是指为学生提供工作场所和社区情境的学习④；John Guenther（2011）则从成人学习视角强调，职业化学习是指成人为了实现个人专业发展，在职业准备、职业成长和发展过程中发生的任何学习⑤。

① 赵曙明：《人力资源经理职业化的发展》，《南开管理评论》2003 年第 5 期。
② 转引自何爱霞：《成人教育工作者专业社会化的叙事探究》，中国人民大学出版社 2014 年版，第 19 页。
③ Stasz, C., Wright, S., (2004), *Emerging Policy for Vocational Learning in England. Will it Lead to a Better System?* 2016-08-09，http://www.skope.ox.ac.uk/ Working Papers /041657. pdf.
④ DEEWR., (2007), *MCEETYA Framework for Vocational Education in Schools*，2016-08-09，http://www.dest.gov.au/sectors/school_education/policy_initiatives_reviews/key_issues/vocational_education_in_schools/mceetya_framework/mceetya_element_2.htm?wbc_purpose=basic%23%23%23.
⑤ John Guenther.,*Vocational Learning in the Frame of a Developing Identity.* Ralph Catts, Ian Falk, Ruty Wallace.,*Vocational Learning: Innovative Theory and Practice,*New York: Springer International Publishing,2011,pp.205–216.

（二）职业发展的相关理论

1.职业发展选择理论

社会认知职业理论（Social Cognitive Career Theory, SCCT）是一个探讨职业发展困惑的理论，目的是期望通过把不同职业理论家（例如Super、Holland、Krumboltz 等）提出的理论精华的共同要素整合在一起，帮助个体开发职业兴趣、作出职业选择和实现不同职业的成功和稳定。基于班杜拉的社会认知职业理论，社会认知职业理论强调个体有能力指导自己的职业行为，组装自己的职业拼图。该理论强调自我效能信念、成果预期和个人目标的互动，推动个体的职业发展。在社会认知职业理论中，出现了 3 大模型：兴趣模型、选择模型和行为模型。根据本研究的需要，本书主要介绍职业发展选择理论模型（见图 2-3）。职业发展路径选择不是单一、静止的行为。职业选择高于许多过程，如自我效能感、成果预期、兴趣和技能等不同方面的提高。随着时间的推移，

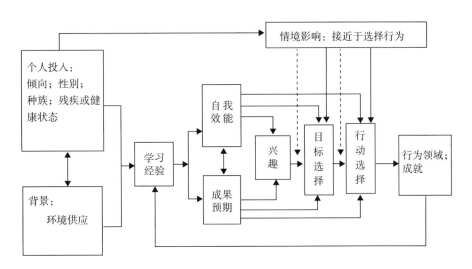

图 2-3　职业发展选择理论模型 ①

---

① Steven D. Brown, Robert W. Lent, *Career Development and Counseling*: *Putting Theory and Research to Work*, New Jersey：John Wiley & Sons, 2005, pp.46-47.

他们将为了一个特定的目标，大胆地做出具有吸引力的特定选择，而其他那些不具有吸引力的选择可能也会被逐渐忽视。社会认知职业理论把职业选择过程划分为三个部分：（1）进入特定领域的主要选择的表达；（2）为了实施相关目标，采取相关行动（例如，参与培训项目或其他学习方式）；（3）一系列的行为体验形成反馈循环，从而影响未来职业行为的形成。

如图2-3所示，社会认知职业发展选择理论是把自身嵌入到一个更大的概念图式，承认前兆和后续行为的意义。自我效能和成果预期共同影响与职业有关的兴趣，这样有利于促进职业选择目标（即追求特定职业发展道路的意图）与个人兴趣相匹配。目标激励个体的行动选择或努力实施目标。在职业发展过程中，环境变量会对自我效能和成果预期产生影响。首先，某种情境会影响个体的职业选择和发展的可能性。其次，情境变量会影响个体把职业选择和发展目标转化为行动的积极性。为此，个体在职业发展选择的过程中，当感受到外部强有力的支持或职业发展道路障碍越偏弱时，他们越容易实现个体的目标。在该模型中，学习经验是个体的职业选择和发展的一个基础，同时，相关的行为领域或成就在某种程度上会对个体的学习经验进行反馈，从而诱发新的学习。总之，职业选择模型理论强调了个体职业发展的一个系统的、持续性的、闭环式的过程。在该行进过程中，个体内部变量、外部环境要素有效互动。在该行进过程中，学习经验对于个体的职业选择发展扮演重要的角色，需要全方位、持续地学习。

2.职业生涯建构理论

职业个体差异观和职业生涯个体发展观是职业心理学的两大主流范式。一个关注职业行为，另外一个关注其发展。作为关注职业发展的理论流派，职业建构理论指出，从青春期晚期开始，虽然职业自我概念变得越来越稳定，从而为个体提供一些连续性的选择和调整，但是，伴随着人们生活和工作的变化，个体的自我概念和职业偏好也会发生变化①。职业发展的过程主要以职业进步为主要特征，历经成长期、探索期、建立期、管理期和脱离期。这五个阶段主要由于个体职业发展任务差异而形成，由一个阶段向下一个阶段转变。

（1）职业成长期。职业成长期的年限被界定于4岁到13岁，主要是形成一个职业自我概念。在该阶段，相关的态度、信念和能力的获得，决定个体工作的选择和职业生涯的构建。在萨维克斯看来，职业成长期包括四个主要发展任务：一是开始关注未来工作；二是持续控制个体的职业活动；三是形成教育和职业选择的概念；四是获得信息，帮助个体做出和实施职业决策②。

（2）职业探索期。职业探索期的年限被界定于14岁到24岁，主要是通过整合自己的内外部世界，有效融入社会。在探索期，社会期望他们通过学习来建构相应的自我概念。伴随着时间推移，青少年应该逐渐让职业自我概念转化为职业身份，被埃里克森谓之的"实在的职业承诺"。社会将相应的任务交付于个人，期望个体做出相应的职业选择。在该阶段，个体是获取自我信息和职业信息，以便做出相应的选择，从而建构职业生涯。这种信息搜索为个体提供了经验和职业专长，帮助个体从职业梦想向工作获取转变。

（3）职业建立期。职业建立期的年限被界定于25岁到44岁，主要是职业角色的自我概念实施过程。职业建立期的目标是实现个体的内部和外部世界的和谐，所从事的工作，不仅仅是为了谋生，也是一个人生活的事业。它应该是自我的职业表现。伴随着不断的成长，个体会在当前的组织、其他组织或不同的职业中去寻找更好的机会来表现自己。

（4）职业管理期。随着个人开始专注于维持他们所建立的职业生

---

① Steven D. Brown, Robert W. Lent, *Career Development and Counseling*: *Putting Theory and Research to Work*，New Jersey：John Wiley & Sons，2005，pp.48–49.

② Steven D. Brown, Robert W. Lent, *Career Development and Counseling*: *Putting Theory and Research to Work*，New Jersey：John Wiley & Sons，2005，pp.50–51.

涯，他们通常会遇到一些中年问题，例如，我是不是想在未来二十五年继续从事该职业？基本上，他们会向家人和朋友咨询，是否应该坚持或让步。这个更新的职业发展任务要求个人重新评估工作经验或调试自我职业概念。因此，职业管理期需要个体去重新寻找自我。假如重新评估要求个体改变职业或领域，那么，个体必须通过探索和建立来重新寻找自我的位置。

（5）职业脱离期。职业脱离期往往指65岁以上的职业阶段，主要包括职业发展任务的减速（重新定位职业自我概念）、退休计划（解除职业自我概念）和退休生活（反思职业自我概念；生活评论）①。经过长时间的职业管理，个体由于在职业能力和兴趣方面的下降，因此，他们开始放慢速度，离开工作，逐渐把任务交给年轻的同事，并考虑退休。

3. 工作适应理论

工作适应理论属于P—E理论中的经典理论，它是探讨环境（E）中的人（P）、P和E之间的匹配以及二者互动的理论。该理论认为，众多的P变量和E变量，常常被用来解释个体的职业行为或行为结果。工作适应理论基于如下假设：（1）作为一种生活有机体，P的要求满足大部分通过E来实现；（2）P具有使其能够满足这些要求的能力；（3）大部分P与E的互动行为目的是满足这些要求。②P最重要的诉求就是"需求"：生理需求——与个体的生存有关；心理需求——与个体的幸福有关。E则主要是围绕P的工作环境，能够影响个体工作的效率。作为一种工作原理，工作适应理论模型将P和E概念视为并行和互补的（见图2-4）。因此，该理论假设，E(与P并行) 也有必须满足的要求，以及能够满足其要求的能力。作为补充，一些E的要求可以通过与P

① Steven D. Brown, Robert W. Lent, *Career Development and Counseling*: *Putting Theory and Research to Work*, New Jersey: John Wiley & Sons, 2005, p.53.

② Steven D. Brown, Robert W. Lent, *Career Development and Counseling*: *Putting Theory and Research to Work*, New Jersey: John Wiley & Sons, 2005, p.53.

的互动来满足，P 的要求可以由 E 来满足。因此，在职业活动中，P 和 E 是并行的，每个都有各自的一些要求，另一个可以满足其要求。作为一种理论，其重点关注的是 P 以及 P 的行为。然而，P 不是真空存在的，存在于其所在的 E 中，二者相辅相成。

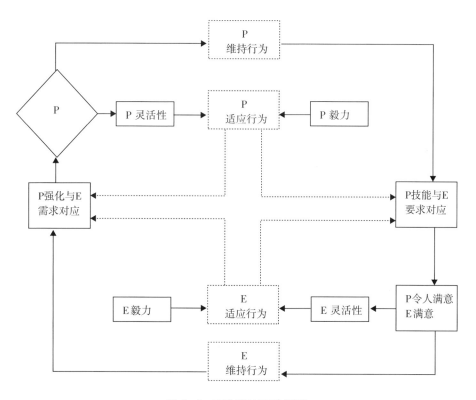

图 2-4　工作适应理论模型

如前所述，P 具备的部分能力可以用来满足 E 的要求（或其中一些）。P 对 E 最重要的能力是 P 的技能。工作技能来自人类的基本技能：认知、情感、运动、身体和感官。像需要一样，基本技能被假定为来源于 P 的遗传基因，并通过环境中的各种学习（经验和培训）来塑造。虽然，基本技能可能达到相对稳定（通常在成年后），P 需要继续从基本技能中开发新技能（如工作技能），并贯穿整个生活。在工作中，个体对环境的要求往往表现为完成工作和实现职业生涯发展。虽然，工作适应理论模型没有具体的阐述个体是如何有效地适应环境，以及环境与个体的互动，但是该理论强调了个体的职业发展过程是自我与环境实现匹配和互动的过程。在该过程中，当个体与环境之间出现差距，就会催生对学习新技能或适应能力的需求，从而达到一个新的匹配过程。

（三）职业化发展理论的启示

借由相关的概念诠释职业发展理论的概述，我们可以发现，职业化具有如下特质：

1. 职业化是一个持续发展的过程

大多数职业发展理论都把职业化视为一种个体持续匹配与发展的过程，即个体根据他们拥有的技能、能力和气质寻求满足其利益的职业目标。这种持续发展过程意味着个体在职业不同阶段需要经历不同的职业变化，而这种变化需要个体以自我的方式看待和解释职业。伴随着职业化进程，这种变化趋向于复杂性，难以通过数量来确定。在这种持续职业化过程中，个体的变化有可能会存在某种差异，正如个体存在质的差异一样，例如，遗传、体质、环境、特征、经验、资源和学习参与等。同时，个体的职业化过程是一个持续获取内外部资源的过程。显然，可用资源对于个体职业化的持续发展意义重大。外部资源——如足够的财务、强大的亲属和友谊网络、社区资产和支持、可用交通、学习机会与工具以及积极的工作环境都非常重要。同时，个体需要构建有效的内部资源，其中，身体健康、适应能力强、积极应对策略、持续增长的动力、好奇心、自我效能感、对经验的开放性和不同的兴趣是关键。

同时，职业化持续的发展将经历着不同的发展阶段（例如，埃里克森把个体的职业发展分为 8 个阶段；萨伯的生命全程和生活空间理论），且每个阶段的任务不同，所需的知识和技能也有所差异。例如，鲍尔和罗特豪森（Power & Rothausen，2007）通过对美国中等收入工作者的追踪研究发现，该类群体的职业化可以分为 4 个阶段：任务发展阶段、特长发展阶段、直线发展阶段以及合适位置发展阶段，阶段不同，其面临的挑战存在差异，所需的知识侧重点也不同①。这就意味着，不同个体在职业化进程中，由于外部环境的变化，不同时期的职业任务存在差异，个体在不同时期都需要对自我认知进行有效的调试，从而获得完成任务的各类知识。

2. 学习在职业化中扮演重要角色

职业化可以被视为一个人的旅程、从事职业的欲望或发展轨迹。从本质上看，其属于个人发展现象，激励和掌握自我的意图、活动和互动②。尽管受到外部因素的影响，如对某个特定职业的欲望。在斯蒂芬·比利特（Stephen Billett）看来，职业化属于个体掌控的学习过程。学习被视为个体发展目标和路径实现的需要，帮助个体认识到自身的相关潜能和抱负③。无论是职业化的内涵，还是从相关的职业发展理论看，学习在个体的职业发展中扮演重要的角色。首先，个体只有通过对自我知识和外部知识进行充分的了解，才能帮助个体做出较为科学的职业决策。在个体相关的职业决策过程中，个体必须意识到选择的权衡性，需要对自身的优缺点做出平衡，从而做出对自身重要的职业选择。为此，个体的需求、价值、技能、能力和风格类型等方面的知识可以帮助个体做出明智的决策，同时，相关的职业知识（例如工作强度、知识与技能要求、工作特质）是有效的补充。其次，学习能够帮助个体成功实现职业转型。菲尔斯特德（Filstad，2004）指出，对于个人来说，转型到新角色是一个

---

① ［美］纳德内·彼得森、罗伯特·科特·冈萨雷斯：《职业咨询心理学——工作在人们生活中的作用》，时勘等译，中国轻工业出版社 2007 年版，第 114 页。

② Estola, E., Erkkilä, R., Syrjälä, L., *A Moral Voice of Vocation in Teachers' Narratives*, *Teachers and Teaching*, Theory and Practice, 9 (3), 2003, pp.239–256.

③ Stephen Billett, *Vocational Education：Purposes，Traditions and Prospects*, New York: SPRINGER，2011, p.59.

深入学习的过程，因为他／她要能够理解新的环境、开发新角色所需要的
技能和能力。因此，个体理解"转型过程中如何学习"至关重要，有利于
最大限度地发挥社会化进程的功效①。埃克莱斯顿（Ecclestone，2009）曾
经指出，关于成人的学习与工作、生活转型的研究倾向于把转型过程视
为焦虑和消极。教育工作者应该通过工作场所学习或其他教育过程，武
装个体，从而成功地管理"转型"②。最后，学习有利于实现成功的职业发
展。霍兰德等人曾经概括了职业生涯成功发展的 5 个核心要素：（1）自我
与工作世界信息的吸收；（2）为了完成和理解职业任务而获取的现实和精
确的认知框架；（3）社会支持的提供（例如，咨询师、教练或群体成员）；
（4）想象和设想未来可能性的机会；（5）有效探索行为的动员③。从霍兰德
等人提炼的 5 个核心要素看，它们几乎与学习密不可分。第一、第二点
解释了个体成功职业发展所要学习的内容；第三点则指出了个体学习所需
要的外部帮助；第四、第五点则概括了个体职业生涯发展的学习方向。

3.职业化是一个内部自我与外部环境互动的结果

米德认为，自我并非与生俱来，而是在社会经验与活动的过程中产
生的，即是作为个体与整个过程的关系及与该过程中其他个体的关系的
结果发展起来的④。米德曾经把自我归类为"主我"和"客我"两个维度。
"主我"往往指个体带有遗传且独特的特征，具有先天性的特征。"客我"
是自我的社会维度，往往是指社会赋予个体的意识，引导个体发展的方

① Filstad, C., *How Newcomers Use Role Models in Organizational Socialization*, *Journal of Workplace Learning*, Vol.16 No.7, 2004, pp.396–409.

② Ecclestone, K., "Lost and Found in Transition: Educational Implications of Concerns Aboutidentity 'Agency' and 'Structure'", in *Field, J., Gallagher, J. and Ingram, R. (Eds), Researching Transitions in Lifelong Learning, Routledge*, London, 2009, pp.9–27.

③ Holland, J. L., Magoon, T. M., Spokane, A. R., *Counseling Psychology: Career Interventions, Research, and Theory.*, Annual Review of Psychology, 1981, 32, pp.279–305.

④ [美] 乔治·H.米德：《心灵、自我与社会》，赵月瑟译，上海译文出版社 2008 年版，第 157 页。

向和内容。"主我"和"客我"是分离又是统一的,"主我"既召唤"客我",又对"客我"作出响应。它们共同构成一个出现在社会经验中的人[①]。可以说,在个体的职业化中,遗传和环境同样重要。正如安德勒(Eldler,1976)等的观点,对于职业发展来说,探讨遗传或环境谁更为重要,犹如"在确定一个矩形面积时,问长度还是宽度更重要"[②]。

舒伯(Super,1963)曾经把自我概念描述为"自我的图集——某些角色、情境、地位、功能的执行或某些关系网络"[③]。在众多自我概念中,职业自我概念是其中一个较为重要的维度。职业建构理论认为,职业自我概念维度影响个体职业选择的内容和持续发展的进程。从本质上看,职业化是在工作中持续开发和实施职业自我概念的过程。自我概念是在天生的能力、体质、观察和扮演角色的机会等要素的互动中进行开发的,并评估个体角色扮演程度是否得到同伴和管理者的认同。然而,在工作角色中实施职业自我概念需要个人与社会因素之间的综合与妥协。虽然最初的职业发展理论忽视了个体职业化与社会环境的关系,但是,到了20世纪80年代,部分研究者把职业化、职业发展与社会环境建立联系,探讨了其与历史时代、地理空间、种族和文化等的关系。工作角色虽然是当代社会的关键角色,但只是个人的许多角色之一。构成特定生活空间的社会要素聚合成一种核心模式和外围角色。冯德拉切克(Vondracek)和他的同事曾经把社会生态学在终身职业发展的价值称为"发展情境主义"——"从本质上看,发展情境是概率性的,个体

① [美] 乔治·H. 米德:《心灵、自我与社会》,赵月瑟译,上海译文出版社 2008 年版,第 192 页。

② Elder,G. H. Jr., Rudkin, L., Conger, R. D., "Inter-generational Continuity and Change in Rural America", in *V. L. Bengston*, *K. W. Schaie*, *& L.Burton* (Eds.), *Adult Intergenerational Relations：Effectsof Societal Change*, New York：Springer, 1994, pp.30–60.

③ Super, D. E., "Self-concepts in Vocational Development", in *D. E.Super*, *R. Starishevsky*, *N. Matlin*, *J. P. Joordan*, *Career Development：Self-concept Theory*, New York：College Entrance Examination Board, 1963, pp.17–32.

发展进程基于有机体的活动实现"①。个体能够塑造环境，环境同时塑造个体。这就意味着，在职业化进程中，我们既要关注个体的内部学习机理，也要为学习者提供重要的外部支持。

三、成人学习与个体发展的关系

发展是成人生活世界的永恒主题。任何形式的发展属性（例如，职业、社交、情感、自我效能以及洞察力等）与学习都密不可分。霍尔（Hoare，2006）指出，成人发展意味着由于内外部环境的作用，导致个体的能力和行为发生系统的、有效的变化②。发展意味着有序、合法的成长和变化。在他看来，成人学习往往是指行为的改变、知识或技能的获得以及先前知识的改变或重构。这样的学习也意味着自我理解的积极变化或者个人素质的发展③。可以说，成人发展与成人学习之间关系非常紧密。许多研究者认为，在一个错综复杂的环境中持续学习，成人能够实现个体知识转化为行为，助推职业生涯，实现认知发展，从而有效应对相关的变化。

（一）成人学习与认知发展

成人发展是内外部环境互动的结果，是人的能力和行为方面发生的系统的、有效的变化。在成人教育研究领域，大部分学者强调认知发展

---

① Vondracek, F. W., Lerner, R. M., Schulenberg, J. E., *Career Development : A Life-span Developmental Approach*, Hillsdale NJ : Erlbaum., 1986, p.89.

② Hoare,C., "Growing a Discipline at the Borders of Thought", in *C. Hoare* (Ed.), *Handbook of Adult Development and Learning*, New York : Oxford University Press, 2006, pp.3–26.

③ Hoare,C., "Growing a Discipline at the Borders of Thought", in *C. Hoare* (Ed.), *Handbook of Adult Development and Learning*, New York : Oxford University Press, 2006, pp.3–26.

是成人学习的一部分和结果。关于成人学习与认知发展之间的关系，成人教育领域经历两个发展阶段。早在 20 世纪 70 年代晚期和 80 年代早期，第一代思想家就开始尝试超越皮亚杰的"形式操作"，从而探索下一阶段发生什么。例如，阿尔林（Arlin，1975）研究了成人认知发展步入一个新的阶段，即在复杂的情境中识别潜在的问题，通过"问题解决"，使得我们成为专家①。Koplowitz（1984）认为，成人期认知发展往往导致"统一思想"，"统一思想"接受所有事物都是因果关系的，变量中存在基本的统一性，而边界和"永久物体"是构建的，而不是给定的②。第二代思想家则主要源自成人教育传统。相对于建构成人认知发展的完整理论，他们更多地关注于成人如何学习或教导，假如他们与年轻人存在认知优势、弱势和目标的差异。例如，在基根（Kegan，1982）的"自我演变"观点看来，自我建构是成人认知发展的最重要任务之一③。斯特伯格和伯格（Sternberg & Berg，1992）描述了成人期的学习往往以问题解决和掌握隐性知识为导向。隐性知识被界定为关于事物如何在现实世界运行的半自动化的知识④。在麦基罗看来，成人期的学习能够提升认知情境和当前现有的参照系。相对于第一代思想家，第二代思想家对成人认知发展的认识论开始转型，把它视为一个终身的认知发展过程，把学习视为成人自我创造和自我转换思维的发展过程。

关于成人学习与认知发展之间的关系，简·D. 斯诺特（Jan D. Sinnott，2009）曾经用意义联结来描述成人认知发展与学习之间的关系（见

---

① Arlin, P., *Cognitive Development in Adulthood. A Fifth Stage*, Developmental Psychology, 1975, pp.602–606.

② Koplowitz,H., "A Projection Beyond Piaget's Formal Operations Stage: A General Systems Stage and a Unitary Stage", 1984, in *M. Commons*, *F. Richards*, & *C. Armon* (Eds.), *Beyond Formal Operations*, New York: Praeger, pp.272–296.

③ Kegan, R., *The Evolving Self*, Cambridge, MA: Harvard University Press, 1982, p.27.

④ Sternberg, R.J., Berg, C.A., *Intellectual Development*, New York: Cambridge University Press, 1992, pp.91–93.

图 2-5）。他把意义联结划分为三个维度:"与自我关联""与他人关联""与超越关联"。"与自我关联"主要涉及我们个性的各个方面,包括被拒绝的部分。如何"与自我关联"部分取决于家庭中的早期关系起源。"与他人关联"涉及人与人之间的互动,以及我们呈现的有意识或无意识的人际关系模式。"与超越关联"涉及比个体更宏大的他人或者事情之间所存在的持续关系①。在图 2-5 中,这三种意义联结的每一种

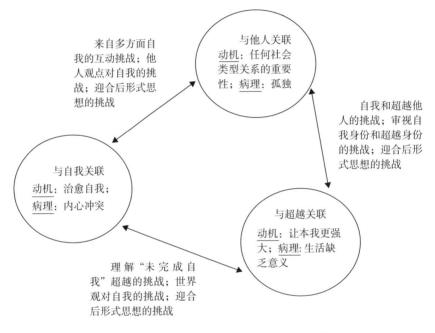

图 2-5　意义关联、成人认知发展与学习 ②

①　Jan D. Sinnott, "Cognitive Development as the Dance of Adaptive Transformation: Neo-Piagetian Perspectives on Adult Cognitive Development", 2009, in *M Cecil Smith*, *Nancy DeFrates-Densch* (Eds.), *Handbook of Research on Adult Learning and Development*, New York: Routledg, pp.103–134.

②　Jan D. Sinnott, "Cognitive Development as the Dance of Adaptive Transformation: Neo-Piagetian Perspectives on Adult Cognitive Development", 2009, In *M Cecil Smith, Nancy DeFrates-Densch* (Eds.), *Handbook of Research on Adult Learning and Development*, New York: Routledg, pp.103–134.

都与另外两种联系在一起的，这表明，这三个要素中的每一个要素都以循环的方式影响并受到其他要素的影响。作为人类，我们始终处于一致性和变革的矛盾体中。该图表明，当挑战发生时，个体将接收到的信息首先同化到原先的认知概念中。这些认知概念适应目前的发展水平。然而，如果存在挑战，新的信息将难以符合原有世界的概念和方式。假如个体对这些信息没有忽视而是主动同化，那么学习将发生。在部分研究者看来，一个新的发展水平往往源于有机体成长和新获取信息的学习的结合。简·D.斯诺特（Jan D. Sinnott）指出，假如个体能够实现三个领域与个体的思考和工作保持认知一致，则需要学习发生强大的作用①。

（二）成人学习与个体变化

关于个体变化，往往指个体的功能改变，并以自己的方式看待和解释世界。这种变化趋向于复杂化。然而，这种变化往往不是由外部数量决定，而是由内部体系完善的质量决定，往往基于自我的发展和持续建设。这种积极的成长和发展观一直是成人教育人文主义学派的定位。例如，诺于斯（Knowles，1980）写到，自从教育被界定为一种知识、理解、技能、态度、兴趣和欣赏的发展过程，成长的紧迫性能够对学习产生强烈的刺激，学习新事物的行为是个人成长的一种必要条件。成人教育的首要目标就是帮助成人满足他们的需求和实现他们的目标，其中两个目标是：充分开发潜能和成熟②。彼得·贾维斯（Peter·Javis）甚至宣称，如果没有学习，个体就无法成长③。肯尼斯·J.格根（Kenneth

①　Jan D. Sinnott, "Cognitive Development as the Dance of Adaptive Transformation：Neo-Piagetian Perspectives on Adult Cognitive Development", 2009, in *M Cecil Smith*, *Nancy DeFrates-Densch* (Eds.), *Handbook of Research on Adult Learning and Development*, New York：Routledg, pp.103–134.

②　Knowles, M. S., *The Modern Practice of Adult Education*: *From Pedagogy to Andragogy* (rev. ed.), EnglewoodCliffs, NJ：Prentice Hall/Cambridge, 1980, p.27.

③　Jarvis P., *Adult Learning in the Social Context*, *London*: *Croom Helm*, 1987, p.81.

J.Gergen，1991）曾经指出，"在后现代化条件下，个体存在于持续建设和重建的状态，这属于一个需要协商的世界"①。为此，我们在探讨成人学习与发展的交集时，需要沿着个体变化这个交集的轨迹去审视自我，在审视的过程中，自我能够得到理解。这是因为，自我的概念影响我们怎么理解学习。

罗杰斯（Rogers）曾经宣称，生活的目标就是寻找那个真正的自我。这就意味着存在一个核心或真实的自我需要被发现，并假定个体有权力去寻找自我②。在成人教育领域，个体变化的思想和麦基罗的质变学习相关。麦基罗通过一个研究项目——"社区学院的女性重返项目"，从而把该理论概念化。该项目发现，不像传统的学生，女性进入或重返社区学院，主要源于其扮演多年的成人角色。由于当时文化的变化和女性运动的兴起，麦基罗希望通过研究能够发现这些女性如何理解自身以及她们身边世界的变化，也就是麦基罗所谓的"质变"，并把该转变的过程谓之"质变学习"。他从根本上想要去了解人们如何从经验中创造意义，以及形成一个认知的且高度理性的自我发展过程。他开始去理解个体复杂的和动态的意义系统、信仰的构成、价值和假设，这些都为个体经验协调提供了诠释的工具。麦基罗把质变学习的过程划分为10个阶段：（1）混乱的困境；（2）对恐惧、愤怒、内疚或羞愧的自我审视；（3）对假设的重要评估；（4）承认自己的不满和分享变化的过程；（5）探索新角色、关系和行动的选择；（6）规划一个行动过程；（7）为了实施计划，获取知识和技能；（8）新角色的临时尝试；（9）为了新角色和关系获得相关能力和自信；（10）把新的条件重新融入个人生活。③

---

① Gergen，K.J.，*The Saturated Self*，New York: BasicBooks，1991，p.69.

② Rogers，C.R.，*On Becoming a Person*，Boston: Houghton Mifflin，1961，p.166.

③ Mezirow，J.，"Learning to Think Like an Adult: Coreconcepts of Transformation Theory"，in *J. Mezirow, Associates*，*Learning as Transformation*，2000，San Francisco: Jossey-Bass，pp.3–33.

　　从麦基罗对学习过程的描述看，其存在一个主要假设：自我是自主的、代理的以及高度理性的。毫无疑问的是，自我的核心是真实的自我持续经历的变化。从麦基罗的质变学习理论看，现代性自我是该理论的根基①。变化、学习、自我和发展交织在一起，帮助我们管窥成人学习与个人变化之间的关系。

---

① Carol Hoare, *Handbook of Adult Developmentand Learning*, NewYork: Oxford University Press, 2006, p.35.

第三章　新型职业农民职业化学习的研究设计

一、混合研究方法论的使用缘由

职业化是人生命中的一种发展历程，在该历程中，人们围绕困扰他们的问题以及解决问题的答案来规划他们的职业，并不断地学习。那么，采用什么样的研究方法才能使得研究深化，并能解决研究问题？在研究方法的选择上，存在"什么方法能回答我的问题、什么方法最行之有效、什么方法能满足我的需要?"等几种不同的观点。其中，实用主义就认为，与方法相比，问题才是最重要的，研究者要使用所有的方法去理解问题。①这是实用主义学者们所提出的选择研究方法的准则。实用主义学者罗蒂、墨菲、巴顿和彻里霍姆斯等认为，知识观源于行动（action）、情景（situation）和结果（consequences），而不是源于后实证主义者认为的那种先行条件（antecedent conditions）。他们关注实用——"什么有用"以及问题的解决方法。②

本研究主要聚焦"新型职业农民在职业化进程中是如何学习的"，

---

① Patton, *Qualitative Evaluation and Methods*（2nd ed.）, Newbury Park, CA: Sage, 1990, p.114.

② Cherryhomes, *Notes on Pragmatism and Scientific Realism: Educational Researcher*, 1992, pp.3–17.

这是一个客观的、现实的研究问题。在本研究过程中就面临着质性研究与定量研究两种基本范式的选择。方法学学者库恩在《实证主义终结了吗?》一文中认为:"任何研究不管研究者是否自觉意识到与否,必然有研究的方法学前提,实证主义哲学虽已经消亡,但它对社会研究方法的影响却是持续的。"[1]一个代表科学精神,一个代表人文精神,定量研究与质性研究从诞生之日起就存在不同的研究理念。如果采用质性研究的方法,可以使得研究更加深入实践,让研究者更能体验与经历新型职业农民的生活,有利于从新型职业农民那里获得一手资料,更有利于研究理论的建构。但是,不可忽略的一个问题是,样本仅仅是个体,当研究者完全沉浸在个体的故事与情境中时,研究结论的推广性、认可性与真实性有待进一步考量。如果研究采用定量研究的方法,研究者通过组织调查、分发问卷、辅助访谈等研究方法,能够在较大范围内获取样本,更能得出一些具有普遍意义的结论。在研究后期,当研究者对整个研究过程进行反思时,就会发现一个对研究结论造成致命威胁的问题:研究中所提取的研究问题是否真实存在? 如果人们产生这种质疑,那么整个研究将无立足之地。

在探寻研究方法的进程中,实用主义关于方法论的选择理论契合了本研究的研究问题。作为混合研究的哲学基础,实用主义学者塔什亚考里和泰德利(Tashakkori & Teddlie)以及巴顿(Patton)阐述了:"在社会科学研究中集中精力关注研究问题然后用多种方法获得有关问题的知识的重要性。"[2]虽然实用主义阵营中对混合研究中是侧重质性研究还是定量研究的争论依然不断,但是他们一致认为,建立在问题解决原则上的混合研究方法对现实中的研究问题是非常有用的。在探索性发现需要

---

① 秦金亮:《国外社会科学两种研究范式的对峙与融合》,《山西师大学报(社会科学版)》2002 年第 2 期。

② 转引自 [美] 约翰·W. 克雷斯威尔:《研究设计与写作指导:定性、定量与混合研究的路径》,崔延强译,重庆大学出版社 2007 年版,第 26—38 页。

一般化、研究需要采用某种理论立场来支撑、数据资源可能不足、研究结果有待解释等种种情况下，混合研究方法的使用应该是一种推进研究的最优选择。

二、混合研究设计的基本框架

在社会科学领域，质性研究（Qualitative Research Methods）日益受到重视，并逐渐与定量研究（Quantitative Research Methods）并驾齐驱，成为重要的研究方法论。在大多数情况下，质性研究往往被视为定量研究的替代和竞争范式。布兰内（Brannen）指出，相对于定量研究使用刚性、可靠的数据，研究者往往作为外部观察者，对社会世界拥有某种观点；质性研究则利用丰富的数据，研究者作为观察者，认为社会世界是被建构的。[1] 可以说，质性研究和定量研究都有自己的特点、价值和缺陷，在较长的时间内被认为是对立的研究范式。伴随着跨学科领域的发展，为了有效利用两大研究方法论的优势，社会科学领域逐渐兴起了一种研究范式——混合研究（Mixed Methods），并在诸多研究领域得到广泛运用。

（一）混合研究的基本内涵

混合研究有效地实现了不同类型数据的结合，基于该研究设计，"单词、图片和叙述能够丰富数字的意义"。换句话说，质性研究当中的数据——"单词、图片和叙述"能够有效地与定量研究中数据结合在一起，从而使得我们的研究结论被广泛运用和推广。当前，"混合方法研

---

[1] Brannen J., *Mixing Methods*: *Qualitative and Quantitative Research*，Aldershot：Avebury，2005，p.15.

究已经发展到具有独立方法论导向的地步，它有了自己的世界观、术语和相关的技术"①。一般来说，使用混合研究方法的研究者，在运用研究设计的过程中，往往会使用定量和质性研究的数据，来回答某个问题或一系列问题。该方法在单个研究或多阶段研究过程中，通过定量和质性研究的方法来搜集、分析和整合相关数据。例如，著名的芝加哥社会学派，成立于 20 世纪 20 年代，它在城市人类学领域做出了贡献，其主要采用的是质性研究中的"个案研究"。当然，该学派也有部分创立者使用定量研究方法。罗伯特·帕克（Robert Park）整合了质性研究和定量研究的数据，研究城市居民的生活。他发现，定量研究数据对于论证社会发展过程的标志特别有价值。可以说，混合研究已经在社会科学领域得到了诸多学者的关注和应用，为研究者理解事物的重要性和价值提供了多元化视角，并日益演绎为一种哲学假设和研究方法论。

（二）混合研究的使用依据

任何一种研究方法论的使用，往往与研究者的研究问题息息相关。本研究的核心问题是"新型职业农民在职业化进程中是如何学习的"。之所以采用混合研究方法，研究者考虑的依据主要包括：

一是研究问题的探索性。在部分研究中，如果研究问题属于一个新问题，或者研究者难以提出具体的研究变量。在此情况下，研究者则需要通过质性研究，具体了解哪些问题、变量或理论等需要研究，然后通过定量研究进行检验②。虽然，我国现有关于新型职业农民培训的研究

---

① Creswell, J., *Qualitative inquiry and research design：Choosing among five approaches*（2nd ed），Thousand Oaks，CA：Sage，2006，p.224.

② Creswell, J.W., Shope,R., Plano Clark,V.L., Green, D.O.,"How Interpretive Qualitative Research Extends Mixed Methods Research", in *Research in the Schools*，13（1），2006，pp.1–11.

成果较多，主要从社会、政府或培训机构切入，但鲜有从个体的角度切入。本研究更多的是基于个体角度，回归到学习者的本身，去探究新型职业农民的学习问题，在研究视角上较为微观。然而，当前国内关于该方面的研究较为匮乏，导致研究者很难提出相关的具体变量和假设，无法通过大量数据进行检验。

二是通过"三角测量"来研究问题。一般来说，采用混合研究方法的重要依据就是"三角测量"。为了审视一个研究问题的同一维度，采用多种研究方法来分析。通过多种方法搜集数据，有利于提高研究结论的信度①。"三角测量"能够丰富和拓展研究的结论，使得研究结论易于接受。新型职业农民是一个庞大的群体，如果仅仅通过质性研究来建构相关理论，往往容易受到实践者的质疑。为此，通过数字数据的检验，则能够使新型职业农民职业化过程中的学习变为一般规律，提高研究结论的信度。

三是有利于实现研究方法的互补。研究方法的互补能够帮助研究者对研究问题进行充分理解，或对给定的结论进行澄清②。这就需要整合定量和质性研究的数据，而不是单一地通过数字数据或叙述性数据来理解整个社会故事。通过质性研究方法的使用，研究者能够勾勒新型职业农民职业化过程中的学习图景，呈现其学习目标、学习策略和学习障碍。通过定量研究，研究者能够检验质性研究所建构的理论，同时，还能拓展质性研究的成果，例如，不同身份、年龄、性别、行业的新型职业农民学习策略的差异，以及新型职业农民学习策略的效果，这些往往难以通过质性研究来进行论证。

---

① Giddings，L.S.，Grant，B.M.，"Mixed Methods for the Novice Researcher"，in *Contemporary Nurse*，23，2006，pp.3–11.

② Giddings，L.S.，Grant，B.M.，"Mixed Methods for the Novice Researcher"，in *Contemporary Nurse*，23，2006，pp.3–11.

（三）混合研究的设计流程

选定了混合研究方法，那么，我们该如何结合质性研究和定量研究方法呢？通过查阅混合研究的文献（如约翰逊等的《混合方法研究的时代已经来临》、克莱斯维尔的《设计与开展混合法研究》以及《研究设计：质化、量化及混合方法取向》等），发现运用混合研究需要回答三个问题：为什么混合、什么时候混合、如何混合？克莱斯维尔（Greswell）提出了如何混合的三种方式（见图3-1）：合并数据，指的是对质性数据和定量数据分别进行分析，得到的结果即构成研究结论；连接数据，是指基于对一种数据的分析，再进一步对另一种数据进行分析，最后得出研究结论；嵌入数据，指的是把一类数据作为另一类数据中的一个组成部分进行分析，以此得出研究结论。[①]

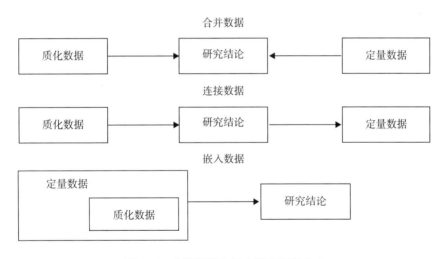

图3-1　克莱斯维尔混合研究三种方式

一般来说，混合研究方法论存在多类型的设计流程，本研究主要围绕图3-2的流程进行设计，开展相关研究。

---

① John W. Creswell, Vicki L. Plano Clark, *Designing and Conducting Mixed Methods Research*, CA: Sage Publications, 2007, p.131.

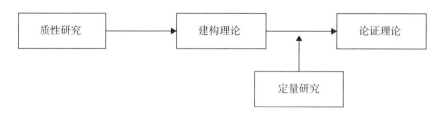

图 3-2　本研究的混合方法设计

首先，基于质性研究的叙事研究法，建构理论。从研究方法论看，叙事研究不是自上而下地寻求证实或证伪某种假设，而是走自下而上的路线，以归纳的方法来分析资料和形成理论。个体在向新型职业农民角色转换过程中是如何学习的？不同阶段的学习目标如何？影响他们参与学习的障碍有哪些？为此，研究选取了 6 位新型职业农民作为访谈样本，尝试以叙事语言去呈现与揭示被理论语言所遮蔽的成人教育经验的复杂意义，真正走进新型职业农民的生活世界，在工作与生活的统合中理解这些新型职业农民的学习策略、目标和障碍，尝试初步构建理论框架。

其次，基于定量研究的问卷调查法，搜集数据，论证建构的理论是否有效，并拓展研究结论。从研究效度看，叙事研究比较适合在微观层面对个别事务进行细致、动态的描述和分析，而定量研究比较适合在宏观层面对事务进行大规模的调查和预测，有利于弥补叙事研究结论普适性不足的问题。为此，根据叙事研究探究初步构建的理论框架，进而把它提炼成《新型职业农民成长过程中学习策略的问卷调查》，通过问卷的发放和相关数据建模，从而揭示新型职业农民成长过程中学习策略与学习目标，论证不同人格特质的新型职业农民职业化过程中学习策略是否存在某些差异，探讨学习策略与学习效果的关系，拓展相关的研究结论。

三、质性研究设计

质性研究是探索和理解个人意义的一种研究方法论，目的是对被研究者个人经验和意义建构做"解释性理解"或"领会"，研究者通过自己亲身的体验，对研究者的生活故事和意义建构做出解释①。"质性研究犹如一把大伞"，民族志、口述史、田野研究、叙事探究等分支方法让质性研究方法论更为坚实。其中，叙事探究能够有效挖掘被研究者的经历和故事，呈现其意义，帮助研究者建构相关的理论。

（一）叙事探究的价值

让经验呈现意义。迈克尔·康纳利（F. Michael Connelly）曾经指出：为什么叙事？因为经验。②约翰·杜威指出，经验的一个标准是连续性（Continuity）。也就是说，经验的概念来自其他经验，而且导致未来的经验，无论一个人处在连续体的哪一个点上——想象处在现在、过去或将来——每一个点都有过去的经验基础，都会导致经验性的未来（Experiential Future）。③与杜威"经验的连续性"思想相一致，叙事探究中的"经验"总是处于变化之中，具有暂时性特征。正如约翰·杜威所说，"经验"就是时间和情境中人们的关系。参与者处在关系中，研究者也处在与参与者的关系中。叙事探究是这种经验的经验，它就是处在关系中的人与处在关系中人的一起研究。④叙事探究中的叙事是指经

---

① 陈向明：《质的研究方法与社会科学研究》，教育科学出版社 2000 年版，第 6—7 页。

② 转引自丁钢：《声音与经验：教育叙事探究》，教育科学出版社 2008 年版，第 15 页。

③ 转引自 [加] D. 简·克兰迪宁、F. 迈克尔·康纳利：《叙事探究：质的研究中的经验和故事》，张园译，北京大学出版社 2008 年版，第 4 页。

④ Clandinin, J.D., Connelly, F.M., *Narrative Inquiry: Experience and Story in Qualitative Research*, SanFrancisco: Jossey Bass，2000，p.189.

验的呈现方式，而之所以称为探究是因为研究者接近经验的方式是"到生活中去询问、去追问（Inquiry）"。① 因此，当确定研究主题后，笔者便兴致盎然地选择了叙事探究这一方法，走进新型职业农民的日常生活，聚焦生活中表现出来的社会互动及互动参与者赋予互动的多样意义。通过深度访谈对资料进行搜集，进而解释自然情境下、处于复杂的诠释圈（Hermeneutic Circles）中不同层面的意义。

呈现理论与实践之间的张力。教育研究应该为理论本身而存在，还是应该为实践而存在？或许这个问题的答案并不难，但是现实的教育研究却陷入了一个两难的处境。主要表现为：教育实践活动的经验形态在理论表述中往往容易在可编码的修辞过程中被不知不觉地抽干或掏空，当这些经过修辞的理论重返实践时，教育活动或经验本身可能已经被遮蔽，以至于出现理论难以推动实践的尴尬境地。加拿大多伦多大学的迈克尔·康奈利（F. Michael Connelly）及其合作者克兰迪宁（Clandinin）认为，教育研究的困境之一，即教育研究越是精确，其与人类经验的联系则越少。② 因此，人们不禁扪心自问，这到底是谁发出的声音？如何才能让"沉默的大多数"发出自己的声音呢？或许正是理论研究与实践之间"张力"的出现，才使得社会学中掀起以描述和诠释社会经验为特征的叙事探究的热潮。

（二）叙事探究的基本内涵

1. 叙事探究的界定

叙事，顾名思义就是叙述事情（叙＋事），即通过语言或其他媒介再现发生在特定时间和空间里的事件③。"叙事"是人类基本的生存方

---

① ［加］D. 简·克兰迪宁、F. 迈克尔·康纳利：《叙事探究：质的研究中的经验和故事》，张园译，北京大学出版社 2008 年版，第 3—4 页。
② 丁钢：《教育经验的理论方式》，《教育研究》2003 年第 2 期。
③ 程然：《在叙述中建构自我》，《柳州师专学报》2014 年第 4 期。

式和表达方式，叙事取向重视人的情感、体验和主观诠释，叙事内容再现了叙事者的世界观，是其信念、思想、意图所构建的真实。[①] 人类经验基本上就是故事经验。人类不仅依赖故事而生，而且是故事的组织者。因而，研究实践者最佳的方式就是抓住人类经验的故事性特征，记录有关经验的故事，撰写其他有关的阐述性故事。这种复杂的撰写的故事就被称为叙事。[②] 叙事探究是指任何运用或者分析叙事资料的研究。叙事探究的几个基本特征表现在：（1）在资料搜集方面，叙事探究的资料丰富且独一无二，是纯粹的实验、调查问卷或观察法获取不到的。（2）在假设的预设方面，叙事探究不像实验研究有明确的研究假设，叙事探究渐渐趋向明确往往是随着对研究资料的进一步阅读而显现出来，假设也才有可能随之产生。（3）在结果评价方面，叙事探究不将结果的可复制性作为评判的指标。因为叙事探究可以容忍一定程度的含糊和混沌，叙事探究得出的是诠释性的结论，这也恰恰印证了为什么叙事探究通常是没有预设的。但是诠释性结论得出的基础是理论架构的合理性，换言之，诠释性结论需要正当的理由，而非任意忖度。

2. 叙事探究方法的选择

转型就是在动态环境下克服困难实现能力提升和更新的历程，从学习模式上说就是面对新环境进行学习的一个持续过程。本研究的研究目的，即探讨传统农民向新型职业农民转型过程中的学习问题，这是一个具有开放性、过程性、情境性和描述性的问题。叙事探究是学习叙事地去思考、叙事地关注生活并且把研究者定位于隐喻的三维空间（时间、个人—社会、地点）中的过程。叙事探究方法认为，人们生活在"被故事化"的生活中，讲述和重述一个人的故事可以帮助他理解并创造出

---

① ［以］艾米娅·利布里奇、里弗卡·图沃-玛沙奇、塔玛·奇尔波：《叙事研究：阅读、分析和诠释》，王红艳主译，重庆大学出版社 2008 年版，第 5 页。
② 丁钢：《教育经验的理论方式》，《教育研究》2003 年第 2 期。

他的自我意识。故事很重要，故事如何被讲述也很重要。[①]"他们如何理解自己的生活经历，描述之、感受之、评判之、记忆之，弄清其意义并与他人谈论之"。丁钢指出，叙事探究抓住人类经验的情境性、时间性、主观性等故事性特征进行研究[②]，用故事化的形式来理解故事本身的过程，而在这一过程中，研究者在现场的任务不但是寻找和聆听别人的故事，更是要去体验和经历生活，不是回避而是积极地去观察现场、感受现场、记录现场[③]。运用叙事探究的方法不是为了追求新颖，而是因为这种方法契合研究者研究的问题，研究问题决定了叙事研究方法的选取。

职业化是个体持续发展的过程，在该过程中，他们会面临各种问题以及通过相关的学习去解决问题，从而实现职业发展目标。因此，为了能够有效地勾勒新型职业农民职业化进程中的学习图景，正如加拿大哲学家查尔斯·泰勒（Charles Taylor）的观点："我们必然不可避免地以叙事的方式理解我们的生命，把生命当作一种追寻"[④]。本研究主要探讨"新型职业农民在职业化进程中是如何学习的"。围绕该问题，本研究衍生如下问题：（1）新型职业农民职业化不同阶段的学习目标如何？（2）围绕学习目标，新型职业农民采取什么样的学习策略？（3）在不同的职业化阶段，新型职业农民的学习策略呈现出什么样的特点？（4）新型职业农民在职业化进程中的学习存在什么问题？通过叙事探究，诠释经验在理论环境的话语中是如何形塑新型职业农民职业化进程的。这些研究问题决定了要以实践者的经验性故事拉开研究的序幕，而

---

① ［以］艾米娅·利布里奇、里弗卡·图沃-玛沙奇、塔玛·奇尔波：《叙事研究：阅读、分析和诠释》，王红艳主译，重庆大学出版社 2008 年版，第 8 页。

② 丁钢、王枬：《教学与研究的叙事探究》，广西师范大学出版社 2010 年版，第 144 页。

③ Clandinin，J.D.，Connelly，F.M.，*Narrative Inquiry：Experience and Story in Qualitative Research*，San Francisco：Jossey Bass，2000，pp.53—54.

④ 转引自［美］马可·L.萨维科斯：《生涯咨询》，郑世彦等译，重庆大学出版社 2015 年版，第 7—45 页。

对经验性故事的分析是从这样一个中心假设开始的：存在一种经验的本质，这种本质可以与有相似经历的其他人共同分享。[①] 因此，叙事探究作为一种研究方式，研究者本身作为研究工具更多的是建构一种研究情境，引发产生共鸣的读者们的理解与反思。

（三）叙事探究方法的具体运用

1. 研究样本的选定

叙事探究在抽样策略上通常采取目的抽样，兼顾同质性与典型性，通过对少数几个特别选取的对象的研究，达到对总体的"理论代表性"，实现研究对象较为完整的建构。本研究的对象是新型职业农民。2017年，原农业部印发的《"十三五"全国新型职业农民培育发展规划》对其做出了界定：新型职业农民是以农业为职业、具有相应的专业技能、收入主要来自农业生产经营并达到相当水平的现代农业从业者[②]。基于上述界定的考量，本研究最终确定 6 个样本（注：研究者先后赴江西、山东、河北、重庆、四川、陕西、河南和江苏等省、市的 13 个县，对22 个样本进行了访谈，根据样本的性别、之前身份、种植行业等标准，选取了其中 6 个颇具代表性的样本为分析对象）（见表 3-1）。

表 3-1　研究样本的基本情况

	朱博士	江会计	聂菇王	刘记者	赵翻译	张主任
排序顺序	1	2	3	4	5	6
性别	男	女	男	女	男	女
行业领域	水果种植（蜜橘）	茶叶（红茶）	菌类植物（灵芝）	水果种植（苹果）	畜牧养殖（孔雀）	综合（水稻和藏红花）

---

① [美]凯瑟琳·马歇尔、格雷琴·B.罗斯曼：《设计质性研究：有效研究计划的全程指导》，何江穗译，重庆大学出版社 2015 年版，第 33 页。

② 农业部：《"十三五"全国新型职业农民培育发展规划》，《农业工程技术》2017 年第 3 期。

续表

	朱博士	江会计	聂菇王	刘记者	赵翻译	张主任
当前职务	董事长	董事长	总经理	负责人	总经理	总经理
从业年限	16 年	6 年	9 年	4 年	6 年	6 年
资质与荣誉	高级农艺师 中国柑橘学会会员 中国园艺学会石榴分会理事 第二批国家"万人计划"领军人才	品茶师	食用菌技师 全国优秀农民工、优秀创业家 全国农村青年致富带头标兵	咸阳工匠、2016 年度创业明星、创业标兵	景德镇市政协委员 创业好能手	全国巾帼现代农业科技致富带头人 全国三八红旗手 鹰潭市农村科技致富女能手
之前身份	公务员	下岗工人	传统农民	新闻记者	翻译	返乡农民
接触途径	熟人推荐	朋友推荐	当地农业局推荐	熟人推荐	当地农业局推荐	熟人推荐

注：从业年限指从事农业领域的年限。

2. 研究文本的搜集

现场文本和文献资料共同构成了本研究的研究资料。文献资料是指从各大期刊、数据库中查阅的资料以及文献专著。之所以将现场文本从文献资料中区分出来是因为现场文本带有经验的特征，是经过选择的、演绎解释的经验记录，具有叙事性质。本研究文本源于研究者进入现场，将自身置于三维空间中，通过开放式半结构化深度访谈而形成。从研究对象的视角详细记录其生活日常，以期理解他们的行为到底造就了一个什么样的世界。在形成现场文本之前，研究者设计了一份《新型职业农民职业化进程中的学习》访谈提纲。借助于访谈提纲，并辅之观察（看、听、闻、触），研究者和访谈者在柯费尔（Kefir）称作的"知识的建构场所"中，讨论着"彼此都很感兴趣的主题"。研究者在访谈现场做笔记的同时，还对访谈进行录音。在访谈的过程中，研究者虽置身于三维空间中，但更多扮演的是一个倾听者的角色，目的是从当事人的视角审视其对经验意义建构的解释。

身处现场的叙事探究是一种体验生活的方式。通过听到、看到、讲述的东西，重新经历现实场景中的生活。正如安妮·迪拉德（Annie Dillard，1988）所言，记忆倾向于消除细节，留下一种示意性的场景轮廓。① 研究者在记录现场笔记的同时，征得了研究合作者的同意后，对访谈进行了录音。因此，在由现场向现场文本的转化过程中，研究者就不得不注意呈现双重现场文本。一方面，通过对访谈录音进行如实转录形成现有情况的现场记录；另一方面，通过关键词、停顿、语气词等特殊"讲述"记录形成表现其内在情况的日志。双重现场文本为研究提供了分析资料。叙事探究关注"寻找并听到的故事"。本研究的合作者在职业化过程中经历颇多，积累了丰富的经验，也期待与对新型职业农民这一职业充满憧憬的人分享人生感悟与经历。

3. 文本分析方法

研究文本形成的过程其实就是借助建构好的理论框架对现场文本进行描述、分析、解释的过程。正如巴顿（Barton）所言，"质性分析将资料转化为发现。这种转化不存在任何公式。指导意见，有，但没有详细说明配料的菜谱……对于每一个研究者来说，最后的目的都是独特的，只有达到了才知道——如果会达到的话"。② 这一过程可能并不是线性的，因为现场文本也不都是整整齐齐的。因此，这里便利用不同的叙事分析方法。在审视、阅读和解释生活故事以及其他的叙事资料时，叙事分析方法的主要考量维度有以下两个：整体方法（Holistic method）

---

① 转引自［美］凯瑟琳·马歇尔、格雷琴·B.罗斯曼：《设计质性研究：有效研究计划的全程指导》，何江穗译，重庆大学出版社2015年版，第64页。

② 转引自［美］凯瑟琳·马歇尔、格雷琴·B.罗斯曼：《设计质性研究：有效研究计划的全程指导》，何江穗译，重庆大学出版社2015年版，第247页。

与类别方法（Category method）；内容（Content）与形式（Form）。[①] 这两个维度包括四个部分，而且各部分之间是互相交叉的，如此一来，便产生了以下四个矩阵，从而构成了叙事分析的四种模型[②]：

整体——内容整体——形式

类别——内容类别——形式

整体——内容模型首先聚焦于个体完整的生活故事，指向所描述的内容（发生了什么事情、为什么发生、谁参与了事情等等）。

整体——形式模型重点关注完整故事剧情的发生以及故事的结构完整性（事件发生的顺序、故事所引发的感情、叙事的风格是什么样的等等）。

类别——内容模型被称为内容分析法，这一模型首先将研究问题分类成一个个小的研究主题，进而对资料进行整理，然后将相关资料分别归入相应主题，镶嵌在理论框架中。

类别——形式模型与类别——内容相似，但前者更关注叙事者对隐喻的使用。

本研究探索新型职业农民的职业化过程中学习路径，描述的是个体职业化动态过程中的目标、策略和问题。诚然，不同的个体之间职业化过程具有相似性但却又有其独特性的一面，发展的类别是相似的，但是影响发展的因素却存在细微差别。因此，本研究在对现场文本进行分析时，关注故事的每一个独立部分所呈现的内容，不考虑故事的完整性，但为了向读者呈现个体专业发展的过程，研究者进行叙事时会将研究合作者的故事完整呈现。但是，在对文本进行解读时，本研究类别—内容叙事分析模型对文本进行解释分析、阅读诠释（见图 3-3）。

---

① ［美］凯瑟琳·马歇尔、格雷琴·B.罗斯曼：《设计质性研究：有效研究计划的全程指导》，何江穗译，重庆大学出版社 2015 年版，第 10 页。

② ［美］凯瑟琳·马歇尔、格雷琴·B.罗斯曼：《设计质性研究：有效研究计划的全程指导》，何江穗译，重庆大学出版社 2015 年版，第 11 页。

图 3-3 本研究的文本解释框架

四、定量研究设计

定量研究是模仿自然科学的，强调的是用数学工具来分析观察（经验的、可定量的观察），研究的任务在于确定因果关系，并做出解释。[①]作为一种认为社会现象独立于研究者之外的研究范式，定量研究者在研究设计、对象选择、过程控制、操作化过程、结果表达等方面认为自己保持着中立。19 世纪法国古典社会学大师孔德（A.Comte）创立实证主义哲学体系，他指出"人类进化已进入实证时期，建立理性和科学性的确切知识是此时期的特点"，而只有以"观察、实验获得的经验性知识才是真正的科学知识"。[②]定量研究的运用对于拓展研究对象，检验理论建构科学性具有重要意义。

（一）研究问卷的设计

从研究效度看，叙事研究比较适合在微观层面对个别事务进行细致的、动态的描述和分析，而定量研究比较适合在宏观层面对事务进行大规模的调查和预测，有利于弥补叙事研究结论普适性不足的问题。为此，本课题拟根据叙事探究初步构建的理论框架，把它提炼成《新型职业农民职业化过程中学习策略的问卷调查》。基于研究的目的，研究问

---

① 瞿葆奎主编：《教育学文集·教育研究方法》，人民教育出版社 1988 年版，第 179 页。
② 何景熙、王建敏：《西方社会学说史纲》，四川大学出版社 1995 年版，第 50—51 页。

卷共分为 3 个部分：

1.新型职业农民的人格特质

根据新型职业农民的人格特质差异，从性别、年龄、从事行业年限、教育程度、基础背景、年收入、行业领域等维度设计问题，共 7 道单选题，目的是了解调查者的基本情况。

2.新型职业农民职业化学习目标与主要策略

根据叙事研究所建构的理论，该部分目的是论证新型职业农民在职业化不同阶段的学习目标和相应的学习策略，共 7 道多选题。

3.新型职业农民职业化学习策略的有效性

根据叙事研究所建构的理论，围绕新型职业农民职业化过程中的学习所呈现的 13 种学习策略，基于李克特量表 5 点积分制（没有、很少、一般、较大、很大），共设计 13 道单选题，目的是揭示新型职业农民在成长过程中学习策略的有效性，以及不同人格特质下，新型职业农民学习策略有效性存在的差异。

（二）研究样本的基本情况

本研究以新型职业农民为研究对象，采用随机抽样和便利抽样结合的方法，选取了江西、山东、陕西、河北、安徽、四川、湖南、山东等地的新型职业农民作为调查对象，数据主要在当地农业局、朋友和学生的帮助下搜集而来，搜集数据的途径主要有两种：一是现场作答，直接回收；二是通过网络直接用 E-mail、微信和问卷星网站发放电子问卷。本研究共发放纸质问卷 500 份，回收有效问卷 371 份，有效回收率为 74.2%；共收到网络问卷 726 份，有效问卷为 636 份，有效回收率为 87.6%，实际有效问卷共 1007 份。回收问卷中无效问卷，包括 4 类：（1）问卷的个人信息或题目漏填；（2）问卷中反向计分题目与其他题目明显相矛盾；（3）作答的选项呈现出明显规律性的问卷；（4）作答时间过短。研究对象的基本情况见表 3-2。

表3-2　研究对象的基本情况

变量		人数	比例
性别	男	563	55.9%
	女	444	44.1%
年龄	18—30 岁	256	25.4%
	31—40 岁	326	32.4%
	41—50 岁	277	27.5%
	51—60 岁	120	11.9%
	60 岁以上	28	2.8%
从事行业年限	3 年以下	52	5.2%
	3—5 年	313	31.1%
	6—10 年	449	44.6%
	11—15 年	122	12.1%
	15 年以上	71	7.1%
教育程度	初中及以下	127	12.6%
	高中或中专	321	31.9%
	大专	298	29.6%
	本科	220	21.9%
	硕士及以上	41	4.1%
基础背景	传统农民	186	18.5%
	返乡务工农民	169	16.8%
	高校毕业生	190	18.9%
	公务员	80	8.0%

续表

变量		人数	比例
基础背景	农业技术或科研人员	56	5.6%
	教师	77	7.7%
	企业员工	185	18.4%
	退伍士兵	64	6.4%
年收入	30 万元以下	226	22.4%
	30—100 万元	360	35.8%
	101—300 万元	307	30.5%
	301—500 万元	87	8.6%
	500 万元以上	27	2.7%
行业领域	农业	184	18.3%
	林业	258	25.6%
	畜牧业	190	18.9%
	渔业	191	19.0%
	综合类	184	18.3%

（三）研究数据的处理方法

本研究使用 SPSS 统计分析软件对搜集的数据进行录入和分析，主要统计方法有：（1）为了了解新型职业农民的职业选择偏好以及在职业初始期、成长期和发展期的学习策略偏好，采用了频数统计；（2）为了了解新型职业农民学习策略有效性的整体情况，采用了描述性统计分析；（3）为了探讨不同身份群体的新型职业农民之间差异情况，采用了差异性统计分析，包括 t 检验、F 检验和事后多重检验。

第四章　新型职业农民职业化学习的故事呈现 *

一、朱博士：永不止步，让柑橘变得色彩缤纷

（一）职业的选择：从一元空间到浓情乡土的精神回归

我个人的感觉是这样，本身就是大学毕业，作为职业农民来讲，确实是符合西方发达国家的基本入职条件，也达到了入职的资格，像德国，没有专门的农业院校的经历那就不具备专门的农民就业资格。上班以后，因为我本科学的农业经济管理，所以对农业比较感兴趣。1997年，从江西农业大学经济系毕业，被分配到家乡上唐镇当上了一名农技干部。在乡里面上班的时候，我们跟农民和土地接触的多，那个时候就很想自己出来做点事业，做一点自己感兴趣的东西，就这样成了一名职业农民。在一次下村工作中，我发现该乡百子亭留有大片荒山闲置，如果能开发出一片果园，必然会有助于带动周边的农民调整产业结构。于是，我说服了父亲与家人，于2000年底，从乡政府辞职，一举租下了百子亭200多亩荒山，开始了我的创业路。刚好我们这里离南丰近，家

---

* 本章主要是对访谈对象的成长历程进行描述，故该章节出现的"我""我们"往往指代访谈对象本人。

家户户都会种上柑橘，自然而然地，我也选择走上了种柑橘的道路。

我们原来有个词叫作"情结"，有的人喜欢从事农业生产活动，我觉得我就属于这种人，然而，这种人不多。那时候，省科协到我们那里来调研，有个书记问我，怎么才能做好农业？我当时说，如果要实现农业、农村和农民的发展，首先你不能将农民锁定在土地上，应该通过发展把他们转移出去，因为这块土地上用不了多少农民。所以我说，真正喜欢从事农业的人不多，从国外发达国家来看，也只有百分之二三的样子，其实我们中国也是一样，农民是被迫在土地上的，他并不热爱土地，只是被土地束缚了，应该这样去理解。另外，关于新型职业农民的教育问题，我觉得，对他们的教育是要使得一部分继续留在土地上并成为职业农民，另一部分则通过教育让他们掌握一门技能，从而离开土地，去从事他们所热爱的行业和工作。你如果通过教育把所有的农民留在土地上，容易造成资源浪费，因为，社会的发展最终是要解决效率的问题。优质的发展最终要通过优质的、职业化的农民去实现：第一，可以保证给社会提供的食物、食品是安全的；第二，保证农业效率是高的。

（二）职业初始期：从公务人员到地道农民的职业转变

2001年，我就将一些没人要的荒山承包下来，农民也不要，因为每年的造林任务，他们也有压力，所以，那个时候荒山的流转是非常便宜的，基本上就是不要你钱，还帮了他的忙。那个时候我就出来了，出来就种柑橘，我总结了自己从开始到现在的三个转变。第一个转变是从政府的工作人员转到了农民。之前是公务员，关于柑橘的种植刚开始还是比较懵。其实，我刚开始种的时候确实是跟农民师傅学的，我们周围有很多种柑橘的，那个地方大约有几十户人家，大家经常会聚在一起，比较多的方式就是一起吃饭喝酒，还有就是相互帮助行为，你帮助我打药，我帮助你施肥，在一起聊天，也是一些生产和技术方面的交流。技术不是很复杂的东西，我跟农民师傅们学，什么时候开始施肥，什么时间有什么害虫，什么时候记得打药，说实话，跟着他们让我的技术得到了一定提高。不过话说回来，他们教的一些技术往往会被我们超越，因为我们毕竟读了书。我书特别多，我们家最多的就是书。我从书本上看了大量的资料，经常会去看有关柑橘种植、害虫防治的书籍，通过这种方式，在一些技术处理方面反而超越了他们。过去的农民能够提供给我们的技术帮助确实太传统，有些已经不太适合，因为我们的知识结构在调整，过去网络不发达的时候我们就看书，里面文章比较多，比如介绍技术方面的，这种技术再和我的拿在一起进行对照比较，可能会得到一些更好的东西。我也订阅了大量相关的书报杂志。我们从 2001 年开始种柑橘，到 2004 年的时候，我们的技术、管理水平已经比他们稍微强一点，两三年的时间就可以了，有些时候，他们所坚持的传统技术可能不适用，最开始的时候是关于南丰蜜橘的，比如用药的事，全年用药在 12 次以上，在二零零几年和一九九几年的时候，南丰蜜橘就使用了太多的农药。

我觉得，除了学好技术，还要学会对市场进行判断。虽然，刚开始几年，还没有瓜果，但是我每年都会对市场做一个判断，市场的判断依据主要是我们经常性的交流等。跟当地的一些大户交流比较多。那个时候没有车，不像现在这么方便，我就骑个车，到一些种植比较好的大户去讨教经验，有时候一去就是两三个农场，看看他们的营销方式，种了什么品种的柑橘，聊聊享受到的优惠政策之类的。在我们那个地方有个农产品批发市场，没事也会去那里转转，跟他们交流以后，我对市场的判断会更准确一些，比如第一年种柑橘的时候，我只种了南丰蜜橘，等到第二、第三年再种南丰蜜橘的时候，我就知道了南丰蜜橘的品种不能太单一，因为那样会使市场抗风险能力变得比较差，后来我就完善了。当然，参观这种大户有时候可以了解一些东西，但是大多数是走马观花，他们有时候会藏着掖着。为此，我经常会在网上了解一些与市场和政策有关的东西，这也跟我的需求有关，比如我需要了解土地流转、土地政策实施等方面政策的时候，我就会对国家的土地政策、农业发展关注得比较多，还有市场变化对我们直接投资所能带来的效益问题，这方面关注也会比较多。

（三）职业成长期：从地道农民到技术研发的艰难迈进

我学的专业跟种植还是有一定的差距，虽然知识有一定积累，但在实际过程中还是会碰到各种问题，跟师傅学习虽然能够学到实用的技术，但由于土壤、产品种类的差异，很多并不能照搬过来，只能想别的方法解决。于是，2008年我就回到农大去读硕士研究生，一边从事自己的事业，一边带着实践中需要解决的课题回母校深造。几年光阴没有白费。我在读研期间，对与果业生产相关的课题进行了系统研究，同时触类旁通，系统掌握了研究的方法、现代科学的思维方式。例如，在我掌握了SPSS现代统计分析方法后，很兴奋，就将自己培育的几十个枣树新品种样品的数据进行了系统分析，并成功地筛选出性能十分理想的枣树新品系"麻姑1号"。它不但适宜在南城栽种，而且适宜在我国南方大规模栽种。当时，我就跟农大的专家进行了一些项目合作，同时承担了江西省一些重大课题、专项课题，我选了一些品种进行课题研究，选的就是一个南丰蜜橘的优株，现在正在进行的项目有："星火计划""科技支撑""成果转化"以及科技部的科技推广。当时，专家每年都会来一次两次，到橘园现场给我们讲解，有时候还会行为示范。现在次数更多了。通过这些形式，从技术层面帮助我们解决在生产过程中碰到的实际问题，我们还是得到了一定的提高。

我们那个时候几乎没有什么培训，好像印象中参加过一两次技术类的培训，我去培训他们，但是感觉对他们帮助不是特别大。为什么说帮助不大呢？第一个，我觉得形式太多；第二个，是培训的主动性问题。比如：我想从事这一行业，碰到解决不了的问题我一定要去培训，我是主动的，但现在好多是被动的，因为国家想提高职业农民的素质，主要是委托相关行政机构，比如农业局、劳动人事局，让他们去做这件事情，由他们打包去搞培训，开设课程，人数不够就拉人凑数，参加这样的培训，他们会觉得是被动参与的，没什么效果，实际上就是学了但最后却很少有人去运用，反而浪费了大量资金。我认为应该是这样的，首先是一个大的环境，就是国家政策要调整，要将主体定位清楚，即参加新型职业农民培训的主体，是从事农业职业的一群人，而不是什么人都去。第二个，我觉得今后，从事农业这一行业确实需要设置一定的门槛，不是任何人都能去做这件事情，农业就是要让一些愿意去从事农业生产劳动的人去从事，让以后的职业农民成为一种身份。

我一直在学中用、用中学，所以在果树这一领域，我应该还是做得挺好的。一般农民用药的次数在 12 次以上，这影响柑橘的生态质量，导致了市场对南丰蜜橘的不放心。于是，我们自己摸索，根据我们的使用量摸索出一些经验，现在，南丰蜜橘用药的次数基本上就降到了四五次，也是最好的和最安全的。这也刚好符合一种要求和趋势，劳动力成本在不断上升，那些人也不愿意增加劳动投入，因为大部分人都是工人，农民也不愿意。2008 年，南丰蜜橘非常不好卖，那个时候我就在想，将橘子进行深加工再销售，2010 年，就转到县产业工业园去进行南丰蜜橘的深加工，在深加工时，我也做了很多比较，南丰蜜橘本身不是一种适合加工的水果，它属于鲜食水果，成功的例子没有，之前有做过橘子酒、橘子精、蜜饯、果糕等，果糕是我在做，第一个发明者也是我，当然也有人尝试做过果酱等其他的东西，但都没成功。它们为什么失败？后来我认真分析了一下，做酒为什么不行呢？因为按照葡萄酒的工艺来发酵的酒，口感非常不好。后来我也做了酒，那些人把街上卖的酒拿来和我的比较了一下，好多人说那些人做的酒还没我的酒好。因为我先做酒，失败后就做成醋，而他们失败了之后就没敢做酒，现在用橘子做了橘子精，就是泡水的那种，也没有成功。

（四）职业发展期：从技术研发到技术创新的完美蜕变

伴随着果园规模的扩大，我当时想，加工成发酵产品肯定是最健康的。于是在 2006 年 4 月，我注册成立了江西博君生态农业开发有限公司，尝试运用工业化的理念，标准化的管理模式，探索蜜橘深加工的创新之路，使蜜橘走向更广阔的市场。从 2008 年开始，在金山口工业园区建成南城县第一个鲜果处理生产线，并组织了 20 多个人分别在南昌、杭州、郑州、北京、广州等 6 个省会城市设立蜜橘销售窗口。当时以公司为平台，我们成立麻姑鲜枣研究所，与江西农业大学共同对南城本土枣类品种进行攻关。2011 年，"麻姑 1 号"荣获了国家地理标志产品称号；2012 年，这一品种被江西省农作物品种审定委员会认定通过，填补了江西果业枣类品种认定空白。从 2008 年开始，我多次拜访南昌大学、江西农业大学和江西农科院的食品加工方面的专家。2009 年，在湖南郴州全国柑橘学会年会上，我拜见了国家柑橘加工技术研发分中心的科学家程绍南研究员和农业部现代柑橘产业技术体系的张俊博士。根据这些专家提出蜜橘加工的意见和近两年对柑橘果醋的市场调查和分析，我们选择将"蜜橘外果加工为果糕"和"果汁加工为原汁果醋"这两大项目作为延伸蜜橘产业链的入口。2009 年，我先后到山西和山东等地考查了苹果醋的加工项目。同时，公司引进了南昌大学食品化工的优秀毕业生进行自主实验开发，通过不同发酵工艺和不同酵母菌对比试验，找到了适合本地生产的酵母菌和半连续液态深层发酵工艺，这一发现解决了蜜橘果小（尤其是 3cm 以下的果，剥皮特别难）、人工成本高、机械化程度低、自动化程度低、汁有苦味等问题。在生产中，我们采取了一些新的、先进的配方和工艺，这项技术已获得国家授权的发明专利。由于蜜橘果醋加工在国内尚属首例，项目的建成对蜜橘产业发展产生极大的推动作用。"果醋"于 2015 年 10 月份上市，上市不到 4 个月的时间已经反响非常好，我们江西的喝醋习惯可能不多，但是北方不一样，大概 1 月份的时候，我们把一批 400 多件的果醋销售到了吉林，反映非常好，10 天就售空了，那个产品也是我 2016 年的主打产品。

2011 年 4 月 17 日，一家国有大型农资集团派人来南城与我沟通，希望能通过控股方式，与江西博君生态农业开发有限公司联手把南城的果业产业做大。我当时比较感兴趣，觉得这种合作不但可以使自己的公司更现代化，而且可以让公司的功能更加完善。期待通过资本运作方式，把手头的两项果业生产专利迅速转化为生产力。不仅如此，我还期待通过合作，将自己一直看好的南城枣业，做成不仅是南城，而且是南方的一个大产业。当然公司大了以后，自然而然地暴露出管理方面的问题，为此，我们于 2015 年成立了一个企业商学院，请了董明珠的同学来担任营销总经理，然后通过培训进一步打造出一个优秀的团队。我觉得就这点挺好，今天已经是培训的第三天了，我们正在那里搞一个高层、中层、员工管理的培训，推行 6S 这些管理技能。我觉得这样做下去的话，企业它自然会壮大起来，因为这么多年我自己也做成了一种果醋，而这本身就是一件很不容易的事。

在我十多年持续学习的努力下，公司从单一生产蜜橘果糕到果醋的全面启动，实现了南丰蜜橘果醋零的突破，现在生产的果糕已经销往全国各地，企业成为省农业产业化龙头企业和国家高新技术企业。在人民网、江西新闻网等网络媒体上均有我们创业方面的报道，全国科协网、抚州日报、江西省农业信息网等媒体报道过我们的事迹。企业得到了各级领导的肯定，也使我完成了从农民到企业家的转变。

二、江会计：执着一生，一心只为做好婺媛红

（一）职业的选择：年少采茶系浓情

我高中毕业没有读大学，因为当时家庭情况不允许我再去读大学了，我就自学考了一个会计资格证。那个时候找工作，刚一开始它就需

要一个大学文凭，我没有，就自学拿了个经济管理大专的毕业证，有了毕业证就可以考财会了。财会考上以后，我在单位上就可以做出纳工作，到后来就做财会，做财会做了这么些年，一直做到2004年下岗。下岗以后我帮别人打工也就是八百块钱左右。工资是不高的，但够生活费。儿子也参加工作了，我想做点自己喜欢做的事。以前家庭生活困难，不可能为了自己喜欢的事放弃一些东西。不管是家庭责任还是社会责任，我都要承担。我父母长期是跟着我生活，弟、妹他们有各自的生活，跟着他们不合适，只适合跟着我。

说实话，我一路走过来都是做会计工作的，没有什么实际的经验。可以说，做茶叶是我从小的一个梦想。从小我家的生活比较苦，我父亲身体一直不好，后来得癌症走了。之前，大概在我七八岁的时候他就一直身体不好，得甲亢做了手术。后来他肺部出现一个阴影，那时候不知道是癌症。因为一直有阴影，看病花了很多钱。我母亲身体也不太好。那时候我们四姐妹读书，当时一学期一块五的学费，我们都拿不出。老师经常拉下脸说，书知道来读，学费都不交。老师讲了我好几次，我妈妈脾气也不太好。为什么？因为家庭负担太重。我父亲身体不好，家里靠我妈妈，她也是很累的。我问她要钱交学费，她直接发脾气骂我。住在我家隔壁的一个邻居，是一个农场的职工，他是采茶叶的。他跟我说，你愿不愿意跟我去采茶，五分钱一斤茶叶。那时候没有星期六只有星期天，采茶一天也有两三毛钱。星期天我就跟他去采茶了。从那个时候开始就可以自己赚钱交学费了。不光是我的学费，我弟弟妹妹的学费我也都交得起了。我是从小就喜欢茶，而且我们婺源也是茶乡，我就想从茶入手，搞一些自己喜欢做的事。

说实话，我是很喜欢绿茶的，但是我们绿茶这一块不管是工艺还是销售，我想进入市场可能是有点困难的。我是怎么喜欢上红茶的呢？我以前胃不太好，有人跟我说，你长期胃不好而且有胃炎，你还是喝点红茶比较好，那时候婺源县没有红茶。我都是买那个祁门红茶喝，喝的不是好茶，好茶也喝不起。我就喝几十块钱一斤的茶，喝起来口感还是蛮好的。但是，我觉得它的口感厚重得很，跟我的口感有点不搭，那我想，我还是做红茶。婺源红茶有是有，也是从外面进货的，所以我就做这个红茶。我选择做红茶，绿茶也兼顾着做。从我个人来说，我不是为了做这个事而做，我喜欢茶叶，我就从这个做红茶开始，可能利润上不是很好，但是能生活，能养家糊口就可以了，要求也不是很高。

（二）职业初始期：耳濡目染浸茶道

从做会计到做茶叶这个转变有点大，很多东西需要去看、去学，绿茶我是知道的。绿茶从小就看得多，茶厂里面那时候是烧柴火炒青的，是一大锅地炒。炒青、烘干、用手搓，全部都是手工做，这个从小我是见识过的。那么手工红茶这一块我是看得少。不过我也到几家厂子去看过。我到武夷山去看过，在我们婺源也有一家加工厂，前几年做的，做的时候我去参观了一下，红茶还是可以的。而且，我们婺源红茶的口感也还是可以的。通过参观这些工厂，可以了解采集鲜叶有些什么标准。每一款茶的标准不一样。它加工的程序、过程、技术含量都是不一样的。不过，这种参观能让人长见识，但是人家机密的东西还是很难了解到。

学技术，我觉得跟师傅学比较管用。我记得我在婺源那个加工厂里跟了一个师傅三天三夜。我就跟着他看，比如说一款茶拿来，制作一个芽的茶，最早四月初的时候就做一个芽的茶，看它每一个环节的操作。首先是萎凋，有太阳萎凋、室内温度萎凋。我跟进的是室内温度萎凋。萎凋以后再经过揉捻，揉捻以后是发酵，发酵以后是烘干，再提香。虽然看他做起来挺容易，但是我还是有很多不懂的，不过也没有问。我自己制茶的时候请了我的师傅。这个师傅是那个加工厂师傅介绍的，是他的一个朋友，说比他的技术还好。这个师傅姓苏，是福建福鼎人。我看了他的健康证、上岗证，他原来是自己搞茶厂的，后来破产了。破产后就过来给我做，他做的工序跟我看过的都差不多，我就跟他学。比如，萎凋的时候，湿度要达到什么比例，如果是萎凋过干的话，做出的茶叶口感是不一样的。如果湿度太高，做出的茶叶就很碎，它都不能成形。我了解过这些，师傅也教过我。他讲过，这茶叶要掌握的就是凭手感。师傅是凭手感的，既没有用温度去控制，也没有实际的数据给我。湿度比例我也不知道，就只能凭手抓，把那个茶叶抓起来，抓一把，像棉花一样地弹出来，能弹出来，那它这个茶叶就萎凋到位了，就可以进行揉捏了，揉捏是先松再压、再松再压，不断反复。茶叶被揉出的水分的颜色、湿度也是要看的，揉捏之后再发酵。发酵时要注意茶叶的湿度和温度，中途如果湿度过密的话，必须把水分抽掉一部分，不然它发酵后会有一种发酸的感觉。它拿出一点来给人的感觉就是好亮好亮，红红的，中间没有一个孔一个孔的。我是凭感觉、凭眼力、凭手感了解这个过程的。

茶叶这方面的书，我这个书架上是有很多的。不过平时我也喜欢看书，空闲的时候都会看看。不看书，你是一点也不知道，茶的知识你不知道，茶性本身的一些内容你也不知道，像茶叶的名称，比如它的原名叫什么你就不知道。像我以前是做绿茶的，不知道萎凋这个名称。我就想萎凋是怎么一回事？从那之后我就知道了，就是一个干的过程，慢慢挥发茶叶原有的水分。

（三）职业成长期：贵人相助解难题

说实话，红茶制作的知识和技能还是比较容易学的，只要用心就可以了。但是，我发现，在茶叶生产和销售的过程中，还是会碰到很多问题。比如说，就拿茶叶的质量来说吧，我就是请教了茶校的一个教授，请他过来给我审评。我记得是前年，我做了一批品鉴茶，不多，就做了几百斤。拿了三款给他，他给我审评了，因为我自己审评感觉很好。他看了以后说，这三款茶都做得很不错，但是说第三款的茶叶做得有些粗糙，锁凋不紧结，还需要有一个提升。不紧结的原因就是在揉的过程中用的时间少了。从那以后，我碰到茶叶问题就会去问他。我有几个老师的电话，经常会跟他们沟通的。一方面问他们关于技术方面的问题，还有品质的问题。我们婺源这么大的地方，每个地方茶的品质都是不一样的。我了解了以后，他会告诉我，哪些地方茶的品种、地理环境会造就茶的独特品质。他问我选哪个地方的茶叶合适，我说我们亲戚都在大鄣山那边，那边的茶叶全部都是高山茶，没有平原茶。然后我就选择了那一块。我也想过我去那边发展的话可能会更容易些，因为那边偏远一点的山区的农民更朴实。我带那个教授去看过那个茶园，看看茶的品质好不好。首先我是要了解我的茶的品质，也就是茶种好不好。他说一点问题都没有。他们很有经验，跟他们相比我只是个门外汉，什么都不懂，我是在向他们学习的。我在跟他们交流的过程中一直以他们的意见为准。到目前为止我还是跟他们学习，每一款新茶出来我都要送到他们茶校去，跟那些教授们沟通一下。我就跟他们说这是我今年的新款茶叶，你们品尝一下，然后审评一下，把审评意见反馈给我，不管是茶叶的品质问题还是我们技术加工问题，都可以。茶叶特别是在发酵这一块，有的时候如果发酵不到位，茶叶就会带青涩，泡的茶就会有青涩的感觉。但是我们可能喜欢喝的也就是这一款。如果发酵到位了，它的口感就会重一些。他们也很乐意帮我回答这些问题。

　　现在那些做茶叶的人，都需要这个证那个证的，我没有这些证，别人说，你也去拿一个证。为此，我也去过茶校培训。培训时我找了那个学校的老师，跟他说我想做茶叶，想要学习。他说，对我这个精神敬佩得很，就让我旁听，听了一段时间，我就问他们这儿有没有什么证书可以考，我想考一个证书。在那里培训了一段时间，我成功地考了一个品茶师的资格证。因为一款茶拿来，我要审评它的好和坏。怎么审评或从哪个角度去审评？做茶叶呢，一个是茶叶采摘的过程，另一个是制茶的过程，再一个就是审评的过程，这三大块。这个资格证对我帮助很大，我觉得在学习的过程中，我对茶叶知识的了解提高了很多。之前我也有些盲目，虽然知道这些程序，但先后的排序我就不清楚了，而且每一款茶拿来，怎么审评或从哪些角度去审评，这个我就更不清楚了。通过学习以后，我个人觉得获得了一个较大的提升。

茶叶出来后，总会需要包装，这一块我还是走了些弯路。开始我用的是通用的包装，很贵。比如说，我从市场上批发来的包装，72块钱一套，我当时想，茶叶可以卖几百块钱一盒，是不是赚了。结果到包装厂调查，成本价连一半都不到。我心里就悬了，一款包装盒买下来我就多掏了几万块，当时我就很心疼啊。后来我想，武夷山的市场很大，我就去那儿看了很多包装盒，看得我眼花缭乱，不知道哪款好。我就选择了自己喜欢的两三款，不过定价很高，一款就要几百套。我一口气就定了三款，好几百套，结果到包装生产厂去一看，发现贵了一倍。因为产品这一块我是没有吃过亏的，我是这里土生土长的，了解得多一些。只是包装这一块确实吃亏了，不过吃一堑长一智，我就多琢磨，多了解，根据自身产品定位，最后请人来设计我们自己品牌的包装盒。

（四）职业发展期：开启茶道新篇章

慢慢做大了以后，我就在2015年1月注册了公司。我们产地是婺源，我们婺源有婺源酒，我想公司名字也就取个谐音名字吧。"婺源红茶"，我看能不能注册，也能注册，就是我的是茶，它是酒，字不同，加工的产品也不同。还有一个原因，就是婺源是一个地域，我是个女性，我就想，做这款茶应该要考虑是不是适合我们女人。想到这个问题，我就想到"媛"，"媛"是美好的意思。一开始是婺源的"源"，琢磨了好久。我弟弟妹妹也帮我想了一想，这个"源"好还是其他的"yuan"好，他们也说，这个"媛"呢，更柔一些，没有那么生硬。原来婺源的"源"有一个"源头"的意思。我们大鄣山的水也是源头，我是想到这个意思，后来一想，婺源是个地域名，注册不了的。我就取了这个"媛"。至于"红"嘛，希望生意能红红火火，不管是做红茶还是绿茶。

不过说实话，做公司跟之前做技术、做产品完全不是一个概念，有时候特别折磨人。怎么管理啊，怎么营销啊？不过，首先，还是要感谢我以前的工作经历，为什么呢？我做财会，一直做的是企业会计，宾馆类做得比较多一些，还有房地产公司类的。我做财会时有这种想法，就是我每做一项工作的时候，我会去分析它的数据，以我管理人员的角度去考虑这块成本是不是该节约，那块成本是不是不能节约，是不是需要发展，我都会去这么考虑。一般的会计不会这样去考虑的，他们只是把数据做出来给老板看。但我会写数据分析报告，我想如果我来管理这一块，它的利润是不是还可以再提升。下岗后我帮别人打工，我就会给老板提些合理化建议，我就从财务的角度看，你在哪一方面可以减省，哪一方面不可以减省，包括人事、产品、管理的过程。可能这跟我过去从事的职业有点关系。比如说，我现在一个人可以兼好多个职务，我都可以亲自去管，哪一个环节都不会骗我，我一听你汇报，什么样的费用，那我就清楚这块费用应该达到多少，最高多少，最低多少。如果你节约一下，我就可以省多少钱，你稍微浪费一下，又会浪费多少钱。

现在公司慢慢发展起来，认识的朋友也越来越多，现在不是流行微信吗，我加入了很多微信朋友圈，像江西的茶会群、婺源的群我都加入了。这样，我可以多了解别人的产品，主要是交流茶叶的产品，他们有什么产品，我有什么产品；他们的名称叫什么，采用什么原材料做的；销售方面他们是走什么渠道，我们走什么渠道。毕竟我对这些还是比较陌生的，这一块我还是要了解的。虽然帮助不是很大，但是不能说没有帮助，主要是我在群里说的不多，去跟别人交流，可以取长补短。最起码我了解了别人的东西，但是靠这个圈子帮我推销茶叶却很难，因为他们有自己的产品。但是我可以跟他们沟通，跟他们交换我的产品，交换着品尝一下。在交换的过程中，我感觉他们的产品也很好，但是他们的做工或外形、茶叶原本的材料，有的比我好，有的比我差，我就去了解这些东西，这样我就知道在产品上怎么去寻找特色。

营销管理上，我是不太懂的，我就请了两个年轻人，他们对营销比较懂，由他们负责公司的营销。我就把销售、公司管理这块交给他们，因为他们可以给我公司带来不一样的管理模式。我主要是负责产品这块。我想把我以后的精力放到茶园、茶厂去。今后待在那里可能更多一些。我不愿意做这什么总经理，可能这不是我的强项。这一块是我管理能力中薄弱的一环，而且现在的商家、老板都是他们年轻人，我估计他们之间的沟通是没有代沟的，他们会交流得更好些。我年纪大了，五十多岁，快奔六十了。我就是想把我的心思放在那块，静下心来。我现在正在慢慢发展加盟店，我在河南有一家，那是景德镇的一个客户给我介绍的。目前，主要还是在周边，在上饶有两家，打着我"婺媛红"的招牌，两个门店、一个茶馆。去年，我还专门跟他们进行一天的交流，我把我的想法讲出来，他们也讲了很多，结果讲着讲着，我就有了一个主意——到农村建体验式的"茶馆"。为此，我还专门跟茶校的教授去请教，他们听了我的话以后，专门到农村去实地考察了下，回来帮我设计了体验式茶馆的布局，挺受益的。现在，这个体验式茶馆已经在开发，明年就可以经营了。

三、聂菇王：悬壶济世，摸爬滚打培育好灵芝

（一）职业选择：命中注定，千山万水遇灵芝

我1997年毕业之后，就去外面打工了，那时候是学校推荐去外面打工，打了半年工回来，就觉得在外面不如意，因为我天生是一种不服人管的性格，那时候就觉得还是回家创业吧。正好那时候我老爸在家种

蘑菇，之后又学种木耳、草菇等食用菌栽培技术，就在家扩大种植木耳、草菇。因为小时候在我们山上采过野生灵芝，所以说人生其实是有轨迹的。我从小就喜欢中草药，在罗山那边，有民间的医师，就是点穴手，我们这边确实有这样的人，什么中草药都懂，我们有这种兴趣，然后就经常去外面搞搞。至于做灵芝，有时候感觉也是冥冥中注定，其实现在香菇也在做，已经做了18个年头了。我从学校毕业，就是民办的中医学院，我学的是针灸推拿，所以对把脉等东西有点了解，但是都不记得了，只是会比别人没学过的要好一点。小时候我就采过野生灵芝，但是当时不知道，还以为是棺材菇，就把它放到仓库，结果晚上还做噩梦，第二天就把它丢掉了。后来到了20来岁，看到大棚灵芝才想起来，那个是真正的野生灵芝。因为我现在也是做菌类，做了有7年的基础，做野生的灵芝也是突发奇想，这个念头整整折磨了我四五年，然后我就去找野生灵芝繁育。刚好我家附近有一个罗山，海拔近千米，终年云雾缭绕，生态环境令人艳羡，周围丛林密布、山泉水流淙淙，自然环境优越且气候温和，这为灵芝的纯天然生长创造了得天独厚的条件。

（二）职业初始期：拜师学技，灵芝让我着了魔

说实话，从学校毕业后，提个篮子去卖东西觉得挺丢人的，觉得很没面子，那是当时的心态。那时候，人家的香菇能卖3块钱一斤，我的卖2块钱一斤，还卖不了，还在后面求着人家，想1块5角卖给人家。这是一开始做生意，不懂。然后慢慢地学做了一两年，生意也慢慢地学会了一点，到最后，我们那个香菇做了四五年之后，我们县的80%的香菇货源来自我这里。可以说，那时候弄香菇是赚了一点点，这才算把事做起来了，一直种了十多年。2006年的时候卖香菇，卖的不够了，我就到外面贩香菇。这个我是比较自信的，也是我生命中值得骄傲的一段经历。从一开始觉得丢人，到后来全县的任何菜市场，哪个只要说到我的名字，大家都会知道，到最后，可以说是市场上百分之百的商家都拿我的香菇。2008 年，一次在浙江调运食用菌菇的时候，就看到有人种灵芝，于是我就对大棚里种植的灵芝产生了浓厚的兴趣，因为我是学中医专业的，知道灵芝自古以来就是一种名贵的中药材，具有良好的药用价值和非常明显的保健作用。野生灵芝一支难求，人工种植灵芝却可以产业化，为此我想是不是可以在家里种灵芝，就是在家里进行人工栽培灵芝。虽然培育过金针菇，但当时有关灵芝的东西是一片空白，所以，学的时候，管他有没有用，眉毛胡子一把抓。实在没有办法，那就去找师傅吧，当时就一个人往返福建、安徽黄山的灵芝基地，拜了当地的师傅，跟着师傅学习。幸好我们有基础，然后就以一个打工者的心态去学，因为我们是有心去学习的，不管什么苦，我们也吃得了，所以会问得更细一点，像你们如果没有基础莫名其妙地去学一个月，是学不出来的，组织分离这个繁育就够你琢磨几年了，你还要把握好才行。从最苦的砍柴做菌棒学起，天还没亮就进山挑选适合做灵芝培养基的上等椴木，起早贪黑地学习。天天吃住在大棚田边的陋室里，一住就是几个月。通过听师傅的耐心讲解和看师傅的实际操作，终于学会了灵芝的种植方法。虽然，师傅有时不愿意教，但是不愿意教也没办法，他让我做一些事情我就去做，然后我就会问，我故意把它弄坏，然后他就说这个不行，怎么怎么才行，学习嘛就怕你不用心。

回来以后，就折腾自己的灵芝了。那么，我在想灵芝种在哪里呢？当时我学完技术回来以后，我也在农田里试种大棚灵芝。有时间，我就去别人那里转转，看看人家种得怎么样。我当时去福建一些地方以及吉安的一些种灵芝大户去看了看，他们大多数都是大棚种植。通过跟他们交流发现，大棚灵芝技术要求并不是那么高，容易种植。但是，发现大棚灵芝卖的时候一般 200 元就不得了，而外面卖 300 元、400元以上的也都是大棚种植的，99% 以上都是大棚灵芝，我敢这样说，周围四五个县，我每年找到卖野生的灵芝只有四五个商家，可遇不可求。后来，有个农业专家建议我种植林下仿野生灵芝，其营养价值比大棚种植的灵芝高出许多，接近野生灵芝的营养价值，市场销售前景广阔。于是，我就开始种植林下仿野生灵芝啦。这种林下仿野生灵芝跟大棚种植还是有些不一样。没有办法，我就去买些书看看，像《灵芝栽培实用技术》《灵芝栽培技术》等，这些书有的讲的是大棚种植的，有的也会讲一些野生种植的其他东西。虽然有所收获，不过说实话，我文化程度不高，有时候看起来挺累的，不是特别好懂。碰到不懂的东西，我就百度去搜索，比如"培养基配制"，我看到都是懵的，于是就借助网络来学习，在一些论坛里面留言，有些朋友就给我回帖，告诉我怎么给灵芝配备肥料，有时学完后受到的启发还是挺大的。虽然有些知识后来不一定有用，但是总觉得肚子里有货是好事，这也给我的事业发展增强了信心。

（三）职业成长期：千淘万漉，野生灵芝终有戏

其实，种林下仿野生灵芝不是学了就会，大多是技术问题，其实真正的还是要靠自己去悟，所以这个东西不是那么死板的，就像我们从大棚走向户外，这是跟我自己曾经偶然的机遇有关，如果没有小时候采野生灵芝这个经历，我也不会想到野生灵芝的野外种植。其实就是学嘛，到处去问嘛，然后自己想嘛，就像这个蒸汽壶，我现在都想开发陶瓷的，所以说，我们是花了很多心血在这上面的。我们就是自己学的，一个香菇给我，我可以让它繁育成无数个香菇，我们就是有这个技术，做香菇、金针菇、草菇、木耳、银耳，我都会，我做了十几种，并且是花了真金白银去学的。但在学习种灵芝这一块，我们去过很多省，走了好多弯路，有了这个基础，才让我们种植灵芝的问题迎刃而解。我们也吃了苦头，首先是菌种繁育，我们做不起来，老是坏掉，后来提纯固状，做起来了，然后又出现一个问题，放在大棚里不行，那干脆放在野外

吧，然后投了三四十万元，全部亏掉了，那时候是 2007 年，五栋房子都没了，拿现在来说就是亏了几百万元了。其实真正的技术还是来源于我们自己，当然他们的一些东西我们是没有的，他们也会教我，所以灵芝的技术是我一点一点学起来的。我这个技术是自己慢慢摸索，拼这么多年拼出来的，我这个人的性格就是，弄不好还要弄，然后再弄，一定要弄到底，我就觉得别的东西能行，这个东西也能行。这么多年了，不是说一朝一夕，我想，不行的话，我明天再努力一下，后天再努力一下，我像是一头埋头拉大车的牛，从原来到现在，18 个年头，一直做这个事情，每天早上两三点钟起床，每年有 8 个月，就是埋头苦干的那种，在前 5 年都是这么过来的，现在这两年会好点，在外面晒得黝黑黝黑的。

其实，这几年农机站对我们的帮助很大，有什么事都会主动找我们。比如说申报什么东西，我们又不懂，都是他们来帮助我们的，说实话我还是挺感谢他们的。从去年到现在，原来只是说说而已，其实真正跟厦门大学合作了那么多年，厦门大学的教授，第一次来看，也觉得新鲜，然后到这里七八次了，包括我们的人生规划啊、营销策划啊、企业规划啊，他都在帮忙，不然我一个农民怎么会做这些，其实真正做起来也就这五年，就是这一两年他们才认识我。一个是郭小华，他在堰塘生物学院，是农民的 MBA，不是我们说的那种 MBA。他就是说，打造农民的 MBA，他是在做这样的一个课题。他就是让我们感受到了该怎么去学，告诉我们这是企业的一种，我们也是农民这一方之主，也就是农业合作社的企业法人跟公司的企业法人，只是合作社是建立在老百姓这一群体当中。

我参加过一些总裁班培训，可能有五六次。培训对我们是有些帮助的，主要是理念方面，就是农民要改变一种思想——你不会想着怎么做大，做强——你不改变思想就改变不了自己的现状，现在新型职业农民最缺的就是这种思想，一定要让自己的思想跟上时代，思想是最关键的，其实这对我们这种观念的人有很大的帮助。但是我现在不去了，因为那个老师知道我比较务实，有些课程比较虚，解决不了我工作上的问题。现在，我只是偶尔去听听，花三四天听一次，不能听太多了，不然天天想着怎么融资，这些我都没概念。那个星期我在那里只听了两节课，一节课是开班，一节课是互动，然后大家在一起聚餐，相互认识一下。

（四）职业发展期：用心良苦，唯愿灵芝受众爱

现在我们在网上一个月也能卖那么多，虽然相差好远，但最起码这是一个推广的渠道，有些陌生的电话打来要买灵芝，我想到底要怎么卖，我们不能全体依靠互联网，现在嘴上说"大众创业、万众创新"，说是这样说，真正互联网做成功的不多。在我们农产品中，真正做起来的有几个，说是做起来了，那个老板摸着良心说，他又能做多少呢？我从去年开始到现在做了八个月，我是深有感触的。

我有 400 个这样的同学，总共 28 个参加过全省的培训，400 个比较精英的，我们组成一个群体，叫青盟绿盟联盟。首先是资源交流，然后是思想交流，还有农业厅、农业部有什么好东西，也会一起交流，但是我很少在里面说话，我会听，有时候他们能够给你许多新观点。营销这一块，就是我们自己实实在在搞出来的这些东西，比如在杭州总裁班里学到的东西就跟他们说了一下，其实在课堂上我们真正学的、老师教的这些东西是有一定作用的。但是最实在的是我们这些同学在一起相互沟通学到的东西，才是最大的收获。就像我 2015 年弄了一个互联网平台，一个公众号，在我的圈子里，有 500 个人，这 500 个人也进一步推广给 200—500 个人，每一个这样一推广，并且我的圈子都是一些大老板，懂养生，大老板后面都有一圈子这样子的人，所以我们的推广是很精准的，就像 2015 年我们的客户是 2600 多人，但是每个客户都要消费在 10000 元以上，这就是我们做得比较精准的地方。

在抚州，我们也搞了一个公司，还在装修中，20天差不多就要完工了，那边我们是打算做体验馆，比如今天我们刚认识，我把一个灵芝给你，你不知道有什么作用，也不知道怎么吃，那么体验馆的作用就是我们在这里的一个缩影，就是我们体验馆的一部分，给你一个小房间，你一到我们馆里面，从五千年前，关于灵芝的文化的所有的东西，全国各地的灵芝都摆在这里。北师大的一个教授说的，他说来到这个体验馆喝茶嘛，他们不知道怎么吃，我们教他，他们不知道怎么养生，我们教他，就像日本教人家怎么吃饭一样，其实这就是一个文化，人家做马铃薯也可以做出一个文化来。听完以后，我就很兴奋，请那个教授帮我规划这个体验馆。我们总共弄了900平方米，1楼、2楼都是文化和体验，每个房间的装修风格都是中式的，就是结合我们五千年灵芝文化的这种风格。有大厅、接待室、办公室、食堂，只有一间棋牌室，是接待领导的，领导在里面玩玩，我们不打麻将的，就是不对外的。每一间的风格都不一样，我们在里面喝喝茶，聊聊天，用罗山的水，你自己在里面泡，一开始我们会教你怎么泡，然后你可以办卡。每个人只要买一斤灵芝，花3880元，就成了我们这里的会员。这三个月，你带着茶叶，随时来我们这里喝茶，想用哪个包厢都行。2017年1月，我们的体验馆将会正式开张营业。

合作社有100多个人，我放了30%的股份出去，从5000元到20万元，股东不一样，他投1000元，我也接受，我们这个已经公司化运作，每年只收一次灵芝，合作社是一个平台，公司是一个平台，销售由公司来销售，确保合作社这一块永远有钱赚。我们现在是形成了"合作社＋公司＋农资"的这种模式，所以这一块我们是摸着石头过河。其实艰辛只有我们真正创业的人才能感受到。

我最大的心愿就是成立公司独立的基金会，现在也在着手做，用来做慈善，人家都说灵芝可以救命，可以叫"灵芝健康基金会"。这个基金会我们就是用来做慈善的，帮助需要帮助的人。

四、刘记者：弃笔从农，精心打造"爸爸的苹果"

（一）职业的选择：为父圆梦，回乡创业卖苹果

还未成年时，我父亲就一个人在当时的人民公社的果园里，练习嫁接果树。27岁时，在林场当场长，组织村民种植各种水果。父亲尝试着种了18亩苹果树。改革开放以后，他又带头承包了这片果园，在这片果园里，他用了三年时间把杂果全部嫁接成秦冠（苹果的一种很好吃的品种），第一年挂果就卖了6000元，村里一下子炸天了。就这样，父亲与果园结下了一生的不解之缘。他甚至顶着反对的声音，动员妻子和五个孩子将家也搬迁到了果园里，以便更好地照顾这片果园。但是好景不长，苹果开始滞销了。我还记得很多苹果烂在果窖里时，爸爸嘴上的干皮和眼里的红血丝。直到父亲2014年5月被确诊出肺部小细胞肺癌，恶性中晚期，眼看着父亲的精神垮了。我发现，父亲从医院回家之后，开启了一种自闭模式，消极地等待死亡，还美其名曰，自己生无遗憾，不愿意在医院里受折磨。于是，我毅然决然地辞职，从北京回到家乡，我要陪伴父亲，并要和父亲并肩作战，一起经营果园，我相信这会带给父亲生的希望。

我曾经是记者，参与过《蛮子文摘》《凯叔讲故事》《逻辑思维》等知名新媒体项目运营。后来为了照顾生病的父亲，也为了重新唤起父亲对人生的热情，创办了农业O2O平台"爸爸的苹果"，把家乡陕西淳化最美味的苹果分享给大家。经过不懈的努力，"爸爸的苹果"受到用户的喜爱和认可，我的故事也登上《读者》杂志、《北京青年报》等多家媒体。我并没有特意地去想，就是脑子里闪现而出的想法——苹果是我爸爸的，那就叫"爸爸的苹果"吧。爸爸种了一辈子的苹果，他了解土

地，懂得如何让苹果的甜意更浓，却从不知道离开村口的千千万万个苹果流向哪里，被谁食用，自己的工作是否给别人带来愉悦。我的梦想则是，不施农药种苹果，借助网络平台，让苹果从地头直达消费者，让消费者吃到没有农药残留、全熟的有机苹果。因为中国现在有大批中产阶级不断崛起，他们与原来的人对吃的讲究是不一样的。以前我们讲究吃饱，现在他们讲究吃得好、吃得健康。最明显的就是，我当时在北京工作时接触的群体，他们属于收入比较好的群体，我当时就在想，我怎样把我的苹果卖给我的同事和老板，那时我整天跟他们在一起，我就会大概了解到他们的要求是什么，我就会按照这个标准去做。同时，我们那些同事、老板都属于那些个人学习能力很强的人，个人发展一直都在上升，所以这对我的要求也越来越高，我必须不断进步，这种进步并不是指提高你的苹果单价，而是提高你的服务和产品质量，以及你的运营能力等，不然你没办法和他们继续做朋友。

以后人们对农业产品的健康、绿色、环保的要求会越来越高，未来农业的产业化也会越来越精细化、现代化。因为有这个大局势，我感觉现在同行业之间都不存在竞争关系，因为市场很大。前面这批人都是先烈，大家是否能熬到市场成熟的那一天——消费者对事物的健康有所要求的一天。你算算人们的消费，你会发现人们在吃上的花费比例是最小的，我相信有一天大家会慢慢认识到健康食物的重要性，我自己现在就已经在调整了，刚毕业的时候，我主要考虑食物的口感，现在我最先考虑的是健康。你会发现你需要的东西变得少而精，我觉得这是在做减法。以后这种健康的市场会越来越大。

（二）职业初始期：奇异眼光，小试牛刀初成功

起初，家里人对我辞职回家的决定不甚理解，一听说要在网上卖苹果，我爸爸直接跟我说，你是不是疯啦，要我赶紧嫁人得了。我们村里的人听说我回来卖苹果，还是在网上卖，都觉得我病得不轻。当我说要

卖不打农药的苹果时，他们就更无法理解了。说实话，我小时候没有童话书，很多字也是从爸爸看的苹果树栽培的书上认识的，小时候认识很多虫子，都是跟爸爸在果园里捉虫子时认识的。回来以后，我就把我家的苹果命名为"爸爸的苹果"。我呢，之前的工作经历对我刚开始卖苹果的帮助挺大。第一，我对信息具有天然的敏感性。大学学的是新闻，再加上毕业后四年多的媒体从业经历，我接受了系统的训练，因而，我对信息具有天然的敏感性。第二，是对数据整理的敏感性。因为媒体工作的涉猎范围比较广，接触的人群也比较广，你大概能知道你会选择为哪些人群服务，也知道自己的底线在哪里，因而，这两年我没有花过一毛钱的推广费用，我们的品牌塑造都是我自己在做，从而节省了很大的一笔费用。第一年刚回家，我可以说，是在村里人奇异的眼光中生生地把"爸爸的苹果"卖掉了3000箱！结果，后来大家看到我，慢慢地就是佩服的眼神了。

虽然苹果是卖得不错，但想象自己以后要长期卖苹果，就觉得还是要熟悉苹果的基本常识。卖完苹果以后，我大部分时间都是在补功课。虽然小时候跟爸爸学习了不少，但是还是觉得有太多不足之处。例如，苹果的种类，我们这边的土壤适合种什么品种，什么时候才能施肥，什么时候需要防虫，什么时候修剪等。虽然我是卖苹果，但是还是希望能够了解更多。这些好办，我家里就有一个好师傅——我爸爸，虽然爸爸身体不好，但是他对苹果的认识在我们村里没有谁能比得上。我把苹果卖完了，他就领我到果园去观察学习。第二年4月份，我在家整整待了20多天，从苹果绿苞到露红，再到开花，我爸把每个时间段苹果成长的基本情况以及需要注意的问题都讲给我听。村里大多数人也是种苹果的，我也会经常问问他们，他们也很乐意告诉我。可以说，那段时间我对苹果的基本知识认识的比较多。

当然，我的苹果主要是通过网络平台来销售，所以我也会经常上网去看看别人怎么卖农产品的。我前段时间在网上看到，山东有人以苹果树认购的方式来卖苹果，我觉得他的销售理念挺不错的。我记得还有网络众筹的方式，反正理念挺多的。我还是主打健康牌，笃定我自己的客户群体。

（三）职业成长期：砥砺前行，壮大规模不简单

第一次卖苹果尝到甜头后，家里的苹果和亲戚的苹果几乎不够我卖。于是，我就搞起了合作社，部分果农看到我的苹果价格好吧，就愿意加入到我的合作社中，结果一下子果园就扩大到了2500亩。这下规模是壮大啦，没有人啊。于是，我就招了4个人一起作为销售团队，主攻网络销售苹果，当时几个月下来卖了4000多箱精品果。但是，你想想2500亩的果园，光靠网络销售肯定是不行的。这个时候你总不能跟果农说，卖不掉吧。为了让合作社继续玩下去，为了让村里人不看笑话，我第一次搞了一车3万斤的苹果去重庆卖，从线上转线下走大货。线上线下完全是两种状况，因为这是不同的两群人在消费。在网上销售苹果时，我的苹果就赢在健康、绿色、口感好，突出的是苹果的品质，因为能购买"爸爸的苹果"的，本来就是一群对食品安全问题较为看重的消费者；而在线下走大货的时候，我面对的是商贩而不是消费者本人，商贩为了追求销量好，只会注意苹果的"颜值"问题，对于苹果是否打过农药，商贩不会考虑。由于农药的控制使用，我们合作社产的苹果卖相上没有别人的好，所以在看颜值的市场上没有了卖相优势，加上人生地不熟，我第一次线下销售赔了3万元。当月底又前往重庆开始了第二次走大货，我坚信，自家的苹果品质绝对可以拼过其他家，只需要坚持，就会有越来越多的回头客、越来越多的固定客户。而这次走下来，我赔了1万多元。由于不少的消费者也是"外貌协会"，购买农产品时看重其"外貌"，导致消费者、商贩、农户之间的链条都出现了"颜值"问题，说到底，这是个消费观念问题，有的人看重品质，有的人反而注重卖相。很客观地讲，我2015年犯的错比做对的事情多，而这每

一个错误，都是我用真金白银换来的经验教训。在新的一年里，我会选择和一些网站合作，把销售苹果之路铺开，线下也会试验一些其他的东西。对于 2015 年犯的错，2016 年也会去总结、去改变，对于苹果果品方面也会进行一些改良，争取在做好品质的同时兼顾颜值。

其实，我们一直以来，就是朝着规范化的方向去发展，因为公司到一定程度上了——第一年只有我一个人，第二年就有一个四人的小团队，但到今年（2016 年）7 月份时就散了，然后我就需要重新建立团队。我觉得这和我个人的管理能力相关，另一个就是选择的问题，这是一个双向选择的问题。我呢，属于工作的时候就不需要人管，我不会因为加班而去抱怨，我从来不会。但是后来我发现并不是每个人都和我一样，但当时我忽略了这一问题。还有一个重要的原因就是我们需要回到农村，许多年轻人在村里是没办法生活的，因为下班后他可能要去约会、逛街、看电影，农村没法满足他们的这些需求。现在对于团队的管理我们也进行了调整，比如自律性，我们制定了自己的工作大纲，我们规定员工必须回农村，你如果觉得自己做不到那是不行的，一切要以公司规则为准。管理人真的是一门艺术，我也准备去学习，但现在主要是因为太忙了。当然，在忙的同时，我也会跑到西安去听听课，现在这种培训班太多，就是关于营销、管理和沟通等方面的。但是，我觉得我们营销还是可以的，所以听管理的课会比较多点吧。比如，通过学习，知道怎么管理好员工、管理好时间，怎么去做好沟通等等，受益匪浅。现在学的我觉得比我上学的时候学得更好，因为现在是带着问题去学习的。当你想做一件事情时，不管怎么样你都会去做，主要是看你渴求的程度高不高。就是在你看来，它对你的价值有多大，因为你需要取舍，目前我自身储备的能量足够应付目前这段时间了，可能过了这段时间，我觉得不够了，那大概就需要赶紧充电了。

在合作社管理方面，一开始毕竟都是我的左邻右舍，像叔叔、伯伯的，我会在意他们的情绪，考虑他们的意见，但慢慢你会发现用事实说话会更好。其实，围绕这些事情挺苦恼的，生怕得罪他们。不过，有一次，我到西安出差，碰到一个农业社会学的专家，我就把合作社的情况告诉他了。他围绕农民的问题，跟我讲了两个多小时，有一段对话我记得挺清楚的，当时专家问，你认为合作社成员是什么关系？我说互惠互助的关系。这种互惠互助的关系靠什么维持？我说是情感加利益。最后专家有句话对我触动挺大的，他说：农民永远在利益和情感之间彷徨，但多数以自身利益为主。听完以后，我想，能用钱解决的问题我都不愿意跟他们多说。情感解决不了问题，因为他们对新事物很畏惧，没有试错精神，但是，在日常管理中还是照旧，其实我们一直都是在试错。

（四）职业发展期：苦尽甘来，构建完整产业链

传统农产品的销售是农民生产出来的产品并不是按照消费者的需求进行生产的，他是根据代办、果商而定的，他们需要什么，农民就生产什么。他不关心消费者真正的需要，因为他们之间的信息沟通是有阻碍的，这个中间有很多环节，传统农民将苹果卖给代办，代办再转给经销商，经销商再批发给超市、商贩、水果店等，最后才能卖到消费者手中。关于产品产销的互联网模式，就是营销主要是通过我们的自媒体平台进行的这种方式，对于我来讲，这是一个最轻松的运营方式了，因为我当时在北京就是做这个的。其实，农业这块我们是越做越重视了，我们现在都是自己种、自己卖、自己做售后。我们相当于将整个产业链条都放在自己手里，我们团队虽然有五个人，但前端——种植端有很多人。

目前，我想将我们这一片的地方果园做成有机园。我一直在改良，不过还是在小范围内改良。比如在管理技术以及许多细节上都在改，虽然很小，但每一次小的改良都会有很大的资金、时间消耗。最简单的就是肥料，减少化肥使用量，有针对性地使用一些有机肥、微量元素。还有就是在苹果树的修剪、定果、药物使用上都会去改良。关于改良的技

术，我们已经跟西安的专家和做得比较好的一些农户进行合作了，共同来实现苹果走向有机化。其实在做的过程中学习比在理论中学习更有效，我个人觉得实践出真知，比如我先前的工作经历对我的发展都是特别有帮助的，比如对客户的定位、产品的要求都是很有帮助的。我也没想着做多大，我的目标就是我们这一片，我们村总共是 2500 亩，我想把这 2500 亩全部改造成有机园。

除了对单纯的苹果销售的把控外，还会做好关于苹果垂直系统的开发，把苹果能做的东西全部做到，比如苹果蜜的开发生产。苹果蜜营养价值非常高，但苹果开花前会被打农药，导致蜜蜂难以采到苹果蜜，所以苹果蜜的价格也非常高。现在，合作社在我的要求下已经做到对农药的控制，而果园面积也足够做苹果蜜开发生产了。

既然要卖苹果，那工作的大本营还是要扎根在农村。我打算在果园里修建一个工作室，一方面为了接近一线，便于办公；另一方面接待顾客，也起到了展示现代农业的作用。我将会继续把农产品的这种创新的销售方式做下去，而不会像我父亲那一辈人简单地固守着苹果园，只是摘苹果、卖苹果。

五、赵翻译：魄力跨界，山中飞出美丽蓝凤凰

（一）职业的选择：异域他乡求生，辗转回归始创业

我 2006 年毕业于南昌大学法语系专业，2007 年我们国家有个对外援助项目，当时正缺一个法语翻译。然后，我就被派到摩洛哥王国做了 3 年零 3 个月的法语翻译。在这个过程中，我认识了我老婆，她是乐平人。由于她母亲的身体原因，所以需要回来照顾她的母亲，这样她就先回国了，紧接着我就跟着也回国了。从 2011 年开始，我就创建了以养殖蓝孔雀为主的生态特殊养殖专业合作社，一直到今天，没有间断过。

我回来以后，这个法语也用不上了，什么都搞不了了，我就寻思着自己能不能做点什么，就从简单一点的农业入手。至于为什么养殖蓝孔雀，其实我是一个铜臭味很足的人，当时就是两个字："利润"。因为这个东西利润高。搞农业呢，其实非常不容易，例如说养鸡，就按照规模化养殖标准来说，一只肉鸡大概是 2 块钱到 3 块钱的利润，行情好时也就是一只 3 块钱的利润。因为它是以万为单位，那么在行情不好的时候稍微有点波动，就可能会亏钱。当时我也考虑过养鸡，后来经过衡量，收入不高。一个偶然的机会，我接触到孔雀，这个东西利润比较高，而且这一行业不像建造飞机火箭，门槛相对比较低。于是乎，通过这个机缘巧合就进入了这个行业。

从另外一方面来说，中国需要实体经济，需要实业兴国。全世界德国的经济是最强劲的，它基本是实体经济。中国的经济具有一定的泡沫性（地产经济、网络经济），例如：互联网是很多人所标榜、政府所提倡的，这个公司搞了一个什么 Q 版，上市去了，在一年、两年里它的市值达到多少亿。但是我问你，这个市值达到这么多亿，它生产了多少东西？造福了多少人民？为社会提供了多少物资？你没有物资，你这个社会永远是贫穷的。你要把这个东西生产出来卖给全国的老百姓，卖向全世界。所以，中国的企业家，像格力的董明珠才是真正的企业家，她是真真正正地将电器做成了品牌，并且将电器卖到了全世界，这属于实体经济。我的追求就是，通过自己的双手，做出一点实实在在的东西，这是我自己的一种体会。

（二）职业初始期：死马当活马医，久病终练就良医

最开始，我是自己摸索的。我小时候是在城市里长大，鸡鸭这些都没养过。我当时觉得自己有点莽撞，刚开始啥也不懂，在从零开始的基础上，必定要走一些弯路。第一年，我就买了1000只小孔雀，当年就死了600多只。因为一开始谁都不懂，没人教我，有谁教你呢？也有

一些养殖场会引进种苗，但是不多，大概一家也就200—300只。我跑过去问他们相关情况，但是感觉他们的技术也比较粗糙，他们会给我讲一些，例如生活环境、饲料混合等，也会讲一些常见的病理性知识。当时呢，我也没有经验，特别是对这种特禽养殖来说，当时天真地以为它的习性跟鸡、鸭一样。所以呢，对于一些突发性的症状，很多东西它也不一样。再加上自己也是个生手，确实很多关于孔雀的知识没有系统学过。而且在遇到问题以后，按照这种常规性的思维方式，那就是找兽医。但是兽医呢，按我们的话讲，也没办法。不是说他们水平不行，是没遇到过这个品种，它的生理结构、对药物的这种敏感性有差异，乃至于它的病兆也不一样，所以第一年也是比较惨痛的。我就是一边找兽医，一边打电话，一边从百度查资料，一边自己摸索，把生病的孔雀分成5—6组，这个组用这个药，那个组用那个药来做实验，哪一组活了就知道这是什么病了，下一次就用这个药，只能这样试验。

在这个过程中，我会从百度上搜索。百度有就有，没有就没有，百度有的也会误人子弟。有时候也会进论坛去看看，向别人请教，有时候会回复，但不太敢信。为此，还买过书，看过书，但是你如果完全按上面的标准做，你就养不了这个东西，感觉那个不接地气，跟实际操作有很大差距。没有办法，我就会打电话找同行，就是卖孔雀的，因为我从六七家买孔雀，你不告诉我，另一家会告诉我，就是七拼八凑，每个人的说法都不一样。因为这些东西呢，它不是一些数学公式，或者是这种物理的定律有章可循、有据可查。这个东西得了病，必须要到现场看它排泄出来的粪便，这是一个直观的方式，可以看到它得什么病；第二个就是把它解剖开来，把它的内脏给它剖出来，看它那个心、肝、脾、胃、肾这些东西。当时没有微信，交流并不是很方便。那个时候还是拿手机拍用彩信发过去，人家看得懂，因为从事这个农业的，一般年龄比较大。它这个东西，琢磨不来，所以你只能用语言来形容这个大概是什么情况，他们也就是按照你的语言来判断这是什么毛病。这个可能属于盲人摸象，你碰对了就对了，就琢磨，就是这么一个过程。所以呢，也可能是自己这个方法寻找得不恰当，当时的条件也就这个样子。最后就没办法，方法大概都试了一遍，能用到的方法都试了一遍，最后把死掉的小孔雀装好，连夜开车到安徽一个就近的养殖场里面让他去帮忙解剖一下。他看过以后，大概也就知道是什么情况了，给你开了一点药。这个方法还是稍微有点作用，你找兽医没用，他们不懂，没有专业的孔雀兽医。

我记得第二年，我们还去台湾考察了一个星期，那个就是省农业厅厅长带队，去考察一下台湾的农业，反正就是学习了三天，听他们台湾教授讲东讲西，他们所谓的那个有机、绿色和生态农业，感觉没有多大启发，台湾农业比我们落后，这是实话，但是它有些方面的发展比我们前沿一点，就是它们所谓的合作社，包括农业单位一些体制，它确确实实做得到位。像我们的合作社，讲白了就是我一个人的单位，我建了合作社，同时我也开了公司。但是他们的合作社确实是一些专业户来从事和参与这个事情，而且他们有很详细、很严谨的规章和制度。

所以说久病成良医，疾病导致的各种各样的死亡都有，你就从这个死亡的基础上累积自己的养殖知识。第一年、第二年都是这么过来的，到第三年基本上就平稳了很多。所以，现在我基本上不怎么去别人那里转了。以前转的时候有点启发，现在基本没启发。现在是人家到我这里转，以前看看人家怎么做，现在看到人家也就做成这个样子，依旧停留在这个水平，就不用再看了。这样人家到你这里看看，互相交流一下。

（三）职业成长期：问题构建图式，实践中发现真知

经过第一年的痛苦期，我养孔雀基本上手了，也可以成为一个小专家了。从 2015 年开始，我这里有 7000 余只孔雀（自己养，并且也收购），一般我们也是将出生的小孔雀出售一部分给人家，自己再养一部分，占地面积大概 30 来亩地，这里面放的都是蓝色。但是，这种特种养殖，光积累的那些知识有时候不够用，一些问题时有发生。那我怎么办呢？像有一次那个孔雀，身上鼓得跟气球一样，它走起路来跟个企鹅似的，晃晃悠悠的，问了同行，谁都没办法解决。记得当时我也请了一个湖南农大的据说很厉害的教授，结果研究了半天，对这个提出了点建议，但是也没有解决，药是买了几千块钱，还有出诊费，最后也没有解决。因为他不是这个专业的，还是有差距。没有办法，我就自己捣鼓。最简单的方法就是拿刀子捅它一下，把气放掉了，它又鼓起来，又捅它一刀，捅个10来刀气消了它也就好了，吃药没用，抗生素什么都没用。这个就只能慢慢自我摸索，然后下次遇到就知道怎么做了，以前就知道打抗生素，光打抗生素不行的。而且，这个养殖业，可能你养个10只、20只这种小规模的，也碰不上什么毛病，而且还很容易成活。但是你一旦规模到了几千只以上，各种乱七八糟的毛病都来了。而且它的传染性、各种各样的这种特征以及病兆，就显得比较繁多。所以说，我们这个东西的交流还主要是在同行业之间。

我们每年有一个孔雀养殖交流会。一般只要有空的话就参加，每年放在不同的省份，每年全国的养殖大户都会过去看一下，聊一聊发展方向，包括自己的想法等。但是，通过交流发现，整个行业都不是特别理想。这个东西怎么讲呢？本身我们这一行业就偏冷，养鸡的话，可能还有一些养鸡的交流会，养孔雀全国加起来也没几个。现在政府给新型职业农民提供的培训有很多，刚开始叫我去的时候，非常愿意，可是参加了几次以后，感觉培训的东西我都会，有点浪费时间，后来就去得少了。我记得之前搞过一次阳光培训，那都是理念上的东西。农业局报名，就问你去不去，告诉你大概有什么内容，就是这些合作社所谓的理事长，他先从省级示范里面挑，然后再从市级示范里面挑，那个都是开大会形式的，全省的汇集到一起，然后有专家在那里讲课，比如说现在合作社的一些发展方向，一些规范制度、理念等等，还有现在讲"互联网+"，他们给你灌输一些想法在里面。怎么说呢？就是一些概念性东西，你能悟到就有用，悟不到就没有什么用。

我跟你讲，实际上这个路线就是一层窗户纸，你没走的时候你觉得很困难，但只要你走过了、你捅破了就变得很明了。你把它列成一个大纲，你就按照它这样做，有个别问题再个别解决、找原因，很快就容易解决。但是，就像我们航海一样，你带着这个航海图，你还有什么理由找不到国家呢？但是你没有这个航海图的时候，你就容易遇到风浪、碰到暗礁，你就比较困难了。所以一些小问题在当时解决不了，就拿我遇到的例子来说，孔雀小时候要保温，保温最清洁的方法就是用浴霸，浴霸灯泡给它保温，温度是保下来了，但孔雀打架呀，光线强烈，它也狂躁，每年一打架就打烂了脑袋，打烂了身子，导致死亡率很高。你也不知道是光线的问题，你以为它缺这个、缺那个，你给它补，你给它补没用，它还是打架。后来明白了，这个问题是这样的，就不用浴霸改用煤炉，通一根管子通到外边，把窗户全部贴起纸来，让它的生活环境是黑暗的，这样能减少打架，但是，还是会打。这个我怎么想到的呢？一个是问人家，再一个你自己也观察喽，你要做对比试验，像我是喜欢动一动、想一想的人。而且像喂水，以前是拿一个小的水壶给小孔雀喝水，育雏的时候是最艰辛的。那有的孔雀特别缺德，它喝了口水，它再吐点口水出来，它要不就拉泡屎在里面，那其他的孔雀吃的都是细菌啦，后来我们用养鸡的方式，它啄一下就滴一滴水，孔雀它比鸡无聊，它不停地啄，水淌了一地，你在下面拿个下水管道把它切开一半，固定在下面，再接一个桶，然后再把水倒进去。后来那样又不科学了，就用养金刚鹦鹉的方式，将水壶倒置，通过水的压力把水倒在笼子外面，口就这么点大，它喝一口喝完了就走，就不会踩翻了，这是目前最清洁的方式。这个都是通过几年的试验总结出来的。即便你告诉别人说这样是科学的，但是你不过来看，你也想不到这到底是什么样的。所以，每走一步，可能你走过的路有些弯道，那就是那么一个道理。

（四）职业发展期：引领模式创新，转型铸观光农业

我们这里孔雀都销到北方，北方卖得多，因为广东那边有个很大的孔雀基地——这个孔雀基地由广州市政府支持，大概有好几千万元的经费支持，广州那边有这一家就够了。还凑合吧，不过现在呈下降趋势，这与国家政策也有关，可能八项规定一出来，领导干部不带头吃，那老百姓有几个吃得起的？我也考虑过深加工？第一，因为它这个东西本身单价就很高，再说深加工人家更接受不了。你比如说做孔雀肉干，这个东西把它杀出来了，放在真空包装，这个原始的鲜味它就流失了一点。第二，你看不到实体，我们国家，悲观地讲，这个食品安全问题还是蛮大的，像我在外面，我是从来不吃卤菜，什么烤鸡烤鸭真空包装食品的，这个东西你看到它那个做法你吃不下去，我身边有从事食品这一行业的朋友，对吧？你这个东西只能说是卖活的给人家，人家看到了，噢，这个是生鲜，是活蹦乱跳的，你如果把那个毛去掉了，把它用卤汁卤了一下，用烟熏了一下，它其实跟那个鸡没什么差别，你卖一千、两千一个，要考虑接受的问题。那信任你的人，比如很亲密的朋友，他肯定知道这个是没什么问题的，但是这样的人毕竟是非常非常少数的。你的市场是面对全国人民的，所以这个东西我们考虑过，而且要上这样的生产线也不是那么容易。

没有办法，现在我就想做一些产业升级、产业转型。因为孔雀不仅仅有食用价值，还有观赏价值，现在崇尚一种休闲观光农业。为此，我专门邀请几个搞观光农业的朋友以及乐平市的相关部门负责人，当时我们在一个农庄出谋划策，一个朋友建议我，你的观光农业不能跟别人一样，毕竟是特殊养殖；有个防疫站的朋友就说，你要考虑人流聚集带入孔雀病菌的消极影响。讨论来讨论去，我就想出了一个"分流模式"，一个叫输出基地，一个叫观光基地。一个地方只作为养殖的输出

基地，因为这个养殖，人家不可能要的太多，特别是当你养殖几千只的时候，如果爆发疾病会很可怕。另外一个地方只作为观赏基地。游客看着满意，你想吃就吃一个，当场就给你抓过来，这就是进入了一个农业升级转型的新阶段。以前哪听过什么观光农业这些东西，这也是这些年探索的一个模式，以后就是把这个产业进行升级，往休闲观光农业那方面发展。

当然，我自己也在养殖方面进行了一些创新，像这种钢架，全国可能只有我一个人在搞，（这个）它上面是网眼，粪便可以全部掉下来，上面是没有粪便的，它这个生长环境比较洁净，就没有什么疾病。这个也是从和养羊的人沟通的过程中摸索出来的，学人家养羊，自己借鉴他们的建议并尝试。这样孔雀就不用吃药，它体内就没有药物残留啊，不生病的话，它也长得健康，就不需要吃药，我给你讲，吃了抗生素，它体内还会有残留，吃到我们人体里面也不好，这样至少是无公害。你就要去动这个脑筋。并且它这个高度夏天比在地面上凉快得多，也不说伤脑筋吧，反正比做汽车简单。工业的科技含量肯定比农业的要高一点。像我现在就在搞一些绿化，让人家一走进来不觉得这是养殖场，第一就是没有臭味，第二走进来让人觉得环境是绿意盎然，让人感觉还蛮舒服的。

六、张主任：敢字当先，水稻田中开满藏红花

（一）职业的选择：外出飘摇历练，家书牵引落叶归根

我从小跟奶奶长大，家境比较穷，特别贫寒。我老公家里也很贫穷。两个同病相怜的人走到一起，心灵沟通会比较容易。我奶奶虽然年纪大，思路方面她却很有远见。每次都教导我们，她说"穷是暂时的，不可能一直穷，穷无根，富无底"，就是富有的人他也不一定一直富裕

到底，但是穷也不是没有个根，不会一直下去，能改变。生活只要你劳动创造，是最美的。不义之财是眼前的钱，劳动挣来的钱，才是长久的钱。每次都是用这种方式教导我们，在那么困难的情况下，没有油炒菜，没有米下锅。我奶奶亲自把我们带到山上，就说靠山吃山。我们就到山上砍树来卖，这就是通过自己劳动去赚钱，慢慢改善生活。奶奶这种精神感动了我们，奶奶讲的话我也始终记着，一直向往着能有个美好的生活。我喜欢看书、故事会和一些杂志，下面有一行行的小字是介绍信息。通过这个信息发现沿海地带在开发。我说干脆我们两个出去闯一下，看怎样凭自己的双手去改善生活。我们当时到了石狮，找到了他们的一个小哥们，一起进了一个厂做杂工。后来我们就好好干，你没钱就只有从工作来体现自己，努力做事嘛。别人不干的，我们就干；别人下班了去休息，我们还在学习，就是这样。

刚开始第一阶段我们工作了三个月。然后老板就发现了，就把我调到上饶去管外发（发货）。轻松许多，接触的人也广了，都是一些比较有层次的客户。从这个过程中，我就觉得人一定要学习，假如我不学习这老板不会器重我。所以我就更认真地去学，跟人去沟通。后来，工资越加越多，我就干得更加有劲，一干就干了好几年。为什么会回来创业？其实在回来创业的头一年，我一年能赚到五十万元。为什么回来？是我儿子要读书。我每年都选正月初八出去，三个孩子就跟着，一直到火车站。每年想到这个场景就会很难过。其实，直到那一年我儿子写了一封信给我，他在信中写了首诗说，父母是大海黑暗中的明灯。确实如此，我挣再多钱，假如孩子没有教育好，有钱又有何意义。所以我就意志坚定，下定决心回家。老板一直想要我去福建，我说不行，我觉得风雨落叶要归根，还是回家创业比较好。

我是2009年回家的，按照福建的经验，我把厂子里的一部分业务转移到老家，带着乡亲们一起做服装加工。但由于内地和沿海的地域差异，业务并不好做，加上金融风暴袭来，返乡第一次创业就失败了。当时也不知道做什么，我们村里有一个老支部党员，他就说你去当妇女主任吧！因为在家里也做了几年服装，一选举投票，就全票通过。2011年进了村委会，村里面一个小村庄有一片山，坐落在好多个村庄当中。每年在那个山界会有一些纠纷。那个老支部就问我，你承包那片山吧，他跟我说，你要去包，我们这片山就不会被别人搞走，意思是让我来守护。我就说好。然后村里说刚好那边有一片田，73亩多，每年都要抽水灌溉，老百姓又要交水电费又有纠纷。后来村干部就说，干脆田地也包给你，所以现在就是山田都由我承包。这样我就种起了水稻，反正这个从小就打交道，有些东西都懂。我现在就是不断在研究这个藏红花——中草药。我奶奶106岁，她家里在中草药这一块有些渊源。为什么要种这花呢？因为这个花与水稻田要轮作，不跟水稻种还种不了。所以我就想种一季水稻再种一季藏红花，本来是可以种两季水稻再种一季藏红花，那我把这品种选好了，优良品种，种两季水稻再种一季藏红花，这样是不是更好。这就是我现在主要做的东西。

（二）职业初始期：摸着石头过河，艰难谋求稳步发展

2010年，妇联组织我们参加培训，妇联主席亲自给我们讲课，讲女同志要照顾家里，怎样去带动农村发展。我说这个好，就跟妇联主席沟通，主席问，那你有什么资源？我说我是杨翠乡的，就是山多田多，承包了山和田。她说好，到时候有机会告诉你怎么做。我听她这么说了，我就有劲儿了。后来2011年去浙江参加经济人培训。当时，我碰到了一个叫潘俊梅的浙江人，做雪里红道道菜。她把腌菜能做得那么好，雪里红一种蔬菜能做出很多花样。哎呀，我好敬佩这个人，这个腌菜都能做得这么好。我一直在向往，就去参观她的公司。一走进公司里面，就看到她们家好多产品，反正道道菜能做成干品、鲜品等各式各样的。我就一直在那里看，她就走过来问我来自哪里，我说来自江西鹰潭。一看我的手，她就说你是吃过苦的人，然后就一直讲，通过沟通，在那儿认识了好多人。信息就广了，圈子也大了。讲着讲着，她后来对我比较关注，就告诉了我一些重要东西，让我去看一下。所以我按照她的指引就去学习。

刚开始种水稻。田包来了，只能种水稻，也不能种别的。种别的没有技术，怕咨询不了。种水稻就种两季，按照传统的方式去做。刚开始种传统稻子，后来种有机稻，然后慢慢地就开始学习。一个70多岁的老人，他说这个可以种，米好吃，产量不高，我说我只要好吃，产量不高没关系，因为我是卖米，他就知道自产水稻。我问他这个过程，大概什么时候播种等等，他就按照他的方法指导我，然后我就从这上面按照他说的做笔记，以后也要像这样做，好记性不如烂笔头。后来种藏红花也是，去找师傅。我是2011年开始学习，那时别人一告诉我地方，我就积极地去，怕人家不理我，就跑去那边学，刚开始不让我学，我就跟他说，我拿手给他看，我说我是吃苦的人，他看到我一双手确实是吃了苦的人，后来他就说，好，那我教你，这不是两个月三个月就能学会的，要有这种毅力，我们可是几十年了耶，他这样跟我说道。我无论做什么事，都一定要学好，就是这样子，然后就经常去。前前后后有很久，经过试种，慢慢地才学会。记得我刚种藏红花，2013年下了两场雪，吓死了，我想完蛋了，雪压着叶子都变黄了，我就把那个种子又挖起来，拿去给师傅看，师傅说没事不要紧，这个可以，在这种温度下在这种情况下还是可以的，不会冻烂的。因为我当时不懂种在田里烂掉了叶子是正常情况，后来告诉我是正常，只是叶子烂掉了是正常的，哎呀，把我给乐死了。

在这个过程中，有空的时候就看书、看报纸，因为我从小就喜欢看书。看书主要是一些科技方面的，尤其是藏红花方面的信息，关注的比较多，我是江西第一个引入藏红花的，所以周边很少有能够交流的，只能去看看书，不过这方面的书也不多，然后就是传统文化这块，也许因为我家里有一位100多岁的奶奶，在传承传统文化这方面对我有点影响。像有机水稻和藏红花，没事上网看看，我记得有个水稻信息网，里面会有一些有机水稻种植技术视频，从里面可以学习到一些灌溉技术，我家里的水稻灌溉方法就是网上看视频学到的，但是，有些网上也找不到，信息不是特别完整。当然，网上介绍的东西有些有用，有些不管用，有南北差异、环境气候不同等很多方面的原因，所以不能盲目地照搬。真正网络信息更多只是理论方面的，实践还是实践，核心技术是没有的。

记得有一次，一个朋友跟我说，日本有个贸易展，建议我去。参展收获也是有的，比如说接触人、客户、订单等等，把自己的产品推到更远的地方去，我这次能到日本去参展，就说明我江西省的也能走出去，这个意义就不一样，是提高。在那个展会上走一圈，就会知道很多东西，这就是信息，花钱也买不到的，好多东西就是这样。不参展就很少知道，这也是资源整合。

（三）职业成长期：集众人之智慧，谋求事业转型发展

2013 年 3 月，我正式注册成立了余江县富昌水稻种植专业合作社，先后与杨溪、潢溪、坞桥等地的 400 多户农民签订了土地一千多亩，全部种植有机水稻。我想，任何东西第一是品种要好，一定要让人家吃得安心，所以这一块必须要从质量抓起，把这个品质提起来，那你的东西才能卖出高价。然后，我就做实验，真不用农药。我看一下到底能有多少斤，就这样开始试种。但是，当时到市场上去卖，人家就说，你这个大米怎么卖得这么贵啊？我说这是有机水稻，不打农药的。人家说谁信啊？当时我就愣住了，于是我就想，是不是应该对大米进行认证。为此，我当时向农业局、农科院、农科所这方面的专家了解这个无公害认证。很多专家、农科所研究员给我讲了什么品种的好，然后我就跑到各个农场去收集有机水稻的品种。平时也会跟农科所交流，有时候都是电话联系。碰到天气不好，出现了许多病虫，他们就会给我相应的指导。

像防虫技术也是通过农技局介绍过来的，让我搞太阳能驱虫灯。用太阳能驱虫灯防虫，以及这个肥料使用方面，也要注意相应的问题。

种有机水稻，产量会大大降低，然后，你这几百斤的稻谷如何去交佃租呢？没办法，我就想肯定要把知名度做起来，这样才能卖出好价钱。那你得怎么办呢？就去注册自己的商标。我去注册商标的时候，有人说帮我设计图案，我说我不要设计。我就用自己，我学老干妈。他说用自己头像，你要去公证处公证的。我说公证就公证，我就跑到那边去公证用自己的头像做商标。有商标，所以说这个产品我们卖出去，认证、400 电话啦，这些都齐全，可以进入超市了。但是光有自己的商标也不够，如何能证明你的东西好？那我就把我的土、米、水全部拿到南昌去做检测，有检测数据出来。然后就去申请这个无公害标志。申请之后是做检测，我拿我的米去做检测时，那些人就用怀疑的眼神看我。我说这个米就和我人一样，虽然不好看，但是这个米好吃，不相信你拿回家去吃着试试。你吃的米肯定没这种味道，所以他真的后来都找我买米，就这样无形当中就把产品给推出去了，我从这里面就总结出来，其实很简单的一件事只要你真正用心去做，只要你的东西是好的，你就不愁销售。

由于种植面积越来越大，管理的人越来越多，所以经常碰到一些问题，不过好在，现在国家给我们提供的培训越来越多。我记得参加过全国巾帼现代农业科技致富带头人培训班、全国无公害农产品内检员培训班的学习。2014 年，我还参加了由原农业部管理干部学院组织的新型职业农民教育培训班学习，在北京大学参加了江西省优秀女企业家高级研修班学习，7 月参加了全国妇联新型职业女农民培训班学习。说实话，有时候听到他们讲的一些知识的时候，会有茅塞顿开的感觉。我在清华、北大管理学院研修班学习过，课程内容我印象最深的是，有个教授给我讲的，农业是人类生存的根本，哪个国家掌控了农业，哪个国家就掌控了世界。我是来自农业最底层的，我觉得自己很卑微，现在有一种雨过天晴的那种感觉。当然，有些关于融资方面的、互联网销售的东西，我感触不是特别深，主要是我现在还没有经历过这些问题。

现在管理这方面，目前以情管人，比如哪个员工家里有个什么事，他只要跟我说一下，我能帮的尽力帮，我帮了他，大家都很高兴。主要很多事情没有千篇一律的，都在不断地变化着，没有一种方法是可以复制的，这么多年我就是在实践中揣摩出的管理模式。以前做服装也是管理，从学校出来1993年我就开始管理，一直到现在几十年了，什么人都见过，来自四面八方、五湖四海的，在这当中总结出的就是：没有一种方式能管理好，只有用情管人，制度不能变，原则不能变，但是情是因人而异。我就不断自己总结，与人沟通，然后对于人的品德，我只觉得品德好的我就电话留好，有事了就沟通。

（四）职业发展期：冲破一切阻碍，畅想文化山庄模式

人家都说我是敢于吃螃蟹的人，就拿藏红花来说，我是我们这片区域第一个种的，当时我老公坚决反对。藏红花的发展从刚开始合同制，后来就做到礼盒，现在在用盆栽，以后我要和哪家工厂对接，把我的原材料给他让他去做生产，做成藏红花茶。做成一罐，年轻人上班就可以带上喝，而且这个东西可以做成饮品，就像冬虫夏草。我想做这件事，可以将米磨成粉，炒熟，然后跟藏红花放一块，做成方便面那种，以后就可以将藏红花进行深加工，这样对人体有益。但是，我感觉技术是一个难题，我现在已经在和农科院的教授合作，让他们一起参与进来，进行藏红花产品深加工的技术研发。我是没有什么文化，只能依靠他们来提供帮助，他们提供技术，我们提供产品和场地，把这个做起来，形成一条产业链，自己种自己销，发展自费农业，这个核心技术很重要，必须是自己的。我坐在这里就可以看到我的基地里面该干嘛干嘛，就要做到这样，等我老了就出去玩，周游世界。

最近几年，我去国外学习的次数还是挺多的，主要学习农业发展模式。因为我是做山庄下来的，我想做一个独一无二的，就像种藏红花一样，像这个山庄吃饭，我想做一样东西，我已经在谋划，我要把我们中国传统农耕文化跟这个现代结合起来，连为一体，让年轻人走到我这个地方来就能知道过去与现在，现在这个形形色色的山庄都有。为此，我就去光华管理学院学习，专门聘请了一个教授为顾问，共同设计和开发农耕文化与现代产业结合的庄园。他给我提供了诸多思路，这个思路在目前山庄模式中，我还是没有看到过。为什么，这个时候你不能老想着怎么种好你的东西，怎么去卖你的东西，而是要想着更好地、有价值地卖出东西，这就需要我说的吃螃蟹精神。说实话，如果这种东西仅仅依靠我个人，这是不可能想象的，通过合作来弥补自己的缺点，才有可能。

第五章 新型职业农民职业化学习的
图景勾勒

一、新型职业农民职业化进程中的学习策略分析

埃维茨（Evetts）曾经指出，面对着外部环境的持续变化，任何一个职业化过程都需要经历一系列的转型，在该转型过程中，学习至关重要。[①] 从原有职业到新职业转型过程中，新型职业农民为什么选择现有职业？在转型过程中，他们为何学习？如何学习？基于6个研究样本的访谈数据分析，以期呈现新型职业农民职业化进程中的学习目的与学习策略。

（一）职业的选择：遵循知识易迁移的原则

在职业化过程中，新型职业农民首先面临的是如何择业？那么，他们决定从事农业生产领域后，在行业广阔的农业领域中，他们何以选择"柑橘""红茶""灵芝""苹果""孔雀""水稻＋藏红花"作为从事的具体行业呢？如果想要解释该问题，就需要我们从多元视角入手。曾

---

① Evetts, J.,"New Directions in State and International Professional Occupations: Discretionary Decision Making and Acquired Regulation". *Work, Employment and Society,* Vol.16 No.2, 2002，pp.341–353.

经有研究者指出，个体的心理特质、掌控职业选择的动机以及具体的社会和经济结构等特定条件，都会影响个体的职业选择方向。布劳（Peter M.Blau）探讨了个体职业选择的概念框架。他指出，个体的职业选择需要从心理学、经济学和社会学进行综合诠释。例如，从心理学角度看，个体的情商、兴趣和价值观会影响个体的职业选择；从社会学角度看，社会结构影响个体的个性发展，也影响社会经济结构条件，而这些要素会影响个体的职业发展①。当然，关于职业选择的理论研究，其更多成果出现在职业心理学领域。在职业心理学者看来，个体的自我知识是职业选择的基础。罗伯特·里尔登（Robert Rilden）等指出，人格中的价值观、兴趣和技能是自我知识的三大核心内容。在个体的职业生涯决策中，自我知识是最为核心的②。虽然，职业选择需要建立在自我知识基础之上，但也需要与外部知识进行互动。霍兰德（Holander）指出，职业选择行为是由人格（自我知识）与环境（外部知识：家庭、学校、亲戚和朋友根据支配这些环境的类型提供机会和强化）交互作用决定的。戈特弗雷德森（Gottfredson）强调：职业选择是尝试把自己置于更宽泛的社会秩序中去。③

戈夫曼（Goffman）曾经在"戏剧理论"中强调，任何角色得到社会承认，需要个体在较长一段时间内的有效表演，才能塑造自身的角色形象。为此，个体的职业角色一旦固定下来，如果要想实现"跨行"流动，就需要职业主体付出巨大的勇气。通过梳理 6 位样本的知识体系，本研究发现，新型职业农民的职业选择与"学习"存在较大关系。在 6

---

①　Peter M. Blau.,"Occupational Choice: A Conceptual Framework"，*ILR Review*, Vol.9, No.4, 1956，pp.531–543.

②　[美] 罗伯特·里尔登等:《职业生涯发展与规划》第四版，侯志瑾等译，中国人民大学出版社 2016 年版，第 56～94 页。

③　转引自 [美] 纳德内·彼得森、罗伯特·科特·冈萨雷斯:《职业咨询心理学——工作在人们生活中的作用》，时勘等译，中国轻工业出版社 2007 年版，第 114 页。

位研究样本中，有 5 位新型职业农民（朱博士、江会计、聂菇王、刘记者、张主任）的职业选择遵循了学习易迁移的原则。学习迁移是对人类行为、学习或先前经验行为的依赖。正如桑代克和伍德沃斯（Edward Thorndike & Robert S. Woodworth）所提出的"实践迁移"，他们在研究中发现，学习迁移取决于学习任务和迁移任务的相似性，或是两者之间有多少要素是等同的。这是因为，如果现有知识与新职业所需知识之间容易发生迁移，新型职业农民就可以运用他们所知道的（自我知识和外部知识）去构建对新职业的理解，从而对新职业实现适应性和保持弹性。许多理论表明，迁移量是原来学习领域和新领域之间重叠部分的函数。辛格利（Singley）和安德森（Andson）提出，任务间的迁移是随任务所共有的认知要素的程度而变化的。这也就意味着，当个体的原有知识与新任务的知识之间重叠部分越多，那么，越容易实现不同任务之间的知识迁移。布兰斯福特（Blansford）指出，不同任务之间的迁移受到学习动机、原有知识经验、情境问题的表征等因素的影响。学习者的发展能力越突出，解决问题的动机越强烈，就越容易实现知识迁移。佩什和伯金（Pugh & Bergin）通过研究发现，动机和兴趣能够影响学习迁移，例如，掌握目标比实现目标更容易实现迁移；当兴趣与学习内容相关时，更容易实现迁移。[①] 当原有任务与新任务之间的知识经验之间存在越多相似性，越容易实现知识迁移，这是因为，所有的学习都涉及原有经验的迁移。学习者积累的知识越能够应用到情境中，就越容易实现知识迁移。研究发现，当学习的知识能够提供相关的情境进行转化时，学习者就更愿意进行学习。

　　基于外部知识和自我知识的分析框架，本研究梳理了 3 位研究样本（5 位中的 3 位）的职业选择过程中的外部知识和自我知识，从而

---

① ［美］罗伯特·里尔登等：《职业生涯发展与规划》（第四版），侯志瑾等译，中国人民大学出版社 2016 年版，第 56—94 页。

揭示新型职业农民的职业选择动机（见图5-1、图5-2、图5-3）。以聂菇王为例（见图5-3），外部知识为其种植灵芝提供了良好的迁移情境；自我知识中的价值观（据访谈者所述，灵芝泡水喝有养生功效）和兴趣为其种植灵芝提供了迁移的动机；先前的知识经验与灵芝种植有许多"共域"（据访谈者所述，蘑菇与灵芝种植在技术上有许多相通之处；他学过中医，灵芝是一种常见的中草药）。从5位新型职业农民的知识储备看，原有知识和选择的职业领域之间具有诸多"共域"部分，有利于帮助他们把原有知识迁移到新职业当中，从而使得他们能够快速地迈入新职业的门槛。当原有知识能够成功迁移到新职业当中时，新型职业

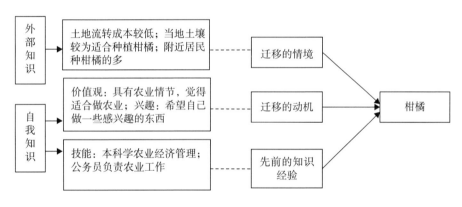

图5-1　朱博士职业选择与知识迁移

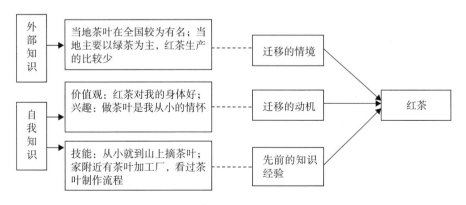

图5-2　江会计职业选择与知识迁移

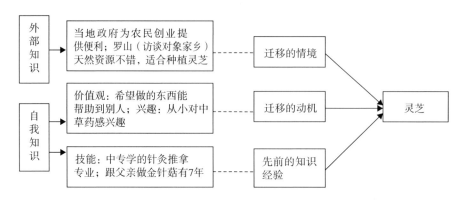

图 5-3 聂菇王职业选择与知识迁移

农民就可以通过原来解决问题的一般图式去应对新职业中面临的类似问题。

当然，在 6 个研究样本中，赵翻译的职业选择动机与其他 5 位有所差异。他的主要动机是"利润"，正如他的价值观："我是一个铜臭味十足的人"。杜安·布朗（Duane Brown）指出，工作价值是指个体相信通过工作角色的参与而感到满足的价值观，例如，金钱的满足、利他主义、成就和责任①。在赵翻译的个案中，金钱的满足是其职业选择关注的焦点。可以说，如果其他 5 位研究样本的职业选择属于学习易迁移原则，那么赵翻译的职业选择则属于学习远迁移原则，即自身的知识体系与职业任务没有较多的"相似域"，导致其在职业生涯初期的学习碰到一系列问题。当然，这并不意味着新型职业农民在职业选择过程中遵循学习易迁移的原则，其后面的学习道路就一帆风顺。这两种职业选择取向在职业化过程中各有优势，也存在各自的学习问题（第三部分讨论）。

---

① Duane Brown.,"The Role of Work and Cultural Values in Occupational Choice, Satisfaction, and Success a Theoretical Statement", *Jouranl of Counseling & Development*, Winter（80），2002，pp.48–56.

（二）职业初始期：基于知识累积的学习

当个体从某个职业领域向一个新的职业领域转换，这就意味着个体需要掌握新的职业专长，即该职业所需的各类知识。面对陌生的职业生涯，大部分新型职业农民缺乏专业知识，此时，累积专业导向的理论知识和工具对他们的职业生涯开端至关重要。许多研究表明，新手刚刚开始他们的职业生涯，大多数是从知识累积开始的。累积学习往往发生在这样的情境中：学习者并未拥有任何已发展的心智图式可供来自环境的印象加以关联，即学习者要建立一个新图式中的第一个元素①。鲁姆哈特和诺曼（Rumelhart & Norman）通过研究发现，人类步入职业生涯的初始学习往往从"增长"开始，这种增长被视为一种简单的学习，只是通过各种方式简单地获得相关知识，并把它们长时间储存到记忆当中②。通过对6个样本的访谈梳理，研究者发现，6位新型职业农民在刚刚步入各自职业领域时，他们的学习大多数以知识积累为主要目的。例如：

聂菇王：虽然培育过金针菇，但当时有关灵芝的东西是一片空白，所以，学的时候，管他有没有用，眉毛胡子一把抓。

江会计：从做会计到做茶叶这个转变有点大，很多东西需要去看、去学。

刘记者：卖完苹果以后，我大部分时间都是在补功课。虽然小时候跟爸爸学习了不少，但还是觉得有太多不足。

通过知识积累学习，有关该职业的限定性、重复导向性知识得以获得，它们以明确无误的方式，被运用到与他们工作环境相同的情境之

---

① ［丹］克努兹·伊列雷斯：《我们是如何学习：全视角学习理论》，孙玫璐译，教育科学出版社2013年版，第40页。

② Rumelhart, D. E., Norman, D. A.,"Accretion Tuning and Restructuring: Three Modes of Learning", in *J.W.Cotton&R. Klatzky* (Eds.), Semantic Factors in Cognition. Hillsdale, NJ:Erlbatun, 1978, pp.37–53.

中。虽然，基于知识累积的学习往往具有机械性和刻板性，但正是这种知识累积的学习，常常被视为一种开端，对于他们的职业发展准备是最重要的。正如聂菇王的感叹：虽然有些知识后来不一定有用，但是总觉得肚子里有货，给我的事业发展建立了信心。如何实现知识累积，基于样本出现词频的方式，本研究呈现了6个样本知识累积过程中运用的主要学习策略（见表5-1）。

表5-1 6个样本知识累积学习的基本情况

项目 / 对象	学习策略								
	跟师傅学习	实地考察	专业书籍学习	职业培训	网络学习	专家指导	先前学习	供应商指导	反思性学习
朱博士	✓	✓	✓		✓				
江会计	✓	✓	✓						
聂菇王	✓	✓	✓		✓	✓			
刘记者	✓				✓		✓		
赵翻译		✓	✓		✓			✓	✓
张主任	✓	✓	✓	✓	✓				

1. 跟师傅学习

纵观人类历史，大多数职业准备都是以学徒制作为学习模式的。也就是说，这个准备工作主要是通过学徒在他们的工作中积极而相互依赖的参与，而不是由更有经验的从业人员教导或直接指导[1]。"学徒制"一词源于法语中的"apprehende"，学习者要理解或掌握知识，需要把握从周围环境中学习的必要性。这种学习模式的核心是学习者积极的参与

---

[1] Stephen Billett.,"Apprenticeship as a Mode of Learning and Model of Education", *Education + Training*, Vol.58, No.6, 2016, pp.613–628.

和知识的建构。① 在国内外许多研究成果中，学徒是新手学习职业知识的一种行之有效的方式。人类学家莱夫、佩利西耶、邦恩、马尔尚、乔丹（Lave、Pelissier、Bunn、Marchand & Jordan）等一直强调跟师傅学习的重要性：学徒通过观察、模仿和反复实践的机会，从而获得与职业相关的知识与技能。例如，乔丹描述了尤卡坦半岛的新助产师通过结构化观察并模仿有经验的助产师，来进一步完善个体的职业技能②。莱夫发现，裁缝学徒通过参加工作实践活动来学习，不断地参与难度系数逐步增加的工作任务，拓宽了学徒们的学习空间③。不管获得何种形式的知识，在某种程度上，都不是简单地通过埋头学习知识的符号表达就能做到的，这些知识必须从行家的实践活动中学到④。

新型职业农民在实现知识积累的学习过程中，5 个样本首先不约而同地提到了"跟师傅学习"。那么，他们是如何在与师傅的交往过程中，获得相关的职业知识和技能呢？基于访谈数据的梳理，主要包括三种方式：

一是注重与师傅的互动。马尔尚（2008）在书中曾经写道，在建造尖塔时，中东的学徒们必须通过相关的互动方式，从经验丰富的泥瓦匠那里学到知识。学徒们必须与泥瓦匠取得联系，并与他们进行互动，才能获取相关的知识⑤。由于部分师傅在传递知识主动性上不够，这就需

① Webb, E., "Making Meaning: Language for Learning", in *Ainley, P. and Rainbird, H.* (Eds), *Apprenticeship: Towards a New Paradigm of Learning*, Kogan Page, London, 1999, pp.100–110.

② Jordan, B., "Cosmopolitan Obstetrics: Some Insights from the Training of Traditional Midwives", *Social Science and Medicine*, 1989, pp.925–944.

③ [澳] 史蒂芬·比利特：《工作场所学习：有效实践的策略》，欧阳忠明等译，江西人民出版社 2017 年版，第 4 页。

④ 赵昌木：《创建合作教师文化：师徒教师教育模式的运作与实施》，《教师教育研究》2004年第 4 期。

⑤ Marchand, T.H.J., "Muscles, Morals and Mind: Craft Apprenticeship and the Formation of Person", in *British Journal of Education Studies*, Vol.56, No.3, 2008, pp.245–271.

要新型职业农民想办法主动与师傅进行互动，例如，聂菇王去浙江跟师傅学习的时候，"虽然，师傅有时不愿意教，但是不愿意教也没办法，他让我做一些事情我就去做，然后我就会问，我故意把它弄坏，然后他就说这个不行，怎么怎么才行，学习嘛就怕你不用心"。新型职业农民通过与师傅之间的互动，能够获取相关的知识。

二是在学习过程中注意观察。在日语中，"学徒制"一词指的是"一个人通过观察去学习"，甚至有一个术语叫"不引人注目的观察"（即minarai kyooiku）。因此，观察便成为新型职业农民跟师傅学习的重要方式。例如，江会计如是描述：我记得我在婺源那个加工厂里跟了一个师傅三天三夜。我就跟着他看，比如说一款茶拿来，制作一个芽的茶，最早四月初的时候就做一个芽的茶，看它每一个环节的操作。的确，在我们的历史发展过程中，人类解释并构造了知识，通过观察去学习是一种基础过程。

三是注重学习过程中的实践。虽然，通过观察和互动能够获取某些经验，但还是有部分学习经验是无法直接获得的，新型职业农民需要通过每天的工作活动来体验和学习，从而获得相关的知识技能。例如，张主任强调：不是两个月三个月就能学会的，要有这种毅力，我们可是几十年了耶。他这样跟我说道。我无论做什么事，都一定要学好，就是这样子，然后就经常去。前前后后有很久，经过试种，慢慢地才学会。

作为一种学习模式，学徒制一直是人类历史上开发职业能力最常见的途径。绝大多数职业准备期都是随着个人在制度化教育规定之外积极而亲自介入的学习而获取相关知识。通过"跟师傅学习"，以"看中学"（Learning-by-watching）和"做中学"（Learning-by-doing）为指导原则，新型职业农民通过对师傅实践行为进行互动、观察和实践，汲取了相关职业领域的外部知识，从而在与师傅的学习过程中不断累积相关的知识。

2.在实地考察中开阔视野

在班杜拉看来，个体的各类行为技能要么是通过直接经验获得，要么是观察学习而来。作为班杜拉"社会学习理论"的核心观点之一，"观察学习"是指"通过观察他人（或榜样）的行为（这种行为对于观察学习者来说是新的行为），获得示范行为的象征性表象，并引导学习者做出与之相对应的行为的过程"①。为此，许多学习者通过体验他人（尤其是榜样）的实践方式——体验学习，来累积相关的知识。作为体验学习理论（Experiential Learning）的提出者，库伯（Kolb，1984）认为，学习是个体通过经验的转化而获得知识的过程，知识依托于经验的掌握和转换②。在库伯看来，体验学习是一个历经体验、反思、思考和行动的过程（见图 5-4）。

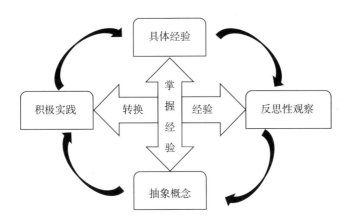

图 5-4　体验学习循环圈③

---

① ［美］阿伯特·班杜拉：《社会学习心理学》，郭占基、周国韬等译，吉林教育出版社 1988 年版，第 88 页。

② Kolb，D.，*Experiential Learning：Experience as a Source of Learning and Development*，Upper Saddle River，NJ：Prentice，1984，p.117.

③ Alice Y. Kolb，David A. Kolb，*The Learning Way: Meta-cognitive Aspects of Experiential Learning*，Simulation，Gaming，Vol.40，No.3，2009，pp.297–327.

学习是一个整体过程，它融合了体验、知觉、认知与行为。在诸多研究者看来，体验学习能够帮助学习者获得先前无法获得的部分经验，例如，玛丽·麦可锡（Mary McCarthy）指出，相对于学徒制简单的行为模仿，体验学习能够加深学习者的进一步认知，丰富学习者在感官和心理层面的感受①。

从 6 个研究样本看，有 5 个样本的新型职业农民期望通过"实地考察"的方式实现知识累积。例如：

朱博士：那个时候没有车，不像现在这么方便，我就骑个车，到一些种植比较好的大户去讨教经验，有时候一去就是两三个农场，看看他们的营销方式，种了什么品种的柑橘，聊聊享受到的优惠政策之类的。

江会计：我到武夷山去看过，在我们婺源也有一家加工厂，前几年做的，做的时候我去参观了一下，红茶还是可以的。

赵翻译：我记得第二年，我们还去台湾考察了一个星期，那个就是省农业厅厅长带队，去考察一下台湾的农业。

那么，他们在实地考察中，如何通过体验学习来实现知识累积呢？基于库伯的体验学习圈，本研究呈现了张主任的"实地考察"过程（见图 5-5）。在库伯的体验学习圈中，"经验"是学习发生的基础。正如詹姆斯（Zhan·James）的观点，学习者所期望的具体经验往往是学习者期望参与和获得的经验，而这种经验往往来源于榜样②。第一，张主任通过相关的渠道，了解到潘俊梅（榜样）的人物事迹，对其具体经验感到非常有兴趣。第二，通过观察相关实物和倾听相关行为事迹，进行反思性观察。在库伯的体验学习圈中，反思性观察对于学习者是重要的一环，它要求学习者不仅仅去简单地观察，还要求学习者在观察和倾听过程中多思考"为什么"，例如，潘俊梅的腌菜为什么做得这么好？……

① Mary McCarthy, *Experiential Learning Theory:From Theory To Practice*, Journal of Business, Economics Research, Vol.14, No.3, 2016, pp.131–140.

② James, W., *The principles of psychology*, New York：Henry Holt, Vol.2, 1980, p.96.

看到她们家好多产品，反正道道菜能做成干品、鲜品什么各种各样的。第三，把反思性观察转化和提炼为"抽象概念"。"抽象概念"是学习者在体验学习中的核心环节。如果学习者没能在反思性观察中抽象出某些概念，那么它就无法把经验行为上升为"意识"。在张主任看来，潘俊梅之所以会成功，是因为她的产品"比较有特色"。这种"抽象概念"无疑指导了张主任的日常实践。为此，张主任进行了自身行为的实践——"种植有机水稻"，相对于传统的水稻种植方法，她的种植方式更有"特色"。从张主任的"实地考察"过程中所发生的学习看，它形成了一个有机整体，拓展了职业成长的知识，帮助她确定了未来职业发展的方向。

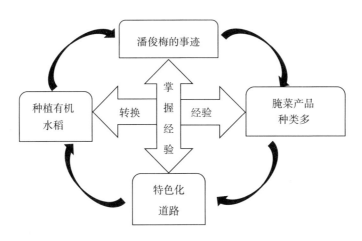

图 5-5　张主任的"实地考察"过程

体验学习作为一个有效的理论框架，已经在教学设计、课程开发和终身学习领域被广泛接受。越来越多的新型职业农民在职业化初期，通过实地考察（可以视为体验学习的一种实践方式），了解同类行业"榜样"的行为和事迹，在互动过程中获得了"榜样"在产品类型、发展模式和经营模式方面的具体经验，从而拓展了新型职业农民的职业知识体系。

3. 网络学习

现代网络技术的使用，为个体的学习提供了良好的方式途径。与它的前身相反，Web 2.0 使用交互式工具——博客、维基、播客、网络期刊、虚拟图片数据库，这些为新型职业农民参与学习提供了无限的可能性、授权以及参与的形式。斯文德尔（Swindell）等指出，网络平台将交互式学习带到以前难以想象的水平，显然，无论学习者的健康和社会地位如何，网络学习均可以为学习者带来较为可靠、有效的真实体验[①]。在满足个体学习需求方面，互联网是一个比其他任何通信都灵活得多的工具。伴随着技术的智能化，互联网变得越来越容易为新手所使用，信息可以快速交换，甚至是实时的，同时，互联网学习成本比较低。对学习者最重要的是，用户可以顺畅地访问信息和便捷地与他人沟通，而不受制于课程领导者的时间和议程。托马斯和约翰约瑟夫（Thomas Amirtham & M. John Joseph）在对印度农场主的研究中发现，由于其提供信息的多样选择性和格式可访问性，网络信息技术有效地促进了农场主知识的开发[②]。

从 6 个样本看，有 5 个样本的新型职业农民通过"网络学习"的方式实现知识累积。例如：

赵翻译：在这个过程中，我会从百度上搜索。

刘记者：当然，我的苹果主要是通过网络平台来销售，所以我也会经常上网去看看别人怎么卖农产品的。

从 5 个样本的网络学习方式看，他们主要使用了 3 种方式：一是

---

① Swindell, R., Grimbeek, P. Heffernan, J.,"U3A Online and Successful Aging: A Smart Way to Help Bridge the Grey Digital Divide", In *Soar, J., Swindell, R. F. and Tsang, P.* (eds)，*Intelligent Technologies for Bridging the Grey Digital Divide*, Information Science Reference, New York，2011，pp.122–140.

② Thomas Amirtham , M. John Joseph, *ICT and Life Long Learning Pedagogy for Development and Empowerment: An Illustration from Farmers in India*, Journal of Technology in Human Services，29:1，2011，pp.49–63.

知识的简单搜索。在信息化时代，伴随着网络远程数据库功能的不断完善，网络上的知识存储已经有了一个质的飞跃。甚至有研究者戏谑地说，"网络中的知识让你显得多么渺小"①。伴随着互联网在中国的普及，越来越多的新型职业农民倾向于从互联网中汲取知识。朱博士从互联网中获取"政策"方面的知识；赵翻译则希望找到"孔雀治病"的知识；刘记者希望了解"销售"方面的知识。二是网络视频课程的观看。罗杰斯（Rogers）指出，在创新决策过程的知识阶段，大众传媒更为重要；而在知识劝导过程中，视频会变得更有说服力②。伴随着互联网为视频的传播拓宽了渠道，诸多新型职业农民乐于通过网络渠道来获得相关视频，学习相关的知识。例如，张主任通过网络上的视频，学习有机水稻灌溉技术：没事上网看看，我记得有个水稻信息网，里面有一些有机水稻种植技术视频，从里面可以学习到一些灌溉技术。三是在线学习与交流。可以说，互联网在改变人的学习和交流方式。在线学习和交流在人们的学习生活中越来越受欢迎，为个体获取信息和与他人沟通提供了机会和途径。例如，聂菇王通过网站论坛咨询相关的技术：看到都是懵的，于是就借助网络来学习在一些论坛里面留言，有些朋友就给我回帖，告诉我怎么给灵芝配备肥料。

　　唐纳德·普斯科特和安东尼·威廉姆斯指出："互联网正在变成一个任何人都可以编程的巨型计算机，它为创新、参与、共享以及自我组织提供了一个全球性平台。"③伴随着互联网技术的发展以及人类对互联网学习价值的宣扬，越来越多的新型职业农民把"网络"视为知识累积过程的必要补充手段。新型职业农民利用网络信息技术平台，获取相关职业知识，能够加强与外界的交流，从而拓展了职业初始期的发展

---

① Kalam, A. P. J. A., *Challenges for Knowledge Society*, University News, 2004, p.37.

② Rogers, Everett M., *Diffusion of Innovations*, 3rd ed. New York: Free Press, 1983, p.34.

③ 转引自欧阳忠明等：《全球成人学习与教育发展：趋势、矛盾与思考——基于〈全球成人学习与教育报告〉（GRALE Ⅰ—Ⅲ）的解析》，《远程教育杂志》2017年第4期。

机会。

4.向专业书籍取经

关于职业知识的类型，学界有着不同的划分。其中有研究者把知识分为实践知识（practical knowledge）和学科知识（subject knowledge）。艾劳特（Eraut）指出，学科知识的创造以学科共同体的知识为基础，对个体和社会领域的某些知识进行再创造，大多数依附于大学，主要以书籍和期刊为传播载体，其质量由作者、编辑和同行来控制。在他看来，基于书籍或期刊所承载的知识具有如下价值：一是帮助学习者知晓技能和实践的种类；二是累积案例和某些插曲性事件[①]。虽然，伴随着新媒体的冲击，专业书籍受到了巨大的冲击，对学习者的影响力在逐步下降。然而，从本研究的6个样本看，依然有4位新型职业农民选择"专业书籍"来实现知识累积。例如：

江会计：平时我也喜欢看书，空闲的时候都会看看。不看书，你是一点也不知道，茶的知识你不知道，茶性本身的一些内容你也不知道，像茶叶的名称，比如它的原名叫什么你就不知道。像我以前是做绿茶的，不知道萎凋这个名称。我就想萎凋是怎么一回事？从那之后我就知道了，就是一个干的过程，慢慢挥发茶叶本来原有的水分。

张主任：在这个过程中，有空的时候就看书、看报纸，因为我从小就喜欢看书。看书主要是一些科技方面的，尤其是藏红花方面的信息，关注的比较多，我是江西第一个引入藏红花的，所以周边很少有能够交流的，只能去看看书。

通过专业书籍的阅读，江会计知晓了更多红茶制作的技能知识，张主任则累积了相关的实践案例。虽然，"专业书籍"和"跟师傅学习"在学习内容方面存在共性——职业技能方面的知识，但二者还是存在一

---

① Stephen Billett., *Learning through Practice*: *Models*，*Traditions*，*Orientations and Approaches*., SPRING ER:London，2010，p.71.

定的差异：在知识系统性方面，"向专业书籍取经"更为体系化，而"跟师傅学习"相对碎片化；在知识来源方面，"向专业书籍取经"属于间接知识，而"跟师傅学习"属于直接知识。当然，正是这种差异性，更加丰富了新型职业农民有关职业技能方面的知识。

（三）职业成长期：侧重知识顺应的学习

伴随着知识累积学习的完成，累积的知识给新型职业农民提供了行动的机会，并在多种工作情境中加以应用。然而，由于累积的知识存在机械性和刻板性的缺陷，再加上知识的先天短板，新型职业农民在日常工作中经常碰到突发问题，他们往往对突发问题束手无策。此时，基于知识顺应的学习发生了——"当一些来自环境的刺激因某种不一致或其他不匹配的原因而不能立即链接到现有的图式时，就激活了这种形式的学习"[1]。例如：

朱博士：跟师傅学习虽然能够学到实用的技术，但由于土壤、产品种类的差异，很多并不能照搬过来，只能想别的方法解决。

聂菇王：我们也吃了苦头，首先是菌种繁育，我们做不起来，老是坏掉，后来提纯固状，做起来了，然后又出现一个问题，放在大棚里不行，那干脆放在野外吧，然后投了三四十万元，全部亏掉了，那时候是2007年，五栋房子都没了，拿现在来说就是亏了几百万元了。

赵翻译：但是，这种特种养殖，光积累的那些知识有时候不够用，一些问题时有发生。那我怎么办呢？像有一次那个孔雀，身上鼓得跟气球一样，它走起路跟个企鹅似的，晃晃悠悠的，问了同行，谁都没办法解决。

因此，新型职业农民一些机械性知识和技能需要不断改进，从而

---

[1]　[丹] 克努兹·伊列雷斯：《我们是如何学习：全视角学习理论》，孙玫璐译，教育科学出版社2013年版，第43页。

适应学习者现有的图式。顺应学习更多侧重于"不一致"或"不匹配"所引发问题的学习，是对现有知识储备的一种超越。认知主义非常赞同"通过解决问题来学习"①。为了有效解决相关的问题，实现知识顺应的学习，米德尔顿曾经开发了一个基于问题解决的学习模型。他把该模型分为三个区域：问题区（Problem zone：个体日常认知和行动面临的问题）、探索和构建区（Search and Construction space：为了解决问题所需的技术和工具）以及满意区（Satisficing zone：问题解决所达到的状态)②。基于米德尔顿问题解决模型，本研究构建了6个样本实现知识顺应的学习模型（见图5-6）。在职业成长期，新型职业农民通过"专家指导""职业培训"和"反思性实践"等主要学习方式，实现知识的顺应，从而有效地解决了日常工作碰到的各类实践问题（例如，"虫病""产品加工"和"销售"等问题）。

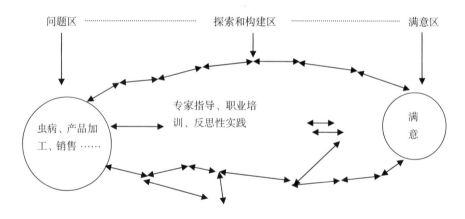

图 5-6　6 个样本实现知识顺应的学习过程

---

① Rogoff, B., *Apprenticeship in Thinking—Cognitive Development in Social Context*, New York: Oxford University Press, 1990, p.32.

② Middleton, H.E.,Solving Complex Problems in Learning, in *the Workplace*: *Tourism and Hospitality*, J.C. Stevenson, Brisbane: Centre for Learning and Work Research, 1996, pp.112–122.

1. 聆听专家的指导

贝里曼（Berryman，1993）曾经指出，工作场所中的职业知识不能简单地被理解为工作中所需要的技术技能，它还包括解决在实践中碰到的各类问题所需的知识，而这类知识往往是无法通过自身努力去获得的[①]。在比利特（Billett）看来，有些领域的学习是学习者难以独自探索发现的，专家直接指导可以防止不恰当知识的开发，并提供获取知识的途径，开发隐性知识或开发在缺乏支持和指导下很难学到的知识[②]。当面对相关问题时，专家深层次的概念性知识，使他们能够提出一贯正确的诊断和对新的或不确定的问题作出正确的反应[③]。为此，专家的指导成为个体在实践中面临各类问题的有效帮手。

虽然，新型职业农民积累了大量专业知识，但在付诸实践的过程中，他们会面临行行色色的问题，有些难以自己解决，届时，"聆听专家的指导"被他们认为是一种有效的方式。那么专家是如何对新型职业农民进行指导的？从几个样本的实践看，主要包括：（1）直接提出解决的方案。面对一个全新的问题，新型职业农民对于解决它的手段、目标和程序开始可能是不清楚的，有时甚至毫无头绪。在这种情况下，专家可以通过对已掌握的可用信息进行分析，从而提出更加行之有效的解决方案。例如，我的第一批茶投入到市场，但是反响不是特别好，于是，我请教了茶校的一个教授。他过来给我评审……他看了以后说这款很不错，但是说做的有些粗糙，揉的过程中时间少了（江会计）。（2）亲身的模拟行为。模拟是指专家在学习者的观察下进行任务演示，并构建任

---

① Berryman, S., "Learning for the Workplace", *Review of Researchin Education*, 1993, pp.343–401.

② [澳] 史蒂芬·比利特:《工作场所学习：有效实践的策略》，欧阳忠明等译，江西人民出版社2017年版，第112页。

③ Lesgold, A., Ivell-Friel, J.& Bonar, G., *Towards Intelligent Systems for Testing*, L.B. Resnick, Lawrence Erlbaum & Associates Hillsdale ed. , *Knowing*, *Learning and Instruction*: *Essays in Honor of Robert Glaser*, NJ：1989, pp.337–360.

务演示的心智模型和行为要求的过程。通过模拟，演示行为可以加深新型职业农民对任务解决的理解，有助于知识学习的顺应。例如：当时，专家每年都会来一次两次的，到橘园现场给我们讲解，有时候还会行为示范。现在次数就多了，通过这些形式呢，从技术上，帮助我们在生产过程中解决碰到的实际问题，我们还是得到了一定的提高（朱博士）。

（3）问题式对话。问题式对话是专家和学习者基于问题的一种互动。通过连续性的问题和回应，学习者忙于学习的一个过程。这个过程需要学习者阐述、辩论和论证自己的观点，并不断拓展观点的内涵。例如，这是刘记者在处理合作社成员关系所碰到问题时，专家给予的指导方式：

专家问：你认为合作社成员是什么关系？

刘记者回答：互惠互助的关系。

专家问：这种互惠互助的关系靠什么维持？

刘记者回答：情感加利益。

专家补充：农民永远在利益和情感之间彷徨，但多数以自身利益为主。

贝里曼（Berryman）指出，在当前和新兴的工作实践中，符号性和其他形式的概念性知识的重要性不断提升。这些不透明的和隐性的知识常常难以接近，使得学习者不容易获得。[①] 为此，专家介入到新型职业农民的日常实践中，让新型职业农民感觉如获至宝（例如，江会计把专家描绘为"贵人"）。专家为步入职业成长期的新型职业农民提供指导，将对问题解决的质量产生直接影响。这样的指导可以为那些无法独立解决问题的新型职业农民提供指南，有利于他们更有效地完成工作，并帮助他们开发职业成长所需的知识。

---

① Berryman, S., "Learning for the workplace", *Review of Research in Education*, 1993, pp.343–401.

2. 职业培训

促进农业可持续发展，应对职业发展中各类问题，需要新型职业农民职业持续发展，从而以新的专业配置、价值观、技能、态度和能力，应对实践中出现的各类问题。佩皮恩·斯可瑞玛切尔（Pepijn Schreinemachers）等通过一项实证研究发现，农场主参加职业培训，能够取得一定的培训效果，例如，合理地使用杀虫剂，克服了农场主滥用杀虫剂的问题，并能够提高他们的经济收入[①]。杰尔克·皮伊森纳(Jarkko Pyysiäinen）指出，农场主参与企业家精神培训，有利于他们在管理理念和方式方面的提升。关于一项女性农场主的研究表明，培训是开发她们能力的最好方式，通过培训能够帮助她们发现日常实践中的问题，从而有效地开发她们的胜任力，帮助提升员工自我发展的机会，从而在职业发展中获得基于问题解决的收入[②]。可以说，职业培训能够帮助新型职业农民在职业化过程中寻找和发现相关的问题，并在解决问题中提升个人的专业能力。

无论从国家文件，还是从各级各类政府行动来看，"职业培训"可以看作为新型职业农民在职业化过程中享受到的最大的学习"福利待遇"。从 6 个研究样本看，新型职业农民主要参与了三类的课程学习：一是理念层面的培训。"爱农业"可以视作为新型职业农民的职业伦理道德，体现了新型职业农民的职业态度。一个人只有热衷于农业，爱农业，才能全力以赴地投入到农业事业当中去。从研究样本看，部分新型职业农民会接受诸如此类的理念培训。这种培训对于部分新型职业农民会产生思想上的冲击，有利于帮助转变他们的理念。例如，我在清华、

---

① Pepijn Schreinemachers, etc., *Farmer Training in Off-season Vegetables*：*Effects on Income and Pesticideuse in Bangladesh*, Food Policy, 2016, pp.132–140.

② Rani, E., L. Yadav, V. Verma, and S. Verma., *Impact Assessment of Technological Optionsand Opportunities in Agriculture*, Annals of Agriculture Biological Research, 18（2），2013, pp.279–282.

北大管理学院研修班学习过，课程内容我印象最深的是，有个教授给我讲的，农业是人类生存的根本，哪个国家掌控了农业，哪个国家就掌控了世界。我是来自农业最底层的，我觉得自己很卑微，现在有一种雨过天晴的那种感觉（张主任）。二是技术领域的培训。"懂技术"是新型职业农民的基础。新型职业农民是新科技采用的示范者和带头人，不仅要自己采用新的技术，提高生产能力，还要善于带动周围农民，使科技得到推广和应用。同时，他们还要有根据当地农业生产需要对技术进行集成、改造和创新的能力。为此，新型职业农民积极参与相关的教育和培训，弥补自身知识能力储备的不足。例如，"在那里培训了一段时间，成功地考了一个品茶师的资格证。因为一款茶拿来，我要审评它的好和坏。怎么或从哪个角度去审评？做茶叶呢，一个是茶叶采摘的过程，另一个是制茶的过程，再一个就是审评的过程，这三大块。这个资格证对我帮助很大，我觉得在学习的过程中，我对茶叶知识的了解提高了很多（江会计）"。三是管理领域的培训。"善经营"是新型职业农民职业化的一个重要标准。新型职业农民需要通过现代化的方法实现生产，通过科学的管理程序来提高效益。特别是面对竞争日益激烈的农业市场，他们需要知道如何通过管理来实现利益的最大化。从研究样本看，管理培训是他们参与学习的重要领域。例如，"我参加过一些总裁班培训，可能有五六次。培训对我们是有些帮助的，主要是理念方面，就是农民要改变一种思想——你不会想着怎么做大，做强——你不改变思想就改变不了自己的现状，现在新型职业农民最缺的就是这种思想，一定要让自己的思想跟上时代，思想是最关键的，其实这对我们这种观念的人有很大的帮助（聂菇王）"。

在当前的全球化背景下，国家经济活动各个方面的高度竞争已严重影响到农业的专业发展。显而易见的是，该领域的相关工作需要新型职业农民提升他们的知识、技能以及态度，能够用最低的成本产生最高质量的产品。为此，在现代农业方法和实践中，新型职业农民需要接受与时俱进的培训。因此，新型职业农民会受到相关政府的鼓励，积极参加机构提供的各类培训项目，旨在解决或弥补他们知识或技能存在的某些"空白"，应对生产、管理和销售方面的各类问题。

3. 反思性实践

虽然，专家指导和职业培训能够帮助新型职业农民解决在实践中出现的部分问题，但是，现实中的问题充满了复杂性、不稳定性、独特性和价值冲突，专业知识本身因技术的迅猛发展而迅速更新，更何况实践者在面对复杂现实的同时，还经常会陷入道德价值、目标和利益的冲突。在面对这些现实问题时，专业知识的固有框架显得异常无力[1]。此时，新型职业农民会尝试在自我反思的实践中解决相关的问题。在诸多研究者看来，反思被广泛地认为是个体和组织学习的一个关键要素。在舍恩看来，反思是一个持续的学习过程；在杜威看来，反思是面对问题和反映问题的一种主人翁方式。[2] 洛克伦（Loughran）强调，反思不断地实施，能够帮助实践者更好地理解他们所知晓和实践的，通过思考他们在实践中所学到的内容，以此帮助他们理解实践中碰到的问题[3]。可以说，反思性实践是诸多职业和专业的一门必修课程。

同样，在解决实践中面临的问题时，反思性实践无疑成为6个研究样本最为青睐的学习方式。例如：

赵翻译：像有一次那个孔雀，身上鼓得跟气球一样，它走起路跟个企鹅似的，晃晃悠悠的，问了同行，谁都没办法解决。……这个就只能慢慢自我摸索，然后下次遇到就知道怎么做了，以前就知道打抗生素，

---

[1] 宋磊：《专家技能的养成研究——从新手到专家》，博士学位论文，华东师范大学教育科学学院，2009年，第100页。

[2] 转引自何爱霞：《成人教育工作者专业社会化的叙事探究》，中国人民大学出版社2014年版，第166页。

[3] Loughran, J. J., "Effective Reflective Practice: In Search of Meaning in Learning about Teaching", *Journal of Teacher Education*, 2002, pp.33–43.

光打抗生素不行的。

张主任：以前做服装也是管理，从学校出来 1993 年我就开始管理，一直到现在几十年了，什么人都见过，来自四面八方、五湖四海的，在这当中总结出的就是：没有一种方式能管理好，只有用情管人，制度不能变，原则不能变，但是情是因人而异。

那么他们的反思性实践是如何发生的呢？一般说来，反思性包括三个方面：问题、反思和实践。基于刘记者在销售过程中碰到的问题，本研究呈现其反思性学习的过程（见图 5-7）。第一，在实践中发现问题。在反思性实践的连续体中，有许多值得关注的东西，但大家共同考虑到的第一个要素就是"问题"（令人疑惑、好奇和困惑的情境）。问题是理解反思本质和反思性实践的重要因素，也是整个反思性学习过程中关键的一部分。"刘记者在线下销售她的有机苹果时，却发现她的苹果卖不到好价钱，也不受客户欢迎"。该问题诱发了她的个人反思。第二，对问题的有效审视。在实践情境中，从多方面来审视问题是非常重要的。为此，正如舍恩的观点，之所以要多方面审视问题，这就要学习者从不同的方式看到问题诱发的原因。这种建构和重构问题的能力在反思性实

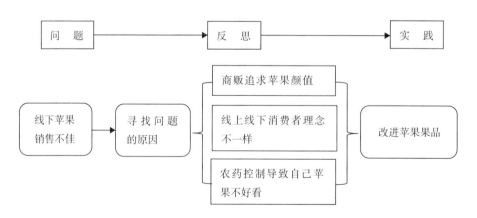

图 5-7　刘记者的反思性实践过程

践中是最重要的，因为其会影响到后续行动的实践①。刘记者较为客观地分析其问题出现的原因：由于不少的消费者也是"外貌协会"，购买农产品时看重其"外貌"，导致消费者、商贩、农户之间的链条都出现了"颜值"问题，说到底，这是个消费观念问题，有的人看重品质，有的人反而注重卖相。第三，改进的实践。作为反思性实践来说，其所引发的学习目的是带来更好的结果，而这种结果依赖于学习者的改进实践。刘记者在对问题进行反思以后，得出了问题改进的措施：对于2015年犯的错，2016年也会去总结、去改变，对于苹果果品方面也会进行一些改良，争取在做好品质的同时兼顾颜值。

反思性实践在成人学习领域扮演重要的角色。正如雷诺兹（Reynolds）的观点：自此，反思已被放置于成人学习过程的核心，它不只是信息的简单获取，更多的是问题如何解决。② 新型职业农民在知识顺应的学习过程中，热衷于反思性实践的方式。基于反思性实践的过程，新型职业农民通过寻找新的可能解决方案，利用与当前问题领域相类似的共通元素，对当前问题进行思考和分析，并找到如何继续前进的办法，从而使得"知识情境化"，有效开发了他们职业成长期所需的相关知识。

（四）职业发展期：引领知识创造的学习

为了适应持续变化的工作场所，后工业时代的新型职业农民必须具有全面、创造性的思维，来应对职业生涯发展中出现的各类问题。然而，正如米德尔顿所述：虽然，那些结构性问题能够通过相关的人员和策略得到有效解决，但有些问题缺乏明确的目标状态和问题

---

① Schon D. A., *The Reflective Practitioner: How Professionals Think in Action*, New York: Basic Books，1983，p.67.

② Reynolds，M.，*Reflection and Critical Reflection in Management Learning*，Management Learning，1998，pp.183–200.

状态，因此，这类问题无法依靠先前获得的知识解决，而需要寻找创造性路径①。虽然，通过不断的知识顺应学习，新型职业农民能够解决日常工作中碰到的一些结构化问题。然而，在职业发展期间，他们发现，伴随着产品逐渐投入市场，产品、技术以及营销模式的同质化使他们倍感压力。例如，朱博士表述道：我们这里以及南丰到处都是橘园，而且基本上都是打着南丰蜜橘的牌子在外面销售，价格根本起不来，没有什么利润。碰到年份不好，连柑橘都卖不出去。面对职业发展中涌现的各类结构不良问题，新型职业农民需要持续加强对专业的承诺与投入，不断更新个体的职业专长。然而，如果仅仅依靠个体的努力是无法快速更新自身的能力的，且无法获得外部高度模糊的知识与技能。格兰特（Grant）指出，通过合作学习，合作成员之间不同类型的知识能够实现共享、迁移，并产生新知识②。费里奇（Fritsch M.）等强调，许多创新应该被看作一种交互式学习的过程，在该过程中，创新型知识逐步产生③。为此，为了开发新产品、改良技术或者创新营销模式，新型职业农民往往通过交互式学习的方式，来实现知识创造。

1. 合作中的学习

伴随着新型职业农民事业的不断发展，步入发展期的他们开始组建了相关的企业，通过规模化生产来扩大经营，从而应对市场的竞争。例如，朱博士于 2006 年成立了农业开发公司；江会计 2015 年注册了公司……基于能力的理论强调，企业是一个能力体系，一个企业是否拥有

---

① Middleton，H.E.，"Solving Complex Problems in Learning"，*in the Workplace*：*Tourism and Hospitality*，J.C. Stevenson，Brisbane: Centre for Learning and Work Research，1996，pp.112–122.

② Grant，R. M.，"Toward to a Knowledge-Based Theory of the Firm"，*Strategic Management Journal* Vol.17，1996，pp.109–122.

③ Fritsch M.，Franke G.，"Innovation，Regional Knowledge Spillovers and R&D Coopera-tion"，*Research Policy*，（33），2004，pp.245–255.

其他企业无法拥有的能力，则成为企业竞争的关键。一般说来，这种特殊能力往往与创新有关，主要包括技术的创新、产品的创新或营销的创新等。这种能力的获得往往依赖内部成员与外部成员之间的合作学习，通过"强调学习者之间的相互作用，并能够通过知识合作从合作者处获得利益，这种知识合作进一步深化了成员之间的阐述、提问等认知，监控、调节等元认知和涉及个体知识获取的轮流、倾听、角色定位等社会行为"①。合作成员直接的学习交流，通过"干中学"，可以实现不同成员之间隐性知识的有效迁移，从而有助于实现新的知识交叉，构建新的知识和能力体系。

虽然，新型职业农民通过正规的、非正规的或非正式的学习方式，实现了知识累积和顺应。然而，他们也意识到，如果仅仅依靠自身的知识储备，要想实现产品或技术创新，往往很难。为此，基于自身资源优势，部分新型职业农民积极与相关人员或机构进行合作，共同研发新产品或开发新技术。例如：

刘记者：关于改良的技术，我们已经跟西安的专家和做得比较好的一些农户进行合作，共同来实现苹果走向有机化。

张主任：我感觉技术是一个难题，我现在已经在和农科院的教授合作，让他们一起参与进来，进行藏红花产品深加工的技术研发。

不同的知识背景能够使合作者在联盟成立的时候获得他所欠缺的技能，这样就实现了合作双方的优势及资源互补，从而有利于知识创新②。为此，新型职业农民与不同类型的合作对象（例如：高校教授、农科院专家、丰富经验的管理者等）组成合作联盟，通过借鉴、模仿与应用合作对象的相关知识，实现自我知识与合作对象知识的交叉，有利

---

① 王君华等：《创新型科研团队知识合作博弈模型构建与仿真》，《四川大学学报（哲学社会科学版）》2015年第3期，第94—102页。

② 周玉泉等：《合作学习、组织柔性与创新方式选择的关系研究》，《科研管理》2006年第2期，第9—14页。

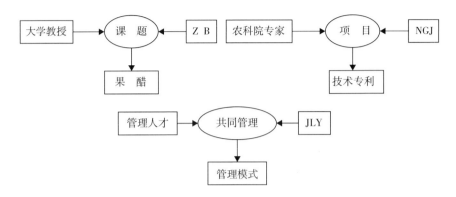

图5-8　3个样本与他人合作中的学习过程

于创造新的知识体系。当然，在合作学习过程中，6位新型职业农民的合作模式有所差异（见图5-8）：（1）新型职业农民与专家"通过课题合作来开发新产品"(朱博士、刘记者)。大学教授根据自己的科研成果，在开发新产品、改良技术或者创新营销模式等方面为新型职业农民提供独特的创造性路径，帮助新型职业农民能够应对职业化过程中的挑战。同时，新型职业农民的实践活动有助于大学教授研究课题的实施，拓宽大学教授的研究领域。例如，2007年，朱博士开始参与江西农业大学教授的课题申报与研究，从2012年开始，他与大学教授合作，申报了柑橘果醋开发的课题，并于2015年成功研发柑橘果醋。（2）新型职业农民与专家"通过项目来申请技术专利"(聂菇王、张主任)。专家所依赖的知识是以特定的方式（比如书本、试验等）进行社会构建的，建立在充分的科学研究基础之上，往往通过文本和可视化的方式进行编码和推广，作为一种"学科知识"存在；新型职业农民则基于长期的实践，积累了丰富的经验，从而建构了自己的"实践知识"系统。他们通过项目合作的方式，实现技术开发，达到互利互惠。例如，聂菇王通过与农科院专家合作，成功申报了"灵芝培育技术"专利。（3）新型职业农民聘请管理人才来谋求"管理模式的转变"(朱博士、江会计)。伴随着新型职业农民的事业不断壮大，其管理从单一的自我管理向组织管理转变。这种管理转变过程，需要新型职业农民在管理模式上有所创新。为此，部分新型职业农民将通过招揽人才的方式，让他们的管理知识迁移到自身的企业中去。在这种迁移过程中，新型职业农民在管理水平上不断提高，甚至实现管理模式的改变。例如，营销管理上，我是不太懂，我就请了两个年轻人，他们对营销比较懂，由他们负责公司的营销。我就把销售、公司管理这块交给他们，可以给我公司带来不一样的管理模式（江会计）。

道奇（Deutsch，M.）认为，在合作性情景中，群体内的个体表现为"促进性的互相依赖"，个体的目标与他人的目标息息相关，一方目标的实现也有助于促进他人目标的达成 ①。合作学习是一种基于共同目标的互动性学习，目的是实现知识的良性互动。通过合作学习，新型职业农民和农业专家通过互惠互利的共同活动，能够最大限度地促进知识创新。

2. 在圈子交流中碰撞创新火花

伴随着新型职业农民与外界交流越来越多，他们逐渐形成了各种性质的圈子，例如，同类产品圈子、销售链圈子以及相关的培训班、研讨会圈子。在这些圈子中的互相交流成为新型职业农民知识创新的一种手段。在玛格丽特·M. 克罗马（Margaret M. Kroma ）看来，"圈子"往往是一种动态和流动的，具有某些共同的标准，基于一定的共同兴趣、爱好或者价值观所形成的一个虚拟群体 ②。古杰特和普鲁斯（Guijt & Proost）曾经对美国农场主的圈子构成要素进行了研究，主要包括 8 个特质：实践性讨论；信息能够无障碍地分享和交换；经验得到比较和诠释；信息转化为行动实践；先前知识被激活；理念和观点被测试；进行

---

① 转引自 Johnson,D.W., Johnson,R.J., *Circles of Learning:Cooperation in the Classroom*, Edina, MN:Interaction Book Company, 5, 1993, p.46。

② Margaret M. Kroma PhD, "Organic Farmer Networks：Facilitating Learning and Innovation for Sustainable Agriculture", *Journal of Sustainable Agriculture*, 2006, pp.5–28.

实验；群体会议①。由此可以看出，相对于前面讨论的实地考察，"圈子"交流呈现出良好的交互式学习过程。在一些学者看来，"圈子"有些时候扮演着"隐性学院"（invisible colleges）的角色，它是农场主实现相关知识互动的有效场域。弗洛斯特和伦茨（Frost & Lentz）通过一项个案研究发现，基于共同职业属性的"圈子"能够帮助农场主交流观点，在一定程度上推动创新成果的出现②。

在6个样本中，他们在某种层面也表达出"圈子交流"对他们事业上的创新有一定的帮助。那么，他们是如何通过"圈子"进行交流和学习的？基于样本的数据，其主要包括如下几种方式：（1）通过微信群的方式进行交流。相比较而言，基于社会化媒体（例如微信）所形成的"圈子"，能够便捷地通过技术渠道来实现朋友之间的信息相互分享，能够获得对新型职业农民有价值的产品、营销、管理或政策方面的信息，从而推动新型职业农民的观念或行为的更新。例如，我有400个这样的同学，总共28个参加过全省的培训，400个比较精英的，我们组成一个群体，叫青盟绿盟联盟。首先是资源交流，然后是思想交流，还有农业厅，农业部有什么好东西，也会一起交流，但是我很少在里面说话，我会听，有时候他们能够给你许多新观点（聂菇王）。（2）通过研讨会形式进行交流。布莱克默（Blackmore）通过对两个农场主参与研讨会经历的访谈，从而得出相关结论：研讨会具体关注于知识、实践和社会结构之间的互动。在研讨会过程中，农场主能够平等、自由地与相关人士进行沟通，其学习往往被视为一个知识

---

① Guijt, I. and Proost, J.,"Monitoring for Social Learning", In *C. Leeuwisand R. Pyburn* (eds.) *Wheelbarrows Full of Frogs: Social Learning in Rural Resource Management*, Koninkljke Van Gorcum Ltd., The Netherlands，2002，pp.215–231.

② Frost, J. and Lentz, R., "Rooted in Grass: Challenging Patterns of Knowledge Exchangeas a Means of Fostering Social Change in a Southeast Minnesota Farm Community，*Agriculture and Human Values*，20，2003，pp.65–78.

分享与建构的过程①。在一些新型职业农民看来，通过整合其他相关人员的经验，有利于形成新的发展理念或模式。例如，我现在正在慢慢发展加盟店，我在河南有一家，那是景德镇的一个客户给我介绍的。目前，主要还是在周边，在上饶有两家，打着我"婺媛红"的招牌，两个门店、一个茶馆。去年，我还专门跟他们进行一天的交流，我把我的想法讲出来，他们也讲了很多，结果讲着讲着，我就有了一个主意——到农村建体验式的"茶馆"（江会计）。

相较于"与他人合作中的学习"，"与同行交流"的学习交互程度相对来说较为松散。然而，在一些新型职业农民看来，他们的"圈子"实际上也是一种交互式学习空间，共同的学习伙伴或指导者对他们各自的经验进行协商和批判性反思。也就是在这种协商和反思的过程中，新型职业农民在一定程度上能够实现知识的创新。

二、新型职业农民职业化进程中的学习图景勾勒

在新型职业农民的职业化进程中，学习呈现出一个动态的视角，描绘了个体成长、学习和自我探索的过程。在萨维科斯（Mark L. Savickas）看来，生涯主题有一条人物支配性的叙事线。② 在对 6 位新型职业农民职业化成长故事的梳理和探究后，本研究尝试勾勒了新型职业农民职业化进程中学习的"支配性的叙事线"（见图 5-9）。虽然，"支配性的叙事线"并不意味着一个确定的形式，但是通过该"叙事线"，我们依然能够管窥新型职业农民职业化进程中学习的一些规律：

---

① Blackmore, C., "What Kinds of Knowledge, Knowing and Learning are Required for Adressing Resource Dilemmas?", *A Theoretical Overview,* Environ. Sci. Policy, 2007, pp.512–525.

② ［美］马可·L. 萨维科斯：《生涯咨询》，郑世彦等译，重庆大学出版社 2015 年版，第 38 页。

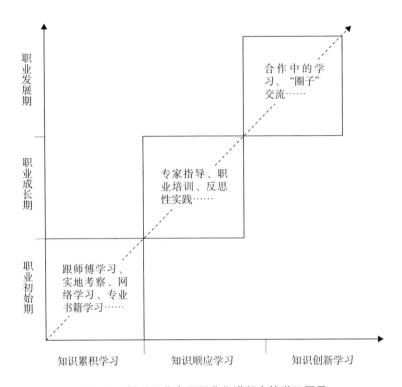

图 5-9 新型职业农民职业化进程中的学习图景

（一）新型职业农民职业化阶段：具有相匹配的学习目标

在生命心理学的学者看来，不同的生命阶段经常伴随着相应的危机或任务，它们部分决定了学习的目标。同时，不同生命阶段的细节在很大程度上又由其所处的社会情境所决定。埃里克森（Erickson）曾经将人的一生划分为八个阶段，个体在每个不同的阶段所面临的问题和挑战不一样，每个阶段实现的目标也不一样，而且，每个阶段的目标是建立在先前阶段目标完成的基础之上。如果前面阶段的目标没有实现，则会对本阶段目标的实现带来巨大压力。虽然，由于每个个体因其与社会文化环境相互作用的性质、内容、具体方式不同，也就是个体在其实际职业中所承担的社会角色、自我意识和自主水平不同，个体职业化进程会存在一定的差异，但就主要的内部条件和外部环境而言，又有客观存在的一定时序性和共同性。因此，处于不同阶段的个体，存在着本质不同的学习任务和目标；同时，处于同一阶段的个体，存在着本质较为相同的学习任务和目标。在部分成人教育学者看来（例如维格斯特、诺尔斯），应该将不同阶段相关的任务和行为与成人学习活动相结合。例如，诺尔斯指出，发展任务能够形成"学习准备度"，当它达到峰值时，便产生了"教育时机"[1]。正是由于个人生活中早先的（即实时的）经验产生了学习，这些经验产生了个人所知道的、可以做的和有价值的东西，这些东西反过来又通过后续的经验来塑造了他们如何学习和学习什么。所以，当个体参与对他们来说是新奇的活动或经历时，就会产生新的学习目标。森尼特（Sennett）曾经跟踪了3位律师成长的过程，他发现，3位律师在职业生涯发展的不同阶段需要经历相应的转型，而这种转型催生新的学习内容和目标。例如，他们在进入工作场所初期，主要是学习律师工作的基本规则、工作场所的要求以及相关的政策法规[2]。鲍尔和罗森奥森（Power & Rothausen）通过对美国中等收入工作者的追踪研究发现，该类群体的职业化可以分为4个阶段：任务发展阶段、特长发展阶段、直线发展阶段以及合适位置发展阶段，阶段不同，其面临的挑战存在差异，所需的知识侧重点也不同[3]。

从新型职业农民职业化进程中的学习图景看，他们在职业化各个阶段具有不同的学习目标。例如，朱博士在刚进入职业领域时期，这个时候主要以学习柑橘种植的相关知识为主（包括产品、种植的、施肥等方面）；当完成柑橘种植技术积累以后，这时主要以解决柑橘种植实践

---

[1]　[美] 雪伦·B.梅里安、罗斯玛丽·S.凯弗瑞拉：《成人学习的综合研究与实践指导》，黄健等译，中国人民大学出版社 2011 年版，第 91 页。

[2]　Scanlon, L. (Ed.).，"Becoming" A Professional: An Interdisciplinary Study of Professional Learning，Springer, Dordrecht，2011，p.165.

[3]　[美] 纳德内·彼得森、罗伯特·科特·冈萨雷斯：《职业咨询心理学——工作在人们生活中的作用》，时勘等译，中国轻工业出版社 2007 年版，第 114 页。

过程中碰到的问题为主，并开始进行技术探索；当规模逐步壮大后，就以攻关柑橘产品创新为主。新型职业农民的职业化过程从职业初始期的"知识累积"到职业成长期的"知识顺应"，再到职业发展期的"知识创造"，他们的学习目标存在按阶梯式向上发展的变化过程，且每一个阶段的发展是建立在前一个阶段基础之上的，目的是匹配不同职业化阶段的任务需要。之所以存在这种现象，犹如坦南特等的观点：发展本质上是辩证的过程，它发展了一种"使人与周围环境不断交互作用"的功能。[①]

（二）新型职业农民的学习目标：依托于相应的学习策略

当前，"学会学习"已然成为成人学习能力的一项重要标准。在史密斯看来，不管学习者身处何种学习情境，学会如何学习都涉及知识和技能的有效加工或获得过程。[②] 在相关的研究看来，针对不同的学习目标，个体学习策略有所不同：（1）基于获得知识的学习。比利特指出，新手更侧重于学习与职业相关的基本知识。[③] 他通过个案研究发现，学徒制能够帮助新手获得相关的知识。莱夫发现，裁缝的学徒通过参加工作实践活动来学习，不断地参与难度系数逐步增加的工作任务，拓宽了学徒们的学习空间。[④] 有诸多研究发现，职业培训能够帮助员工（特别是新员工）适应工作场所的工作需求。也有研究发现，有效

---

① [美] 雪伦·B.梅里安、罗斯玛丽·S.凯弗瑞拉：《成人学习的综合研究与实践指导》，黄健等译，中国人民大学出版社 2011 年版，第 141 页。

② [美] 雪伦·B.梅里安、罗斯玛丽·S.凯弗瑞拉：《成人学习的综合研究与实践指导》黄健等译，中国人民大学出版社 2011 年版，第 235 页。

③ [澳] 史蒂芬·比利特：《工作场所学习：有效实践的策略》，欧阳忠明等译，江西人民出版社 2017 年版，第 7 页。

④ Lave, J., *The Culture of Acquisition and the Practice of Understanding*. J.W. Stigler, R.A. Shweder, G. Herdt eds., *Cultural Psychology*, Cambridge: Cambridge University Press, 1990, pp.259–286.

的工作体验，例如观察有经验员工的实践行为，能够帮助个体获得职业相关的基础知识和技能。[①]（2）基于问题解决知识的学习。恩格斯特伦（Engeström）指出，当工作中出现一种新技术或面临一个新问题时，所有的变量都是未知的，当前环境所固有的知识和技能优势无法解决，那么个体将会拓展资源，寻求相应工具和人的帮助，试图缩小已知和未知之间的差距。[②]为了解决问题，那些有经验的人将在学习当中扮演重要的角色。这种角色包括个体和有经验的人之间的合作。[③]针对具有直接性、互动性的工作以及协作解决的问题，专家指导是一种行之有效的方式。也有研究发现，自我导向学习是解决日常工作问题的一种有效方式，这是因为，自我导向学习往往视问题为挑战而非障碍。[④]（3）基于创新知识的学习。德劳瑞斯（Doloreux）认为，交互式学习可以被理解为参与创新的要素间发生学习关系的一种过程，也可以指由创新要素共同参与的交互式知识产生、扩散和应用的过程。[⑤]有研究者指出，行动学习通过质疑、反思与行动的不断循环，不断促进显性知识与隐性知识在组织、团队和个人之间的对话和转化，有效推动知识的扩散和创新。[⑥]

从新型职业农民职业化进程中学习目标与学习策略的关系看，学习

①　Darrah, C.N., *Learning and Work：An Exploration in Industrial Ethnography*, New York：Garland Publishing.1996，p.132.

②　Engeström.,"Expansive Learning at Work: Towards an Activity—Theoretical Reconceptualization", Keynote Address, *Changing Practice Through Research: Changing Research Through Practice*,7th Annual International Conference on *Post-Compulsory Education and Training*, *Centre for Learning and Work Research*,Griffith University,Brisbane，1999，p.78.

③　Rogoff, B., *Apprenticeship in Thinking—Cognitive Development in Social Context*, New York: Oxford University Press，1990，p.94.

④　欧阳忠明、任鑫、田丽君：《新型职业农民心理资本与自我导向学习的关系》，《现代远程教育研究》2016 年第 6 期。

⑤　转引自钱绍青等：《交互式学习、知识创造与企业创新绩效关系实证研究》，《科技进步与对策》2013 年第 4 期。

⑥　费舒霞等：《行动学习的知识创新机制研究》，《上海管理科学》2015 年第 2 期。

目标的实现需要学习策略的有效支撑（见表5-2）。在职业初始期，新型职业农民学习目标主要是累积职业有关的各类知识，该阶段的学习往往是机械性和刻板性的，此时，"跟师傅学习""实地考察""网络学习""专业书籍学习"成为行之有效的工具。在职业成长期，新型职业农民开始把累积的知识运用到实践中去，并在实践中碰到了一系列的问题，该阶段的学习往往以解决问题为主，为此，"专家指导""职业培训""反思性实践"为问题解决提供了良好的渠道。在职业发展期，面对诸多不良结构问题，新型职业农民需要实现创造性思维，此时，"交互式学习"让知识创造变成了可能。为此，新型职业农民"学会学习"意味着"针对不同的学习目标，学习者应该关注学习中什么是重要的，知道采取什么策略去实现它"[①]。

表5-2　6位新型职业农民学习策略与学习目标

	职业初始期		职业成长期		职业发展期	
	学习目标	学习策略	学习目标	学习策略	学习目标	学习策略
朱博士	柑橘技术	跟师傅学习；专业书籍；实地考察；网络学习	解决种植问题和技术探索	专家指导；继续教育和培训；自我反思	研发、生产和销售果醋	与专家合作学习；聘请管理人才
江会计	制茶技术	跟师傅学习；实地考察；专业书籍	解决制茶问题和包装问题	专家指导；职业培训；自我反思；实地考察	茶叶销售和发展模式	聘请管理人才；圈子交流学习
聂菇王	培育灵芝技术	跟师傅学习；实地考察；专业书籍；网络学习	解决野生灵芝培育问题	专家指导；自我反思；职业培训	灵芝销售和发展模式	圈子交流学习；与专家合作

---

① Wenger, Etienne., *Communities of Practice: Learning, Meaning and Identity*，Cambridge, MA: Cambridge University Press，1998，p.34.

续表

	职业初始期		职业成长期		职业发展期	
	学习目标	学习策略	学习目标	学习策略	学习目标	学习策略
刘记者	苹果成长原理	先前经验；跟师傅学习；网络学习	解决苹果销售问题	自我反思；职业培训；专家指导	有机苹果和销售链创新	与专家和农民合作
赵翻译	养育蓝孔雀技术	供应商指导；网络学习；实地考察；反思性实践；专业书籍	解决蓝孔雀养殖和销售问题	自我反思；职业培训；参加交流会	销售模式创新	圈子交流学习；自我反思
张主任	有机水稻技术；藏红花种植技术	实地考察；跟师傅学习；网络学习，专业书籍	解决有机水稻和藏红花种植问题	专家指导；自我反思；职业培训	文化观光发展模式	与他人合作的学习；同行交流

资料来源：基于访谈文本数据梳理得来。

（三）新型职业农民的学习策略：提升主体间的学习互动

在伊列雷斯看来，学习者与外部环境之间发生的互动形式是多种多样的，例如，感知、传递、经验、模仿、活动以及参与。[①]这些互动形式的划分，主要是根据学习者在互动中卷入状况而构建的。过去的20年间，在社会文化学习方法领域，学者对如何理解和支持人类学习越来越感兴趣。这些学者基于维果斯基和其他社会文化研究者的理论框架，开始反思"学习情境"以及如何通过"学习情境"发生学习。然而，这种"学习情境"的探讨当前正处于个体和集体互动的交叉路口，目的是

---

① ［丹］克努兹·伊列雷斯：《我们是如何学习：全视角学习理论》，孙玫璐译，教育科学出版社2013年版，第25页。

探讨学习活动如何被有效地组织和互动起来。[①] 梅里安和凯夫瑞拉曾经强调,任何成人的学习不可能在真空中进行,而是在与社会的互动过程中有效学习的。娜塔利·米勒(Nathalie Muller)等通过研究发现,围绕个体与集体互动的学习,当前存在两种模型:一种是"直线型模型",即学习者根据自己的情况向学习情境直接输入知识,而很少输出知识,即使输出知识,也是有限的知识;另一种是"循环型模型",即学习者与学习情境互相输入、输出知识,二者之间能够实现良好的互动[②]。个体通过协调活动来实现社会互动,已经成为普遍的学习互动形式。相较于个体的单项互动,协作学习中的社会互动,能够帮助个体分享和阐述不同的观点,并最终拓展他们的思维。

从新型职业农民职业化进程中的学习图景看(见图5-10),他们的学习策略经历了一个互动性逐步增强的发展态势。在知识累积阶段,新型职业农民在学习过程中处于被动地位,大多数是从外界简单地吸收知识,呈现出一种单向的互动。无论是"跟师傅学习""实地考察",还是

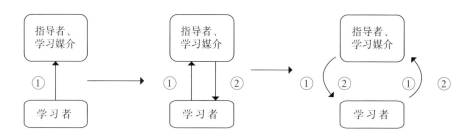

图5-10 新型职业农民职业化进程中的学习互动情况

① Ludvigsen, S., Lund, A., Rasmussen, I.,& Säljö, R.,"Introduction: Learning across Sites: New Tools, Infrastructures and Practices", in , *Learning acrosssites. New tools, infrastructures and practices*, S. Ludvigsen, A. Lund, I. Rasmussen,& R. Säljö (Eds.) Oxon: Routledge, 2011, pp.1–14.

② Nathalie Muller Mirza , Anne-Nelly Perret-Clermont,"*Are You Really Ready to Change?*", in *An Actor-oriented Perspective on a Farmers Training Setting in Madagascar.*, Eur J. Psychol Educ, 2016, pp.79–91.

"网络学习"和"专业书籍学习",这些学习策略更多的是学习者从"师傅""榜样""网络""书本"等指导者或学习媒介当中攫取知识,很少有知识输出,发起者往往是学习者。在知识顺应阶段,新型职业农民在学习过程中不仅仅是知识接收,而且会主动传递某些问题或信息给他人,希望从与他人的互动中获益,并付诸实践行动。这个时候,学习者具有一定的问题意识,会带着相关问题去学习,首先把"知识"(问题)输出到"专家"或"培训师"等指导者那里,然后从他们当中输入知识(解决问题的答案、建议或观点),发起者是学习者。在知识创造阶段,新型职业农民处于一种存在共同目标导向的活动当中,并"全面参与"相关的学习活动。相对于前面的两个学习阶段,该阶段的学习发起者有可能是"学习者",也有可能是"指导者或学习情境",他们互相输入和输出知识,从而实现学习的共赢。之所以存在如此态势,这是与所有的学习都是"情境性"的特质相符的。伴随着新型职业农民职业化进程的深入,其学习情境逐渐从单一向复杂态势转变。同时,在学习情境转变的过程中,新型职业农民逐渐从"边缘参与"走向"全面参与"。

三、新型职业农民职业化进程中学习策略存在的问题剖析

新型职业农民的培育不是一蹴而就的过程,而是持续、动态的成长过程。在这个过程中,阿斯兰尼和布里克尔(Aslani & Brickell)的发现,"为了应对生活中的某种变化而学习"[①]是新型职业农民职业化过程中始终如一的目标。在应对不同阶段变化所发生的学习过程中,新型职

---

① [美]雪伦·B.梅里安、罗斯玛丽·S.凯弗瑞拉:《成人学习的综合研究与实践指导》,黄健等译,中国人民大学出版社2011年版,第80页。

业农民通过自身的努力和外界提供的支持，实现了从知识累积到知识顺应，再到知识创新的过程。当然，在这个成长过程中，他们的学习并不总是一帆风顺，也会遇到各类学习问题。为此，基于研究样本所呈现的数据，剖析他们的学习问题是非常有必要的。

（一）职业选择过程所引发的学习问题

从职业咨询学的角度看，好的职业选择是成功的一半。当然，职业选择合理并不意味着个体一定成功。这是因为，不同的职业选择所经历的学习道路存在一定的差异。正如新型职业农民的职业选择，选择"知识易迁移"的职业与选择"知识不易迁移"的职业，都会引发相关的学习需求，都需要持续的学习，只是需求会存在某种程度的差异。当然，如果新型职业农民没有处理好学习过程，也会引发相应的学习问题。

1."知识易迁移"——"我的产品不好卖"

从本研究所提供的样本看，大多数新型职业农民都热衷于遵循"知识易迁移"的原则。从理论上看，这种原则对于新型职业农民知识累积具有重要的意义。正如前文所述，假如知识之间存在较大的相关性，个体就能快速地实现知识累积，从而较为轻松地适应新职业的初始阶段。从5个研究样本看，由于原有知识体系和新职业知识体系之间的"共域"较多，他们在学习的过程中能够有效利用相关资源去实现知识累积，较为轻松地度过了职业初始期。然而，到了职业发展期，他们却发现，各类问题暴露出来，尤其是产品销售问题。例如，我第一年种柑橘的时候，我只种了南丰蜜橘，等第二、第三年再种南丰蜜橘的时候，我就知道了南丰蜜橘的品种不能太单一了，因为那样对市场抗风险能力就差了（朱博士）。从知识价值的角度看，由于原有知识与新职业知识之间存在较多的"共域"，从而导致了知识的可复制性、模仿性和低学习成本性，无疑削弱了知识的整体价值。在乔治·R. 伯恩和罗伯特·R. 佩顿（Geoger R. Burn & Robert R. Paton）看来，当一个工作场所的知识能够被轻易地迁移到其他工作场所，那么这种知识就没有太多的创新性，对组织来说无法形成核心竞争力[1]。为此，"我的产品怎么卖"就是"知识易迁移"引发的后续学习问题，需要新型职业农民在职业成长期有效应对。

2."知识不易迁移"——"我怎么培育产品"

当然，新型职业农民在职业选择过程中也存在"异类"（赵翻译），即在职业选择过程中，原有知识体系和新职业知识之间没有太多的"共域"。在亨格（Hung）看来，由于现有知识和目标知识之间的相似性和应用关联程度不高，这种情况加大了学习者的挑战，导致对新的环境产生诸多陌生感，引发较多的不可控制变量。他还指出，如果学习者希望实现知识积累，则需要个体对原有知识进行较大修改，从而以使用目标指示迁移条件[2]。为此，基于这种原则的职业选择，无疑给新型职业农民的初始期带来一段痛苦的学习经历，"我的产品怎么培育"无疑是他们的生动写照。从赵翻译的职业初始期看，他的知识累积是一个"久病成医"的学习过程：我小时候是在城市里长大，鸡鸭这些都没养过。我当时觉得自己有点莽撞，刚开始啥也不懂，在从零开始的基础上，必定要走一些弯路。第一年，我就买了1000只小孔雀，当年就死了600多只（赵翻译）。为此，这种"久病成医"的过程导致赵翻译在知识累积过程中付出巨大的代价。然而，从另一个角度看，这种巨大代价所获得的知识往往是难以复制和模仿的，具有一定的竞争优势。正如资源能力理论的观点，当知识成为一种特殊和有价值的资源，难以有效模仿，它就构成了竞争优势的基础[3]。可以说，这种职业选择过程对新型职业农

---

[1]　Geoger R. Burn, Robert R. Paton., "Supported Workplace Learning: A Knowledge Transfer Paradigm", *Policy Futures in Education*, Vol.3, No.1, 2005, pp.50–61.

[2]　Hung, W., "Problem-based Learning: A Learning Environment for Enhancing Learning transfer", *New Directions for Adult and Continuing Education,* Vol.137, 2013, pp.27–38.

[3]　Wernerfelt B, "A Resource-based View of the Firm", *Strategic Management Journal*, Vol.5, No.2, 1984, pp.171–180.

民的职业初始期的学习提出了更多的要求，如果处理不得当，往往需要付出一定的学习成本。

（二）职业初始期学习策略存在的问题

对于新型职业农民来说，转型到一个新角色需要一段集中的学习时期，从而有效地理解新环境，开发新职业所需的各类知识和技能。为此，新型职业农民需要自身在转型过程中进行有效的知识累积。正如前文所述，新型职业农民主要通过四大学习策略实现知识累积。然而，诸如此类的学习策略在应用过程中也暴露出相应的问题。

1."跟师傅学习"存在的问题

学徒制作为一种学习模式一直是人类历史上发展职业能力最常见的途径。绝大多数职业准备都是随着个人在制度化教育规定之外积极而亲自介导的学习而出现的[1]。"跟师傅学习"需要学习者和师傅之间有效地互动，任何一方的行为缺失，都会影响其学习效果，主要表现在：

（1）师傅的不情愿指导。在新型职业农民看来，在知识累积阶段能够找到经验丰富的师傅非常重要，但更重要的是，师傅愿意倾囊相授。然而，在实践中，并不是每个师傅都愿意主动指导。例如，"师傅有时不愿意教（聂菇王）""就跑去那边学，刚开始不让我学（张主任）"。这种不情愿可能会因害怕失去现有的地位或担心被那些他们给予指导和支持的人取代而滋生[2]。在一个特定的技术环节中，当师傅认为这可能危及他们的自身利益或那些与他们联盟的人的利益时，他们可能不愿意指导。例如，聂菇王就反馈到，师傅不太愿意传授灵芝培育的核心技术，只是告知边边角角的东西。在跟师傅学习的过程中，虽然新

---

① Billett, S., *Mimetic Learning at Work: Learning in the Circumstances of Practice*，Springer, Dordrecht，2014，p.15.

② ［澳］史蒂芬·比利特：《工作场所学习：有效实践的策略》，欧阳忠明等译，江西人民出版社 2017 年版，第 72 页。

型职业农民可以得到相关指导，但仅限于特定的实践环节。为此，师傅不愿指导或不愿提供密切的互动就会削弱新型职业农民学习的质量。

（2）师傅知识的创新性不足。虽然，新型职业农民通过日常的观察、模仿和实践，能够从师傅那里学到相关的知识和技能。然而，正如巴利（Barley）的观点，这种学习策略不一定符合当代工作和生活的要求。当代各种工作种类和工作场所需要的许多知识都是高水平的象征性概念知识，难以直接观察或访问，因此，只能通过发现去学习[①]。师傅具有熟练的职业技能，且这些技能是师傅在长期的职业实践中摸索积累而来的，正是因为如此，师傅往往容易局限于自身的经验，而忽视了实践的创新。例如，有些时候，他们所坚持的传统技术可能不适用，最开始的时候是关于南丰蜜橘的，比如用药的事，全年用药在 12 次以上，在二零零几年和一九九几年的时候，南丰蜜橘就使用了太多的农药了（朱博士）。由于师傅容易桎梏于个人的经验，"导致了市场对南丰蜜橘有点担心，影响橘子的生态质量"（朱博士）。为此，如果仅仅局限于跟师傅所学习到的知识技能，从长远发展看，容易抑制新型职业农民的创新质量。

（3）学习者的主动性不够。"跟师傅学习"既要求师傅的积极指导，更要学习者的主动参与。尽管他们是相互依存的方式，但是这一学习方式在很大程度上取决于学习者在职业实践中的积极参与。这种学习策略不依赖于师傅而是学习者通过与物质和社会环境相互依存的方式进行的。这种策略包括学习者确定需要学习的知识，了解知识如何获得，积极参与获取知识，以及监督参与和发展，即通过学徒积极参与、理解和评估，这些促进因素为他们提供的作用是相互依赖的，而不是简单地被

---

① Barley, S., "The New Crafts: The Rise of the Technical Labour Force and its Implication for the Organization of Work", University of Philadelphia, *National Center on the Education Quality of the Workforce*, Philadelphia, PA.1992, pp.120–128.

讲述和观察①。然而，由于新型职业农民在跟师傅学习过程中，往往是一味地模仿和观察，缺少一定的互动，从而导致相应的问题暴露出来。例如，我就跟着他看，比如说一款茶拿来，制作一个芽的茶，最早四月初的时候就做一个芽的茶，看它每一个环节的操作。……虽然看他做起来挺容易，但是我还是有很多不懂的，不过也没有问（江会计）。由于只是简单的观察，缺乏与师傅的互动，这就导致其后面生产的第一批茶叶"口感不好"。

2."实地考察"存在的问题

从理论上看，体验学习倡导的是建构知识，而非模仿知识。杜威指出，教育必须是一个持续的经验重构过程……教育的过程和目标实际上是同一件事②。然而，从新型职业农民的"实地考察"经历看，他们所擅长的是"模仿知识"，缺乏了"建构知识"的过程。之所以存在这样的现象，与下面两个问题息息相关：

（1）显性知识而非隐性知识。从知识划分类型看，有研究者把知识分为显性知识和隐性知识（explicit and tacit knowledge）。显性知识可以容易地解释和记录，而隐性知识则难以表达。在部分研究者看来，显性知识和隐性知识之间具有不同的价值③。由于容易迁移给其他人，所以显性知识的价值不是特别高；相反，由于需要通过直接接触和观察他人的行为，或者更复杂的方式来从他人那里获取知识，隐性知识价值相对更高。从本质上来说，隐性知识由于其难以有效迁移，导致分享成本较高。作为累积知识的一种有效手段，"实地考察"既需要从榜样那里

① Marchand, T.H.J., *Muscles, Morals and Mind: Craft Apprenticeship and the Formation of Person*, British Journal of Education Studies, Vol.56, No.3, 2008, pp.245–271.
② Dewey, J., *My Pedagogic Creed, The School Journal*. LIV（3），1897，pp.77–80.
③ Reychav, I., Weisberg, J., *Going beyond Technology: Knowledge Sharing Asa Tool for Enhancing Customer-oriented Attitudes, International Journal of Information Management*, Vol.29, 2009, pp.353–361.

获得显性知识，更需要获取隐性知识。正如麦克塞特利（Mascitelli）的观点，隐性知识犹如隐藏于知识海洋中，它能够帮助学习者拓展发展性思维，弥补现有知识的"缝隙"①。然而，从现有研究样本看，他们大多从"实地考察"中获取的是显性知识，忽视了对隐性知识的挖掘。例如，那个时候没有车，不像现在这么方便，我就骑个摩托车，到一些种植比较好的大户去讨教经验，有时候一去就两三个农场，看看他们的营销方式，种了什么品种的蜜橘，聊聊享受到的优惠政策之类的（朱博士）。吉尔伯特·瑞丽（Gilbert Ryle）曾经把隐性知识比作"知道怎么样"（know how），把显性知识比作"知道是什么"（know what）。从现有研究样本看，新型职业农民往往尝试去"知道是什么"（如产品的种类，做了些什么），很少去"知道怎么样"（怎么实现这个过程的，为什么这么做）。由于缺乏对隐性知识的挖掘，导致新型职业农民"实地考察"的学习效果大打折扣。

（2）模仿行为而非建构行为。体验学习的实质是建构主义学习理论，倡导学习的目的是建构知识。学习者通过四个过程的循环，实现社会知识的创造和再创造。这与目前许多教育实践所倡导的"传递"模式形成了鲜明对比，导致先前存在的固定观念被传递给学习者。然而，从新型职业农民"实地考察"来看，他们可能更倾向于用"榜样"现存的知识来处理任务，而不是因为任务的需要而付诸更多的思考和行动。这是因为，成年人往往趋向于以先前已获得的有效知识为基础来组织知识。所以，可以这样理解，比起顺应新知识，成年人更喜欢吸收同化知识，因为同化面临的要求和挑战要比顺应少，且同化还有先前知识提供参照②。由于"实地考察"给学习者提供了"榜样"模仿的机会，那么"榜

---

① Mascitelli, R., "From Experience: Harnessing Tacit Knowledge Toachieve Breakthrough Innovation", *Journal of Product Innovation Management,* Vol.17, No.3, 2000, pp.179–193.

② ［澳］史蒂芬·比利特：《工作场所学习：有效实践的策略》，欧阳忠明等译，江西人民出版社 2017 年版，第 24 页。

样"在实践中累积的固定知识则有可能部分传递给学习者，从而引发了模仿行为。例如，我到武夷山去看过，在我们婺源也有一家加工厂，前几年做的，做的时候我去参观了一下，红茶还是可以的。而且，我们婺源红茶的口感也还是可以的。通过参观这些工厂，可以了解采集鲜叶有些什么标准（江会计）。这种"标准"就累积成为江会计红茶制作的某种知识，被其视为未来的行动方向。当然，这种模仿行为能够帮助新型职业农民累积一定的知识，在实践上有一定的帮助。然而，过多的模仿行为导致自身产品在投放市场时，出现了竞争局面激烈的问题——产品同质化，例如，"市场上红茶质量都差不多，感觉没有太多竞争力"。通过知识来源（经历）和主体（学习者）的转变，这种学习会是一个紧密联系、互利互惠的过程。它不应仅仅是单纯的模仿或复制的回应。

3."网络学习"存在的问题

"我们生活在一个充满机会的时代，信息通信技术（ICTs）和互联网的传播对促进人类的进步展现了其无穷的潜力"①。信息通信技术呈指数级增长，从而加速了信息交换的速度，帮助学习者积极融入互联网的学习中去。互联网使学习通过简单地连接移动设备就能实现，帮助学习者获得个性化学习内容，以及增加各类学习机会，但是也会带来各种困惑。从新型职业农民的职业化成长历程看，网络学习始终伴随左右，但也让学习者有所困惑，主要体现在：

一是网络知识的碎片化现象严重。虽然，网络学习较为普及，但网络学习的一个重要特质就是碎片化。祝智庭曾经指出，碎片化学习往往源于信息的碎片化，进而导致知识的碎片化等一系列问题。② 由于网络

---

① 转引自欧阳忠明等：《全球成人学习与教育发展：趋势、矛盾与思考——基于〈全球成人学习与教育报告〉（GRALE Ⅰ—Ⅲ）的解析》，《远程教育杂志》2017 年第 4 期，第 3—14 页。

② 祝智庭：《教育信息化的新发展，国际观察与国内动态》，《现代远程教育研究》2012 年第 3 期。

知识的碎片化严重，导致新型职业农民无法系统地获得相关的知识，容易产生认知的质疑或障碍。例如，我记得有个水稻信息网，里面有一些有机水稻种植技术视频，从里面可以学习到一些灌溉技术，我家里的水稻灌溉方法就是网上看视频学到的，但是，有些网上也找不到，信息不是特别完整（张主任）。这种碎片化的学习能够帮助新型职业农民积累某些相关的知识，但缺乏系统性。

二是网络知识的应用性值得推敲。虽然，网络蕴含了丰富的知识，但从某种程度上来看，又是知识的大杂烩，质量参差不齐。这时候，由于情境的差异，知识的适应性就需要深入推敲。"任何知识都是存在一定的时间、空间、理论范式、价值体系、语言符号等文化因素之中，任何知识的意义也不仅是由其本身的陈述来表示的，而且更是由其所位于的整个系统来表达的"①。网络中的知识往往是一种普遍存在的知识，缺乏对特殊情境性的规定，在实际应用过程中往往容易碰壁。例如，在这个过程中，我会从百度上搜索。百度有就有，没有就没有，百度有的也会误人子弟的（赵翻译）。当然，网上介绍的东西有些有用，有些不管用，有南北差异，环境气候不同等很多方面的原因，所以不能盲目地照搬。真正网络信息更多只是理论方面的，实践还是实践，核心技术是没有的（张主任）。为此，新型职业农民在网络学习过程中，如果不能有效地区分知识的适用性，而盲目地借鉴和模仿，有时候就会适得其反，出现"误人子弟"也就不足为奇。

三是网络学习的交互性较差。相较于上述的学习方式，网络学习的交互性较差，缺乏知识传递者与接受者之间的直接交流。这种直接交流，"直接、速度快、反馈及时、针对性强，还能进行连续的相互交流，也有益于不便公开的、敏感的和隐性知识的交流"②。新型职业农民

---

① 石中英：《知识转型与教育改革》，教育科学出版社 2001 年版，第 82 页。
② 陈向东等：《网络学习环境中交互问题的跨学科研究》，《中国电化教育》2006 年第 4 期。

有时候也会通过网络论坛的形式，寻求相关的帮助，但是由于缺乏相互交流，他们容易对反馈的信息产生质疑。例如，有时候也会进论坛去看看，向别人请教，有时候会回复，但不太敢信（赵翻译）。网络学习的参与者以及其实施的交互行为是相互依赖的，而不是独立的、自主性的单位①。由于缺乏彼此之间的交互，新型职业农民很少会通过网络学习这种方式来积累相关的知识。

4."专业书籍学习"存在的问题

从古至今，"专业书籍"一直是个体走向职业化过程中的重要学习策略。即使受到了互联网的强力冲击，"专业书籍"依然成为个体青睐的重要方式。其所蕴含的系统的学科知识能够从整体上帮助个体较为系统地累积相关的知识。虽然，在累积知识的过程中，部分新型职业农民也会选择阅读专业书籍来提高知识的储存量，并取得了一定的效果。然而，部分新型职业农民由于自身的原因，有时候会对"专业书籍"敬而远之。这是因为，"专业书籍"所蕴含的学术知识在一定程度上是晦涩的、枯燥的且难懂的。这对那些学历低、文化层次不高的新型职业农民来说（例如：传统农民、返乡务工农民），将会是一个不小的挑战。例如，没有办法，我就去买些书看看，像《灵芝栽培实用技术》《灵芝栽培技术》等，这些书有的讲的是大棚种植的，有的也会讲一些野生种植的东西。虽然有所收获，不过说实话，我文化程度不高，有时候看起来挺累的，不是特别好懂（聂菇王）。虽然，专业书籍能够贡献大量的职业知识，但由于其专业性太强，难以理解，导致部分新型职业农民阅读专业书籍"挺累"。

从根本上讲，所有的知识都具有情境性，它建立在情境交互的基础上，植根于人们的实践和认识论中。知识要想具有生命力，必然离不开知识主体所存在的情境。知识的情境性，意味着我们可以灵活地解释不

---

① 陈向东等：《网络学习环境中交互问题的跨学科研究》，《中国电化教育》2006年第4期。

同来源的知识，并在特定的情形下赋予一定的意义①。不同的工作情境、不同的工作任务所需的知识不同，即使是相同的工作任务，由于工作情境不同，知识适用性也是需要考量的。虽然，专业书籍所呈现的知识是经过相关专家、研究者或实践者长期探索或实践所建构的知识，具有一定的科学性和推广性，但是，在不同的工作任务或环境中，其知识价值尚需得到实践的真实检验。例如，买过书，看过书，但是你如果完全按上面的标准做，你就养不了这个东西，感觉那个不接地气，跟实际操作有很大差距（赵翻译）。"纸上得来终觉浅，绝知此事要躬行"正是对书本知识价值的一个真实写照。为此，部分新型职业农民把书本知识照搬到具体的职业实践中，发现了相关的问题——"养不了这个东西"，从而对专业书籍的知识产生了质疑——"感觉不接地气"。

（三）职业成长期学习策略存在的问题

工作中的职业知识不能简单地被理解为工作中所需要的技术技能，还需考虑工作是如何进行的、工作当中的变化和应对新任务时学习、实践所遇到的问题等属性。伴随着新型职业农民步入成长期，其将面临许多实践中的问题和新的学习需求，此时其学习主要以解决问题和满足新的学习需求为目标。在这个学习过程中，相关的学习策略有时能够取长补短，但有时也会暴露出相关问题。

1."专家指导"存在的问题

从本质上讲，针对同一个现象，专家和新手看到的问题不同，这是因为专家有一个关键属性，即在专业领域运用专业知识，在面对工作场所问题时，能够快速将问题进行分类并确定解决方案。虽然，"专家指导"能够帮助新型职业农民解决许多技术上的难题，然而，他们也指出，

---

① Jasper Eshuis, Marian Stuiver., "Learning in Context Through Conflict and Alignment: Farmers and Scientists in Search of Sustainable Agriculture", *Agriculture and Human Values*, Vol.22, 2005, pp.137–148.

"专家指导"不能"包治百病"，也会暴露出某些问题：

（1）身份不对称导致的学习问题。帕伦卡（Pavlenko）认为，"身份是特定的时间和空间给一个特定的社会集团提供的社会的、话语的和叙事方面的选项，个体和群体诉诸它，以自我命名，自我定性，并以此争取社会空间和社会特权"①。由此看出，"身份"一词不仅表明了个体在某一群体或社会中所在位置的表层称谓，也包含了其获得这一身份随之而来的地位、等级、阶层以及特权等。作为两种不同的身份，新型职业农民与专家在指导过程中存在身份的差异。专家大多数接受过高等教育，具有丰富的农业实践经验，受到社会相关人士的尊敬。对新型职业农民来说，农业专家是科学、权威的代言人，具有绝对的话语权。这种身份差异导致了话语权的失衡，知识往往成了一种单向流动的过程。例如，江会计如实说道：他们很有经验，跟他们相比我只是门外汉，我什么都不懂的。我是在向他们学习的。我在跟他们交流的过程中一直以他们的意见为准。到目前为止我还是跟他们学习，每一款新茶出来我都要送到他们茶校去，跟那些教授们沟通一下。这种情况下，农业专家是积极主动的，处于主导和强势地位，愿意为新型职业农民答疑解惑，并倾囊相授，而新型职业农民往往是专家传递知识的简单接受者和机械载体。虽然，这种境遇能够帮助新型职业农民累积相关知识，但无法激发学习者的问题解决意识和创新意识。

（2）知识不合适导致的学习问题。波兰尼（Polanyi）曾经指出，人们在认识过程中，总是依赖于某些东西去关注其他东西。尤其是知识，对于我们所关注的知识，我们能够做批判的考察；对于我们所依赖的知识，我们的态度常常是非批判的。专家所依赖的知识是以特定的方式（比如书本、试验等）进行社会构建的，建立在充分的科学研究基础之

① Pavlenko, Aneta,Blackledge., "Adrian.Negotiation of Identities in Multilingual Contents", *Multilingual Matters*，2004，p.47.

上，往往通过文本和可视化的方式进行编码和推广，作为一种"学科知识"存在；新型职业农民则基于长期的实践，积累了丰富的经验，从而建构了自己的"实践知识"系统。然而，在实际的指导过程中，专家的知识不是万能的，这是因为，"职业实践以及专业知识需要借助于日常工作实践的真实情境来理解，因为它们是实际问题、目标和解决方案产生的场所"①。例如，赵翻译如是说道：像有一次那个孔雀，身上鼓得跟气球一样，它走起路来跟个企鹅似的，晃晃悠悠的，问了同行，谁都没办法解决。记得当时我也请了一个湖南农大的据说很厉害的教授，结果研究了半天，对这个提出了点建议，但是也没有解决，药是买了几千块钱，还有出诊费，最后也没有解决。因为他不是这个专业的，还是有差距。专家是针对某个特定的工作情境而言的，如果在某个新的工作情境就有可能会被认为是新手，因为他们对特定情境所发生的工作问题进行回应有时是不合适的。

2."职业培训"存在的问题

在许多研究者看来，职业培训能够有效提升新型职业农民的专业知识，帮助他们解决日常工作中碰到的问题。从当前我国实践来看，新型职业农民职业培训是扑面而来的，投入了大量的成本，表面上是一个欣欣向荣的局面。然而，从本研究选取的6个研究样本来看，盲目地参加职业培训的效果有时适得其反，主要体现在：

（1）对象不匹配引发的学习问题

成人会有选择性地进行某种学习，这种学习往往是他们认为值得学，并且值得付诸努力的。这种学习的发生往往取决于个体在生活中所学到的和所经历的。这影响到他们的学习内容、组织知识的方式以及与学习新知识密切相关的学习态度。从新型职业农民发展历程来看，他们

---

① ［澳］史蒂芬·比利特：《工作场所学习：有效实践的策略》，欧阳忠明等译，江西人民出版社2017年版，第46页。

存在阶段性的学习需求，职业初始期以累积知识为主，职业成长期以学习问题解决的知识为主，职业发展期则以知识创新为主。可以说，处于不同阶段的新型职业农民，有着本质不同的学习任务和目标。为此，职业培训应该将相关的培训内容和新型职业农民职业化阶段对应起来。然而，从理论建构情况看，新型职业农民大多数接受职业培训是在职业发展期阶段。那么，这样就会引发一个问题，如果职业培训提供的是知识累积方面的培训，无疑将会引发相应的问题。例如，现在政府给新型职业农民提供的培训太多了，刚开始叫我去的时候，非常愿意，可是参加完了几次以后，感觉培训的东西我都会，有点浪费时间，后来就去得少了。由于职业培训所提供的学习内容不符合新型职业农民的发展阶段所需的知识，从而在主观上了影响了他们的学习态度，导致培训效果大打折扣。

（2）需求不对接引发的学习问题

成人教育具有诸多学习原则，例如，解决参与培训学员教育需求的重要性，培训或学习过程中积极参与的需求，参与培训的学员将他们过去的经验转化成新知识和技能的方式，他们为了学习需要克服的障碍等。诸如此类的原则都凸显了职业培训应该对接学习者的学习需求。鲁宾逊指出，成人对能够成功参与教育活动的期待和对完成教育活动后所可能得到的有利结果的期待刺激了成人学习动机的形成。反之，则会削弱学习动机。诺尔斯指出，成人是基于一定的问题导向而参加学习的。新型职业农民在职业发展期间参加培训聚焦于其在实际工作中的价值，目的是期望通过职业培训，获取相关知识来识别问题、分析问题以及有效地解决问题。然而，现有部分的职业培训忽视了"以问题为导向"，例如，面对着种植面积越来越大，管理得人越来越多，所以经常碰到一些问题，不过好在，现在国家给我们提供的培训越来越多。……说实话，当有时候听到他们讲得一些知识的时候，有时候会有茅塞顿开的感觉。……当然，有些关于融资方面的、互联网销售的东西，我感触不是特别深，主要是我现在还没有经历到这些问题（张主任）。之所以对"融资"和"互联网销售"的培训内容感触不深，是因为其没有刺激到新型职业农民的内心深处——"问题意识"，从而影响了最终的培训效果。

（3）方法不适用引发的学习问题

职业培训项目设计对于改变个体的态度和实践具有一定的影响，如果要取得一定的效果，培训方法应该得到充分考虑。卡拉汉（Callahan）曾经指出，伴随着技术的不断进步和学习理论的不断发展，现在具有比以往任何时候都多的方法选择，为此，培训师需要继续寻找向学习者提供有针对性的培训方法。[①] 芭芭拉（Barbara）等通过对相关成果的回顾，总结了当前在职业培训领域中常见的 13 种培训方法。研究者指出，培训选择什么样的培训方法，不是随机的，也不是一成不变的，应该受到如下 7 个要素的影响：学习方式、学习环境、培训师风格、内容的接近性、互动层次、成本考虑和时间要求[②]。培训方法的好坏，会直接影响到知识迁移的效果。从 6 个样本参加的职业培训情况，大多数培训以"讲授式"培训方法为主。例如，农业局报名，就问你去不去，告诉你大概有什么内容，就是这些合作社所谓的理事长，他先从省级示范里面挑，然后再从市级示范里面挑，那个都是开大会形式的，全省的汇集到一起，然后有专家在那里讲课（赵翻译）。从培训角度来讲，这种"剧院式"的讲授法，往往适用于理论性强的、理念性知识多的培训内容，对于技能性操作、管理方面的培训不太适用，且培训师与学员之间的互动性不强。因此，培训方法的不适合也会引发培训效果的不佳。

---

① Callahan, J. L.,*Constructing a manuscript: Distinguishing integrative literature reviews and conceptual and theory articles*, *Human Resource Development Review*, Vol.9, 2010, pp.300–304.

② Barbara Ostrowski Martin, Klodiana Kolomitro,Tony C. M. Lam., "Training Methods: A Reviewand Analysis", *Human Resource Development Review*, Vol.13（1）, 2014, pp.11–35.

3."反思性实践"存在的问题

在新型职业农民看来,"反思性实践"是一种有效地实现自我成长的方式,能够帮助自己成功地解决职业实践中面临的各类问题。然而,如果仅仅依赖于自我的反思,忽视外界帮助;或一味地反思,缺乏实践,有时候代价会挺大。

(1) 由心生,无支持

从反思性实践的核心要素看,它强调个体自我的思考和反思的价值,很多反思都是由个体"心生"的。当然,作为一种学习方式,反思性实践是一种意义形成的过程,而这种过程是基于我们经验的"关系"过程。它包括个体内部意识要素之间的关系,也包括外部要素之间的关系,自我与他人或自我与社会之间的关系。凯米斯(Kemmis)指出,在反思性实践中,个体与他人、集体之间的关系不是割裂的,他们之间总是整合在一起的[1]。这就意味着,在反思性实践中,个体的反思如何融入环境中,或环境以某种方式邀请个体参与反思,都能够帮助个体反思性实践获得成功[2]。可以说,新型职业农民非常善于在日常实践过程中运用"反思性实践"方式进行学习。然而,在"反思性实践"过程中,部分新型职业农民过分沉迷于"心生"的过程,例如,我这个技术是自己慢慢摸索,拼这么多年拼出来的,我这个人的性格就是,弄不好还要弄,然后再弄,一定要弄到底,我就觉得别的东西能行,这个东西也能行,这么多年了,不是说一朝一夕,我想,不行的话,我明天再努力一下(聂菇王)。可以说,聂菇王这种持之以恒的精神值得鼓励,但是,

[1] Kemmis, S., "Action Research and the Politics of Reflection", in D. Boud, R. Keogh, & D. Walker (Eds.), Reflection, *Turning Experience into Learning*, London, England: Kogan Page., 1985, p.74.

[2] Fenwick, T., "Inside out of Experiential Learning: Fluid Bodies, Co-emergent Minds", in R. Edwards, J. Gallacher, & S. Whittaker (Eds.), *Learning outside the Academy: International Research Perspectives on Lifelong Learning*, New York, NY: Routledge, 2006, pp.42–55.

如果一味地把"反思"局限于自我，忽视与外界的互动，就会导致新型职业农民学习成果的成本太高——"拼多年拼出来的"。在当前竞争激烈的农业市场，如果技术研发落后于别人，则无疑会在市场竞争中处于不利的地位。

（2）有反思，无实践

在诸多反思性实践的概念中，"有效思考"被列为共同的特质。"反思"是反思性实践的逻辑起点，能够帮助实践者发现日常行动中存在的问题以及其他相关的认知，在整个体系中扮演着重要的角色。虽然，"反思"是一种心理活动的，但是其目的应该是形成社会行动。正如舍恩的观点：每个专业日常工作的质量取决于隐性知识转化为行动。无论是普通人还是专业从业者，他们都可以思考日常行为，特别让人惊喜的是，他们会将思想和实践中的隐性认知转化有效的行动①。当新型职业农民在日常职业实践中碰到相关的问题，他们第一时间的反应就是"为什么"，即反思。可以说，他们非常热衷于在问题中去反思。从6个研究样本看，反思是他们共同的特质。然而，在反思过程中，部分新型职业农民往往忽视了"实践"。例如，在合作社管理方面，一开始毕竟都是我的左邻右舍，像叔叔、伯伯的，我会在意他们的情绪，考虑他们的意见，但慢慢你会发现用事实说话会更好。……情感解决不了问题，因为他们对新事物很畏惧，没有试错精神，但是，在日常管理中还是照旧，其实我们一直都是在试错（刘记者）。虽然，刘记者已经发现问题的根源所在，意识到如何去管理村里的社员，然而，由于缺乏改善型的"实践"，导致他们"一直在试错"。反思的最终归宿是"实践"。因此，新型职业农民如果仅仅喜欢"反思"，而忽视把反思的东西转化为实际行动，则对问题的解决于事无补。

---

① Donald A. Schon., *The Reflective Practitioner: How Professionals Think in Action*, Basic Books, Inc.1982, p.54.

（四）职业发展期学习策略存在的问题

职业发展期是新型职业农民职业化的关键期，在某种程度上决定着新型职业农民的事业发展。伴随着生产规模逐步壮大，产品竞争激烈，员工管理压力增加，这些都需要新型职业农民在实践中不断地创新。基斯戈芬和乌苏拉（Keith Goffin & Ursula Koners）指出，新产品开发、技术创新、管理模式创新等一系列的复杂活动，依赖于知识和学习，依托于团队之间的良性互动，从而实现知识分享[①]。虽然，新型职业农民积极地与内外部资源结合，形成各类虚拟团队，希望在交互过程中实现知识创新，但是，由于相关因素的存在，知识分享的过程并不总是那么顺利。

1."合作中的学习"存在的问题

"合作中的学习"需要个体与其他合作成员积极分享解决创新问题中的各类经验。知识分享往往通过团队成员经验的分享而发生，包括正式的和非正式的途径。当然，无论是正式的还是非正式的途径，合作成员的地位是平等的，都需要"全面参与"，而不是"边缘性参与"。在莱夫看来，"合法的边缘性参与"往往基于这样的前提：作为新手的学习者，他们不可能完全参与所有的共同体活动，而只是作为共同体某些活动的参与者，通过对专家的观察，与专家和同伴的交流、讨论，进行学习。如果合作成员仅仅是"边缘参与"，那么，该合作团队的知识分享往往处于一种"单项的知识流动"，难以实现知识的有效互动，不利于创新过程的实现。从样本所呈现的情况看，他们在"合作中的学习"往往发生两类"边缘参与"的问题：

一是信任引发的合作成员的"边缘参与"。"开放、互信的团队环境是成员之间实现关系发展、整合信息、促进数据流通的关键因素。信任

① Keith Goffin, Ursula Koners., "Tacit Knowledge, Lessons Learnt, and New Product Development", *Journal of Product and Innovation Management*, Vol.28, 2011, pp.300–318.

有助于克服团队内部信息的不对称性，减少团队成员间的可能性冲突。创新型科研团队内部的知识合作效率，部分取决于基于能力的信任和人性的信任程度，缺乏信任的团队会束缚团队知识创新能力"①。然而，由于部分新型职业农民缺乏对合作成员的信任，担心自己的核心技术遭到合作成员的泄露或被合作成员据为己有，使得合作成员在合作过程中处于"边缘位置"，即只参加创新过程中的某些边缘性的共同活动。例如，聂菇王在"野生灵芝菌种繁育"技术的专利发明过程中，选择了与农科院专家合作。然而，在实际合作过程中，专家只是负责项目的申报，实际研发过程由他自己负责。合作学习往往关注是合作成员互动所发挥的作用，从而从知识合作者中获得相关利益。为此，这种"边缘性参与"无法充分发挥合作成员的知识价值，使得新型职业农民的技术研发需要更长时间，有时甚至是失败的结果。

二是身份防御导致新型职业农民的"边缘参与"。在我们的社会中，绝大多数成人所表现出来的特征是，他们的"成人期"在心理上是与一个相对坚实和稳定的身份认同相联系的，这种身份认同通常嵌入在教育和工作岗位、家庭关系之中，也许还嵌入在诸如政治或宗教信条之中②。虽然,6个样本已经成功转型为新型职业农民，但是，原有"身份"的影子依然驻扎在各自的脑海中。这种"影子"的驻扎是他们在漫长岁月历程中建构起来的，与此同时，身份防御就以一种心理障碍的形式逐渐建立。这种身份防御在某种程度上会影响那些旨在重新调整、保留或个性发展的学习。特别是，这种身份防御有时会使新型职业农民在与专家的合作过程中不敢主动把自己的理念、知识和发展模式表达出来，使自己处于"边缘参与"的地位。例如，我现在已经在和农科院的

---

① 王君华等：《创新型科研团队知识合作博弈模型构建与仿真》，《四川大学学报（哲学社会科学版）》2015 年第 3 期。

② ［丹］克努兹・伊列雷斯：《我们是如何学习：全视角学习理论》，孙玫璐译，教育科学出版社 2013 年版，第 114 页。

教授合作，让他们一起参与进来，进行藏红花产品深加工的技术研发。我是没有什么文化，只能依靠他们来提供帮助，他们提供技术，我们提供产品和场地（张主任）。如果新型职业农民在合作过程中只是"边缘性参与"，无法把自身的理念、知识和想法渗透到知识创新当中，那么有可能所创造的知识不一定是他们预期的知识。这样的合作有可能就违背了初衷，无法实现自身预期发展目标。

2."圈子学习"存在的问题

在职业化发展过程中，新型职业农民在各类实践活动中形成了各种各样的"圈子"，并在"圈子"中进行相关的交流活动，引发了各类同伴学习（Peer Learning）。根据皮亚杰（Piaget）的观点，人类通过对他人或目标群体对象的经验诠释，能够拓展生物编程，从而建构认知系统[1]。诸如此类的"同伴学习"能够帮助学习者在善于分享信息资源的项目中进行有效工作，从而建构新的知识。假如学习者和同伴之间能够进行有效的社会互动，能够积极地参与和同伴的辩论和讨论，那么将会导致更深层次的思维探索。然而，从部分新型职业农民的"圈子学习"过程看，"浅尝辄止"的现象时有发生。例如，现在公司慢慢发展起来，认识的朋友也越来越多，现在不是流行微信吗？我加入了很多微信朋友圈，像江西的茶会群、婺源的群我都加入了。……帮助不是很大，但是不能说没有帮助，主要是我在群里说的不多（江会计）。只有个体与他人互动，与同伴合作，才能唤醒一系列的学习发展过程，产生新的认知。然而，由于新型职业农民个体对"圈子"的功能缺乏认知，或者由于"圈子"作为一种交流媒介存在的先天限制性因素（例如，朋友圈需要个体主动意愿迸发、研讨会需要合适的研讨主题），有时候"圈子"交流并不一定会摩擦出意想之中的"火花"。

---

① Piaget, J., *Ehavior and Evelution*, New York: Random House, 1978, p.39.

第六章 新型职业农民职业化学习策略的理论检验

作为混合研究的哲学基础，实用主义学者塔什亚考里和泰德利（Tashakkori & Teddlie）以及巴顿（Patton）阐述了在社会科学研究中集中精力关注研究问题然后用多种方法获得有关问题的知识的重要性。[①] 虽然实用主义阵营中对混合研究是侧重质性研究还是定量研究的争论依然不断，但是他们一致认为，建立在问题解决原则上的混合研究方法对现实中的研究问题非常有用。从研究方法论看，叙事研究不是自上而下地寻求证实或证伪某种假设，而是走自下而上的路线，以归纳的方法来分析资料和形成理论。为此，基于叙事研究所建构的新型职业农民职业化学习的相关理论需要一般化数据的验证。

一、新型职业农民职业化学习策略的理论验证

（一）职业选择偏好的基本情况

新型职业农民为什么进入相应的行业？通过个案的访谈发现，他们

---

① ［美］约翰·W. 克雷斯威尔：《研究设计与写作指导：定性、定量与混合研究的路径》，崔延强译，重庆大学出版社 2007 年版，第 9 页。

更多遵循"知识易迁移"的原则。那么事实是否如此？基于相关的数据整理和分析，表 6-1 揭示了新型职业农民职业选择偏好的基本情况。从参与调查的被试者看，63.4%的新型职业农民在职业选择过程中受到个人兴趣爱好的影响；56.3%的新型职业农民由于受到家人、亲戚或朋友在做影响，选择了相应的职业领域；利润高、政府鼓励、专业符合和之前做类似的行业都是影响他们职业选择的重要变量。正如布劳的观点，个体的职业选择受到内外部要素的影响，个体心理变量和社会结构变量都需要考虑在内。政府鼓励，利润高，家人、亲戚或朋友在做等认知属于新型职业农民在职业选择过程中需要建构的外部知识，而个人兴趣爱好、专业符合以及之前做类似的行业则属于新型职业农民在职业选择过程中需要建构的自我知识。自我知识和外部知识的融合，成为新型职业农民职业选择的基础。

当然，在行业选择的过程中，男性和女性的职业选择还是存在一定的差异的。马林尼和凡恩（Marini & Fan）曾经对男性和女性职业选择的影响因素进行了实证研究，研究发现，在职业选择过程中，男性偏重于理性，往往关注于选择职业是否有利可图，女性则偏重于感性，父母的职业、家庭的境遇往往让她们做出相应的职业选择。从表 6-1 看，男性新型职业农民在职业选择过程中，往往考虑专业是否符合、是否有足够的利润空间，呈现出理性因素；女性新型职业农民在职业选择过程中，往往受到政府鼓励、家庭等刺激，易受情感因素的影响。"情感"埋植于人们的内心深处，家人的牵挂、故土的难舍、长辈的叮嘱都可能会影响着个体的变化，这种变化是持久性的。相对于男性，女性在职业决策过程中，更容易受到"情感"认知的影响。

表6-1　职业选择偏好的基本情况

职业选择偏好	性别	人数	总计	比例
政府鼓励	男	58	216	21.5%
	女	158		
个人兴趣爱好	男	261	638	63.4%
	女	377		
专业符合	男	112	192	19.1%
	女	80		
利润高	男	226	241	23.9%
	女	15		
家人、亲戚或朋友在做	男	290	567	56.3%
	女	277		
之前做类似的行业	男	89	179	17.8%
	女	90		
其他	男	171	328	32.6%
	女	157		

（二）职业初始期学习策略偏好的基本情况

迪克森曾经认为，从整个成人期持续增长的能力角度看，成人期依然存在多个领域的增长，例如：理解的各个新阶段和智慧的增长。伴随着职业的转换，新型职业农民的角色开始转变，其所需的能力和智慧在初期阶段往往以职业准入的胜任力为主要目标。如图6-1所示，在参与调查的群体中，绝大多数新型职业农民（90.30%）认为，职业初始期的学习往往以积累相关知识和技能为主要目标，从而适应职业角色的转变。当然，也有33.00%的新型职业农民认为，职业初始期的学习目的是为了解决实践中碰到的难题。通过数据分析发现，持这类观点的新型职业农民往往具有一定的人格特质：之前有过相关领域的实践。

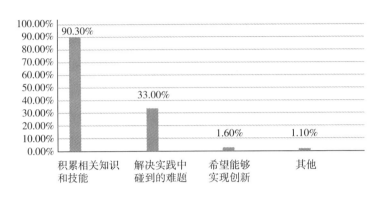

图 6-1　新型职业农民职业初始期的学习目标

新型职业农民在职业初始期为了积累新职业领域所需的知识和技能，在学习过程中通过多样化的学习策略实现相应的目标。从统计数据显示看（见图 6-2），在新型职业农民使用的 14 种学习策略中，他们职业初始期主要青睐于如下学习策略：向有经验的农民或师傅学习（80.90%）、

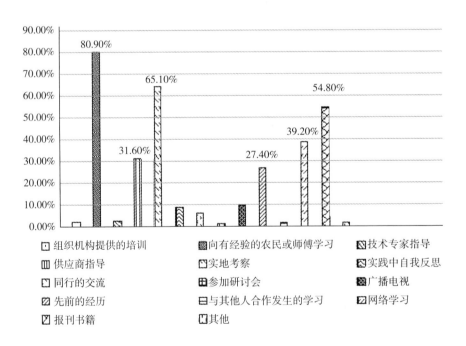

图 6-2　新型职业农民职业初始期的学习策略使用情况

实地考察（65.10%）、报刊书籍（54.80%）、网络学习（39.20%）、供应商指导（31.60%）和先前的经历（27.40%）。从统计数据分析看，擅长运用供应商指导学习策略的新型职业农民大多从事特殊农业领域（例如孔雀养殖）；偏好运用先前经历的学习策略在从事新型职业农民之前，积累了与职业领域相关的专业技术、管理经历或营销工作。

（三）职业成长期学习策略偏好的基本情况

伴随着知识和技能的逐步积累，新型职业农民把相关的知识和技能运用到实践中去，从而建构自身的事业。在职业成长过程中，新型职业农民与外部环境的互动越来越频繁，所遭遇的问题越来越多。比利特曾经指出，在工作中面临的问题包括两种：另一种是常规性问题，可以通过个体的自身知识和技能有效解决；一种是非常规性问题，需要通过外部资源的帮助或自我有效反思来解决。相较于以积累知识和技能为主要目标的职业初始期，新型职业农民在职业成长期主要以解决实践中的难题为主要学习目标（见图6-3）。当然，在成长过程中，也有部分新型职业农民依然把积累知识和技能作为主要目标之一，也有少部分新型职业农民在成长期积极创新。从相关的统计数据看，成长期以积极创新为主要学习目标的群体聚集于农业技术或科研人员。

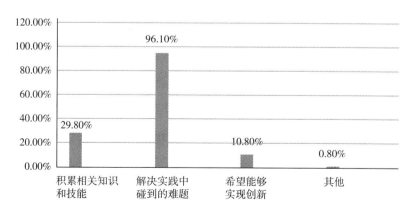

图6-3　新型职业农民职业成长期的学习目标

由于学习目标的转变，新型职业农民在职业成长期使用的主要学习策略也有所改变（见图6-4）。为了解决实践中面临的各种难题，新型职业农民在实践中更愿意使用如下学习策略：实践中自我反思（91.40%）、技术专家指导（72.30%）、组织机构提供的培训（63.10%）、供应商指导（31.70%）、先前的经历（26.00%）。相较于以内部获取学习机会为主要手段的职业成长期，新型职业农民在职业成长期更多地学会了运用外部资源来提高学习机会。

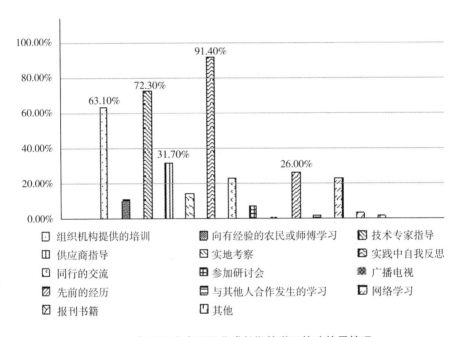

图6-4 新型职业农民职业成长期的学习策略使用情况

（四）职业发展期学习策略偏好的基本情况

伴随着新型职业农民的职业发展，其逐渐由单一的个体身份向一个初具规模的企业家身份转变。熊彼特（Schumpeter）曾经指出，"企业家通过过程创新、市场创新、产品创新、要素创新以及组织创新等形式发展新工艺、生产新产品、开拓新市场、引入新渠道，适时实现产业要素的重组，使各种生产要素积极地运作起来"①。为此，在职业发展期，新型职业农民应该以创新学习为主导。为什么要创新学习？这是因为，新型职业农民在职业发展期需要获取"特异性"能力，从而谋求高额的风险回报。如图6-5所示，我们可以发现，新型职业农民在职业发展期以希望能够实现创新为主导学习目标（94.40%）。在

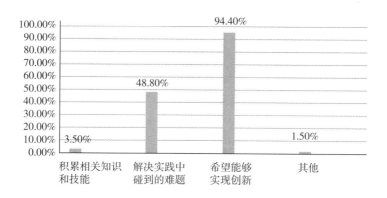

图6-5　新型职业农民职业发展期的学习目标

这种学习目标驱动下，新型职业农民的学习策略侧重点有所改变。这是因为，创新被认为是在相互依赖的情况下不同参与者知识成功交换和交互作用过程的结果②。为此，新型职业农民需要积累更多的社会资本，融合各种社会资源，将多元知识、信息转化为创新能力，从而获取盈利的机会。为此，新型职业农民在职业发展期的学习过程中往往侧重于关系网络中的学习，从而获取该网络中所蕴含和流动的信息、资源等。如图6-6所示，我们可以发现，在职业发展期，新型职业农民青睐的学习策略主要包括同行的交流（80.80%）、与其他人合作发生的学习（61.80%）、组织机构提供的培训（38.90%）、参加研讨会（26.30%）。这些学习策略无疑能够帮助新型职业农民"获得广泛的社

① 姜卫韬：《中小企业自主创新能力提升策略研究——基于企业家社会资本的视角》，《中国工业经济》2012年第6期。
② 吕淑丽：《企业家社会资本对企业创新绩效的研究综述》，《管理现代化》2007年第5期。

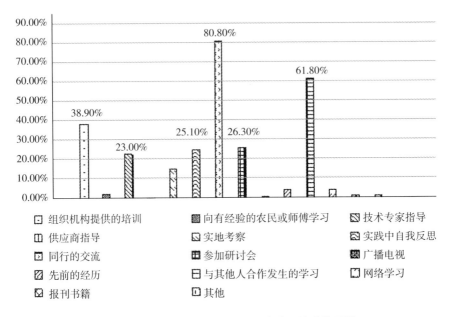

组织机构提供的培训　　向有经验的农民或师傅学习　　技术专家指导
供应商指导　　实地考察　　实践中自我反思
同行的交流　　参加研讨会　　广播电视
先前的经历　　与其他人合作发生的学习　　网络学习
报刊书籍　　其他

图6-6　新型职业农民职业发展期的学习策略使用情况

会资源，恰恰可以发挥信息、知识的提供、搜集和传递功能"①。

二、新型职业农民职业化学习策略的有效性分析

作为成人学习领域越来越感兴趣的一部分，成人教育和职业心理学诸多研究主题逐渐汇聚于学习者特征研究。特别是随着年龄、动机、自我效能或能力的变化，许多研究正越来越多地关注个体学习的差异。围绕人际变量差异与"学习策略"之间的关系的研究，在业界受到关注程度较多。根据新型职业农民的来源、收入、学历、从事行业、教育背景的差异，是否在学习策略有效性方面存在不同？虽然，基于叙事探究，我们可

---

① 姜卫韬：《中小企业自主创新能力提升策略研究——基于企业家社会资本的视角》，《中国工业经济》2012年第6期。

以管窥新型职业农民在职业化成长过程中使用的学习策略，但是，学习策略的有效性如何？不同人际变量差异与学习策略之间是否存在相应的关系？这些问题的答案难以从文本分析中挖掘出来。为此，基于相关数据统计的分析，探讨新型职业农民职业化学习策略的有效性就非常有必要。

（一）新型职业农民学习策略有效性整体情况分析

基于 SPSS 统计软件，研究者对新型职业农民职业化学习策略有效性问卷的最高分、最低分、平均数及标准差进行统计。如表 6-2 所示，新型职业农民的学习策略有效性平均数为 38.63 分，整体有效性一般，最高值达 65.00 分，最低值为 25.00 分。

表 6-2　新型职业农民学习策略有效性的描述性统计

	最高值	最低值	平均数	标准差
学习策略有效性	65.00	25.00	38.63	4.40

学习是人类行为的核心，但同时它也令人费解，就连柏拉图和亚里士多德这样的先哲都为之着迷。之所以难以理解，是因为学习由于发生的情境的差异，不同的学习者使用的学习策略不一，且效果高低不一。基于 SPSS 软件统计发现，新型职业农民在职业化进程中（见表 6-3），实践中自我反思、技术专家指导、与其他人合作发生的学习、向有经验的农民或师傅学习以及同行的交流在 13 种学习策略中被认为是较为有效的方式。正如特雷梅尔（Tremmel）的观点，在行动中的反思对专业活动至关重要；舍恩（D.Schoken）也强调，反思能够在每日实践中得到最好的实现 ①。新型职业农民在职业化进程中，"实践中自我反思"能

①　[丹] 克努兹·伊列雷斯：《我们是如何学习：全视角学习理论》，孙玫璐译，教育科学出版社 2013 年版，第 219 页。

够帮助他们在做事的过程中重构做事的方式，从而重新形成行动策略。为此，被他们认为是最有效的学习策略。在部分学者看来，专家指导能够对日常工作学习的质量产生直接影响，特别是具有直接互动性及协作解决问题形式的指导，可以帮助学习者开发职业所需的知识。通过"技术专家指导"，新型职业农民能够基于专家的丰富知识储备和经验，实现共享或互助式学习，有利于知识累积或解决问题，从而得到新型职业农民的青睐。此外，"与其他人合作发生的学习、向有经验的农民或师傅学习、同行的交流"也由于其各自的优势，有效地助力新型职业农民的职业化道路。从当前我国关于新型职业农民培育的研究成果看，"组织机构提供的培训"的研究成果众多，但是其效果并不高（3.05），这表明当前我国新型职业农民培训依然存在诸多问题。此外，使用传统媒介（例如报刊书籍、广播电视）等学习策略由于其先天劣势，导致学习效果偏低。

表6-3　新型职业农民学习策略有效性的排序情况

排序	学习方式	平均数
1	实践中自我反思	4.49
2	技术专家指导	3.86
3	与其他人合作发生的学习	3.79
4	向有经验的农民或师傅学习	3.63
5	同行的交流	3.39
6	组织机构提供的培训	3.05
7	实地考察	3.00
8	先前的经历	2.92
9	网络学习	2.51
10	供应商指导	2.45
11	参加研讨会	2.21
12	报刊书籍	2.05
13	广播电视	1.28

（二）不同身份群体学习策略有效性的统计性分析

作为一种新型"职业"，各种不同身份群体纷纷加入新型职业农民队伍。由于知识、经验和互动环境的差异，不同身份群体来源的新型职业农民在学习策略中会有所偏好，那么，这种偏好是否会导致有效性的差异呢？基于 SPSS 软件统计分析，从表 6-4 可以得出，企业员工在学习策略有效性上得分最高，达到 39.18；农业技术或科研人员得分最低，为 37.64。新型职业农民学习策略有效性在身份群体变量上的差异未达到统计学意义上的显著性水平。虽然，不同身份群体的新型职业农民学习策略有效性在总体上没有呈现差异水平，但是在某些学习策略上还是具有一定差异（见图 6-7）。这种差异主要体现在退伍士兵与农业技术或科研人员之间：在退伍士兵看来，组织机构提供的培训、向有经验的农民或师傅学习较为有效，而其对农业技术或科研人员的有效性较低；农业技术或科研人员认为，参加研讨会、先前的经历对于其职业发展较为有效，而其对退伍士兵的有效性较低。

表 6-4　不同身份群体的新型职业农民学习策略有效性差异情况

	平均数	标准差	F 值	sig 值
传统农民	39.01	5.64		
返乡务工农民	38.60	4.01		
高校毕业生	38.68	5.05		
公务员	37.99	3.72	1.56	0.144
农业技术或科研人员	37.64	4.12		
教师	38.17	4.45		
企业员工	39.18	3.11		
退伍士兵	38.05	2.88		

注：* 代表 p<0.05（差异显著），** 代表 p<0.01（差异非常显著），*** 代表 p<0.001（差异非常非常显著）。

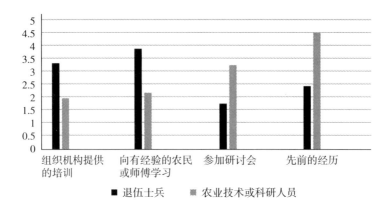

图 6-7　不同身份群体的新型职业农民学习策略有效性对比

（三）不同性别群体学习策略有效性的统计性分析

在成人学习领域，关于性别差异的讨论较多。伊列雷斯就指出，性别相关的事宜是在性向与影响之间紧密互动中发展起来的，他们对于学习至关重要。在许多研究者看来，性别关系会导致男性和女性发展不同的学习方式，例如，由于女性较男性总是处于较低的权力位置，为了生存，她们必须变得更加温和，以更好地辨识和理解他人的观点和感受，这导致了女性"联结式"的学习倾向。虽然，男性与女性之间在学习策略上会存在某些偏好，但并没有相关论据证明性别差异会导致学习策略有效性不同。从表 6-5 可以看出，新型职业农民学习策略有效性在性别变量上的差异未达到统计学意义上的显著性水平。

表 6-5　不同性别群体的新型职业农民学习策略有效性差异情况

	平均数	标准差	t 值	sig 值
男	38.48	4.32	-1.16	0.246
女	38.81	4.49		

（四）不同收入群体学习策略有效性的统计性分析

从表 6-6 可以得出，新型职业农民学习策略有效性在不同收入群体变量上差异非常显著。年收入 500 万元以上新型职业农民在学习策略有效性上的得分最高，达到 41.67 分；年收入 30 万—100 万元的新型职业农民在学习策略有效性上的得分最低，为 37.55 分。为了具体了解哪几个收入群体之间差异显著，本研究进行了事后多重检验分析。经事后多重检验可得（见图 6-8），年收入 30 万—100 万元与年收入 30 万元以下、100 万—300 万元、300 万—500 万元、500 万元以上的新型职业农民在学习策略有效性上差异都显著。30 万元以下与 500 万元以上的新型职业农民在学习策略有效性上差异显著；100 万—300 万元与 300 万—500 万元、500 万元以上的新型职业农民在学习策略有效性上差异显著。例如，500 万元以上收入群体认为"实践中的自我反思"非常有效，而 30 万元以下收入群体则效果一般。

表 6-6　不同收入群体的新型职业农民学习策略有效性差异情况

	平均数	标准差	F 值	sig 值
30 万元以下	39.41	7.00		
30 万—100 万元	37.55	2.95		
100 万—300 万元	38.66	2.68	13.15***	0.000
300 万—500 万元	40.00	2.93		
500 万元以上	41.67	7.29		

注：* 代表 $p<0.05$（差异显著），** 代表 $p<0.01$（差异非常显著），*** 代表 $p<0.001$（差异非常非常显著）。

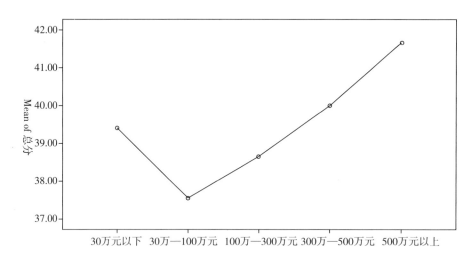

图 6-8　不同收入群体的新型职业农民学习策略有效性差异情况

（五）不同年龄群体学习策略有效性的统计性分析

社会与意识的迥异参照框架决定了多个年龄阶段中的学习情况，而且这些参照框架随着社会和意识的发展，会发生迅速的变化，从而使得相对应年龄阶段所发生的学习存在巨大的差异。从表 6-7 可以得出，新型职业农民学习策略有效性在年龄群体变量上差异显著。41—50 岁年龄段的新型职业农民在学习策略有效性上的得分最高，达到 39.14 分，60 岁以上的新型职业农民在学习策略有效性上的得分最低，为 37.04 分。为了具体了解哪几个年龄群体之间差异显著，本研究进行了事后多重检验分析。经事后多重检验可得（见图 6-9），18—30 岁的新型职业农民与 31—40 岁、41—50 岁的新型职业农民在学习策略有效性上差异显著。31—40 岁的新型职业农民与 60 岁以上的新型职业农民在学习策略有效性上差异显著，例如，60 岁以上群体认为"组织机构提供的培训"效果较差，31—40 岁群体则认为其效果较佳。41—50 岁的新型职业农民与 60 岁以上的新型职业农民在学习策略有效性上差异显著。

表 6-7　不同年龄群体的新型职业农民学习策略有效性差异情况

	平均数	标准差	F 值	sig 值
18—30 岁	38.15	4.82		
31—40 岁	38.87	4.30		
41—50 岁	39.14	4.55	3.18*	0.013
51—60 岁	38.21	3.21		
60 岁以上	37.04	3.29		

注：* 代表 p<0.05（差异显著），** 代表 p<0.01（差异非常显著），*** 代表 p<0.001（差异非常非常显著）。

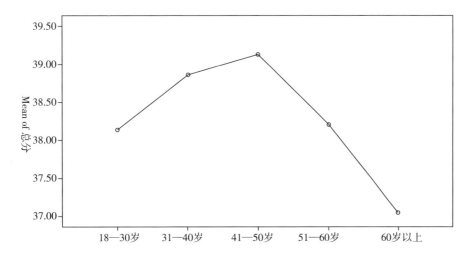

图 6-9　不同年龄群体的新型职业农民学习策略有效性差异情况

（六）不同行业群体学习策略有效性的统计性分析

塞韦罗斯曾指出，任何职业或领域的从业者都带有不同的目的、知识和意识形态，从而导致其学习方式的选择、效果存在一定的差异。从表6-8可以得出，新型职业农民学习策略有效性在行业群体变量上差异非常显著。畜牧业的新型职业农民在学习策略有效性上的得分最高，达到39.89分，林业的新型职业农民在学习策略有效性上的得分最低，为37.38分。

为了具体了解哪几个行业群体之间差异显著，本研究进行了事后多重检验分析。经事后多重检验可得（见图6-10），林业与畜牧业、渔业、综合类的新型职业农民在学习策略有效性上差异显著，例如，从事畜牧业和渔业的新型职业农民认为"与其他人合作发生的学习"效果较好，而从事林业的新型职业农民则认为其效果一般。农业与畜牧业的新型职业农民在学习策略有效性上差异显著，例如，从事畜牧业的新型职业农民更青睐于"供应商的指导"，而从事农业的新型职业农民则认为其效果较差。

表6-8　不同行业群体的新型职业农民学习策略有效性差异情况

	平均数	标准差	F 值	sig 值
农业	38.32	5.54		
林业	37.38	3.30		
畜牧业	39.89	3.50	10.38***	0.000
渔业	38.98	3.11		
综合类	39.02	5.79		

注：* 代表 p<0.05（差异显著），** 代表 p<0.01（差异非常显著），*** 代表 p<0.001（差异非常非常显著）。

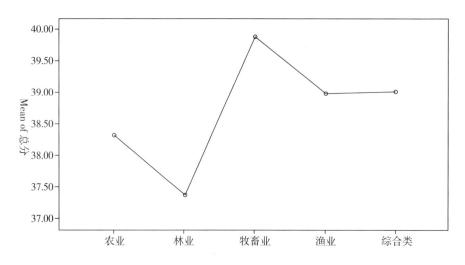

图6-10　不同行业群体的新型职业农民学习策略有效性差异情况

（七）不同教育程度群体学习策略有效性的统计性分析

由于新型职业农民的身份来源不一，导致其受教育程度不一。许多研究结果表明，个体受教育程度差异，对其青睐的学习策略也会有所差异。也有部分研究发现，个体受教育程度越高，其学习策略的有效性更高。那么，新型职业农民是否也存在这种状况呢？从表6-9可以得出，新型职业农民学习策略有效性在教育程度变量上差异非常显著。硕士及以上学历的新型职业农民在学习策略有效性上的得分最高，达到39.76分，然而，相对于初中及以下学历，大专学历的新型职业农民在学习策略有效性上的得分最低，为38.03分。经事后多重检验得出，大专学历与初中及以下、本科、硕士及以上学历的新型职业农民在学习策略有效性上差异显著。同时，由于新型职业农民受教育程度不一，其在学习策略的有效性上存在差异。虽然，初中及以下的新型职业农民与硕士及以上的新型职业农民的学习策略有效性分数相差无几，但是二者在学习策略有效性方面却存在较大差异（见图6-11）。初中及以下的新型职业农民在"组织机构提供的培训、向有经验的农民或师傅学习"以及"技术专家指导"等学习策略上更为有效，而硕士及以上的新型职业农民在"先前的经历"和"参加研讨会"上更为有效。

表6-9　不同教育程度群体的新型职业农民学习策略有效性差异情况

	平均数	标准差	F 值	sig 值
初中及以下	39.69	5.86		
高中或中专	38.26	4.03		
大专	38.03	3.32	5.30***	0.000
本科	39.15	4.94		
硕士及以上	39.76	4.40		

注：* 代表 p<0.05（差异显著），** 代表 p<0.01（差异非常显著），*** 代表 p<0.001（差异非常非常显著）。

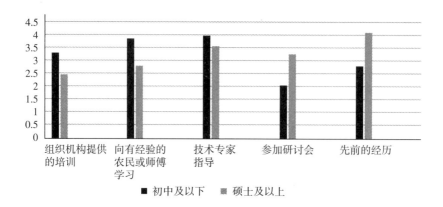

图 6-11　两大群体的新型职业农民学习策略有效性比较

第七章　新型职业农民职业化学习策略的自我建构

从新型职业农民职业化历程看，其发展的实现大多数是一个自我导向的过程。美国著名成人教育学家诺尔斯曾强调："对于广大成人学习者来说，自我导向学习是最自然的，也是最好的学习方式，凭借强大的学习意图、必要的知识和经验，能够帮助个体开发知识和技能，成为个体专业发展的基本方式，从而有效应对需求复杂和持续变化的外部环境。"① 虽然，在职业化进程中，新型职业农民针对不同的学习目标，运用了不同的学习策略，但大部分都是基于自我的需求而做出的主动选择过程，是一种自我导向的过程。

一、职业选择：有效地做好自我知识分析与储备

虽然，缺乏有效的证据证明职业选择对新型职业农民事业发展存在正相关。但是，无论是 6 个样本呈现的样态，还是抽样调查的结果，这些都表明，职业选择对于新型职业农民职业化进程中的学习具有一定的

---

① 欧阳忠明、任鑫、田丽君：《新型职业农民心理资本与自我导向学习的关系》，《现代远程教育研究》2016 年第 6 期。

影响。为此，新型职业农民在进入职业领域之前，应该做好自我知识分析，并知晓职业化进程知识储备的方向。

（一）全面做好自我知识的分析

康德曾经把自我知识分为两类："内部意识"的知识和通过"外部感观"的知识。他声称，前一类知识是我们了解自我感觉的知识，后一类知识则是我们思考和判断的知识。华丁克（Wordnik）曾经指出，自我知识能够帮助理解自我的本质、能力和局限，从而洞察自己[①]。一般说来，个体在实践发展过程中不是被动的实体，而是具有一定的自知之明的。自我知识是对"我能做什么"（技能）、"我的价值判断是什么"（价值观）、"我能期待什么"（目标）、"我的意愿和愿望是什么"（兴趣）以及"我的外部条件怎么样"（外部支持环境）诸如此类的问题的回应[②]。如果个体能够更好地了解自我，那么他就更能回答其对未来的期待，信任不安全感，并获得幸福感。瓦齐尔和威尔逊（Vazire & Wilson）曾经在一项研究中发现，更为完善的自我知识能够帮助个体进行有效的决策，决定了生活的质量和生活变化的问题，从而影响到未来的职业生涯[③]。为此，新型职业农民在选择某个职业领域之前，一定要对自我知识进行全面分析。首先，新型职业农民要对自我内部知识进行分析。内部知识自我分析是新型职业农民职业选择的基础，主要包括："是否喜欢从事该职业"（兴趣）、"是否有能力胜任该职业"（能力）、"做该职业有什么发展期望"（目标）、"存在哪些不足"（局限性）等。其次，新型职业农民要对自我外部知识进行梳理。外部知识自我分析是新型职业农民职业进入的支撑条件。例如，国家对该职业领域有什么样的政策；

---

① Wordnik：self-knowledge，2017-12-06，见 https://www.wordnik.com/words/self-knowledge.

② Cagla Gur，"Self-knowledge and Adolescence"，*Procedia-Social and Behavioral Sciences*，Vol.197，2015，pp.1716–1720.

③ Vazire，S.& Wilson,T.D.，*Handbook of Self-knowledge*，USA: Guildford Press，2012，p.4.

当地政府是否鼓励该职业领域的发展；当地是否符合该农业产品的种植或养殖；以及家人、朋友是否有相应的资源等。

（二）知晓知识储备的重点方向

全面做好自我知识分析的工作，就是帮助新型职业农民了解自我在未来职业发展过程中存在哪些优势和知识不足，知晓职业化过程中知识储备的重点内容，从而应对职业实践过程中的各类风险。哈贝马斯曾经指出，工具的活动按照技术规则来进行，而技术规则又以经验知识为基础。任何职业化的技能都是以某类知识为根基。新型职业农民在职业选择过程中，无论何种取向的职业选择，其在知识累积过程中都需要有重点关注的内容。正如前面个案研究分析所示，大部分新型职业农民所选择的职业领域往往基于知识易迁移的原则。这种选择能够让新型职业农民尽快地适应新职业所需的各类知识和技能，但是在职业发展期开始，就会面临诸多的问题。为此，基于知识易迁移的新型职业农民，应该提前做好市场营销、技术研发方面的知识储备，避免由于缺乏准备，而在事业发展中遭遇"当头一棒"。当然，也有部分新型职业农民在职业选择中没有遵循知识易迁移原则，如果是这种取向，那么其在开始种植或养殖产品之前，就要通过相关的策略，提前积累产品培育的相关知识，避免因为过早地进入实践而导致"久病成医"，这样无疑有利于减少职业发展过程中的相关损失。

二、职业初始期：多元化策略实现知识累积

能否成功地转型到一个新职业领域，宽厚的职业知识是其未来发展的根基。在职业初始期，新型职业农民往往以累积职业知识为目标，目的是帮助其在未来的职业实践中减少犯错的可能性。为此，新型职业农

民在职业初始期，应该通过多元化策略来实现知识的累积。

（一）跟师傅学习中获得职业知识

作为一种学习策略，学徒制一直是人类历史上开发职业能力的最常见途径。绝大多数职业初始都是随着个人在制度化教育规定之外积极而亲自介入的学习而出现的。为此，跟师傅学习应该成为新型职业农民获得职业知识的一种重要学习策略。当然，如果希望在跟师傅学习中取得一定的效果，新型职业农民需要做好几个工作。

1.合理地选择师傅

虽然，"跟师傅学习"是新型职业农民在知识积累的过程中一种常见的学习方式，但是，并不是每一个新型职业农民都能够有效地从师傅那里学到知识，这是因为，"师傅"的质量往往决定新型职业农民学习的效果。为此，在"跟师傅学习"前，新型职业农民应该首先要合理地选择师傅，即确定师傅的选择标准。结合访谈样本的数据，本书以为，"师傅"一般要符合如下几个标准：一是积累了丰富的某领域知识。埃里克森和西蒙（Ericsson & Simon）曾经指出，"专家"（师傅）能够在瞬间完成他们的认知过程，因为他们对程序性知识的编译和概念性知识的分块，能够使日常活动方式实现"自动化"[1]。一般说来，"师傅"应该在某个职业领域内积累了丰富的知识（当然，"师傅"的知识往往以实践知识为主），而且能够将知识结构化和系统化，具有一定的深度和广度。二是能对问题快速分类和解决。比利特描述了学徒和"师傅"之间的差别："在顾客走进美发沙龙的那一刻起，美发师就可以根据他们的外表和现有的发型，给顾客提供多样的美发建议"[2]。由于拥有长期积

---

[1] Ericsson,K.A.& Simon, H.A., *Protocol Analysis—Verbal Reports as Data*，MIT Press，Cambridge, MA, 1984, p.211.

[2] ［澳］史蒂芬·比利特：《工作场所学习：有效实践的策略》，欧阳忠明等译，江西人民出版社2017年版，第41页。

累的职业经验，这种知识广度和深度上的优势，使"师傅"完全可以根据解决方法对问题进行分类。这些经验可以帮助"师傅"在具体的职业实践中，选择最佳或合适的工作方法解决问题。三是具有分享的意愿。唐人元稹的《织妇词》描述道："东家头白双女儿，为解挑纹嫁不得。"从传统来看，"师傅"非常重视核心技术的保密，不太愿意分享相关的知识。为此，在选择"师傅"过程中，新型职业农民要提前了解目标对象的分享意愿，然后再做出相关决策。四是具有一定的创新意识。从传统的师徒制看，"师傅"往往拥有的是"按部就班"的知识，在创新性方面不足。在竞争日益激烈的现代化农业市场，如果仅仅拥有"按部就班"的知识，是不利于产品生产创新或技术更新的。为此，新型职业农民在选择"师傅"的过程中，应该把"创新意识"确立为一个选择标准，选择那些在实践中愿意不断创新的"师傅"。

2. 积极与"师傅"互动

在许多研究者看来，向"师傅"学习存在一定的争议，这个争议主要聚焦在"师傅"指导的质量，这是因为，如果"师傅"不愿意为新型职业农民提供相关的指导，那么，新型职业农民的学习质量往往遭到削弱。在实际学习过程中，新型职业农民与"师傅"之间的互动形式非常重要。为此，新型职业农民在向"师傅"学习的过程中，应该积极与师傅互动，主要体现在：一是加强情感互动。从中国传统的学徒制来看，学徒与"师傅"之间的纽带往往不是契约关系，而是基于某种情感维系。他们之间的关系往往是一种私人关系，也是一种社会关系。从过往历史看，师傅往往愿意把相关的知识技能传递给与自身感情较深的学徒。从研究的样本看，新型职业农民如果能够有效地与"师傅"进行情感互动，则能够得到师傅的认可。许多"师傅"愿意倾其所有，把所知和所会的知识传递给学徒，是希望学徒能够把"师傅"的技艺发扬光大，希望看到学徒努力学习的精神。为此，新型职业农民可以通过"刻苦的学习精神"拉近与"师傅"的距离。例如，聂菇王"从最苦的砍柴、做菌棒学起，天还没亮就进山挑选适合做灵芝培养基的上等椴木，起早贪黑"。大多数"师傅"都是农民出身，都是从长期的努力辛苦中获得一定成就。为此，如果新型职业农民在身份上与"师傅"靠近，也易于引发"师傅"的情感共鸣。例如，我就跟他说，我拿手给他看，我说我是吃苦的人，他看到我一双手确实是吃了苦的人，后来他就说，好，那我教你（张主任）。二是加强学习互动。章诒和在《伶人往事》中描述："中国传统表演艺术的传承，不是靠现代化、规范化、标准化的批量生产。它是古老作坊里师徒之间手把手、心对口、口对心的教习、传授、帮带和指点，属于个人化、个性化、个别化的教学方式，量小但质高。"①这种学习策略不能完全依赖于师傅，而是通过学徒与师傅、物质和社会环境相互依存而进行的学习。这种策略需要学徒确定需要学习的知识，了解知识如何获得，积极参与获取知识，以及监督参与和发展师徒之间的有效互动，才能取得一定学习质量。为此，新型职业农民在"跟师傅学习"的过程中，应该突破传统的"教导"模式，积极参与、理解和评估学习内容，从而获得相关知识的积累。

（二）在实地考察中拓展职业知识

虽然，"实地考察"被新型职业农民看作累积知识的一项重要策略，但是，从调查结果看，其"有效性"并不如"实用性"那么高。这是因为，大多数新型职业农民在"实地考察"中往往是"走马观花"。为此，新型职业农民要想通过"实地考察"来拓展职业知识，就要从下面两个方面完善：

1. 显性知识与隐性知识的获取

从理论上看，隐性知识往往比显性知识在日常职业实践中价值更

---

① 王晓易：《传统师徒制都长什么样？该如何迭代和变迁？》，2017 年 9 月 2 日，见 http://news.163.com/16/0907/16/C0CGJC9E00014SEH.html。

大。当然，这并不是意味着新型职业农民在"实地考察"中不需要显性知识。隐性知识像雾一样，弥漫在人的意识活动中，是人类知识各层次融会贯通、触类旁通的关键，而显性知识则像粒子一样，离散地存在于意识活动中。隐性知识和显性知识不仅互为前提，而且还在一定条件下互相转化。① 在一个特定的工作实践中，只有通过对问题本质的探索、对问题与其他问题间关系的处理及其相关注意事项等显性知识的深入了解，才会确保复杂的、难以看得见的隐性知识的获取。在诸多研究者看来，显性知识往往是以书面文字、图表和数学公式等方式所呈现的知识。例如，新型职业农民在实地考察中了解到的"榜样"的收入数据、产品类型介绍、种植模式、公司形象等诸如此类的知识。这些显性知识无疑在一定程度上能够拓展新型职业农民的视野。在柯林斯（Collins）看来，隐性知识往往是那些难以直观呈现的知识。假如缺乏隐性知识基础，那些显性知识将毫无意义②。之所以新型职业农民认为"实地考察"学习价值不大，是因为他们很少去挖掘他们所见所闻背后所蕴含的隐性知识。野中郁次郎认为，隐性知识是高度个人化的知识，具有难以规范化的特点，因此不易传递给他人；它深深地植根于行为本身和个体所处环境的约束，包括个体的思维模式、信仰观点和心智模式等。为此，新型职业农民在实地考察中，应该去深入了解"榜样"光鲜艳丽背后所呈现的知识，例如，"榜样"成就获得的原因是什么？"榜样"产品选择或营销模式的运用是基于什么考虑？"榜样"在职业实践发展中经常碰到什么问题，是如何克服的？诸如此类隐性知识的获取，才能映衬"榜样"现有显性知识的必然性。

2. 从模仿行为升华为建构行为

作为一种体验学习的方式，新型职业农民在"实地考察"中不仅仅

---

① 钟志贤：《建构主义学习理论与教学设计》，《电化教育研究》2006 年第 5 期。

② Collins, H., *Tacit and Explicit Knowledge*, Chicago：University of Chicago, 2010, p.31.

要获取相关的知识，更重要的是把知识转化为相应的行动。在这行为转化过程中，部分新型职业农民会一味地模仿，例如，产品品种模仿、种植模式模仿或营销策略模仿等。虽然，这种模仿学习能够较好地帮助新型职业农民顺利地度过职业初始期。然而，一味地模仿让新型职业农民在"实地考察"学习过程中获得的知识的价值削弱。史蒂芬·比利特（Stephen Billett）认为，个体在日常工作活动或与他人互动过程中的模仿学习是一种有效的学习方式，帮助个体在职业初始期积累相关的知识或技能，但如果仅仅桎梏于模仿行为，个体难以获得职业持续发展所需的相关能力。[①] 为此，新型职业农民如果要想持续开发自身的职业能力，为未来事业发展做准备，就需要从模仿行为升华为建构行为。

杜威认为，经验是主体与环境相互作用的结果，其中心思想是主体在有目的地选择对象的基础上进行主观"创造"，特别强调经验的能动性和发展性，认为经验是由现在伸向未来的过程，是对现有事物的一种改造[②]。简而言之，建构行为就是利用获得的知识和经验来生成新的行为的过程。新型职业农民在"实地考察"中怎么建构行为呢？首先，改善个人的心智模式。在许多新型职业农民的心智模式中，"实地考察"意味着知识简单地"传递"或机械地"复制"，例如，"他这个产品比较好，我回去也种这个"；"他的营销模式有意思，我也可以学一学"。然而，"世界上没有两片完全一样的树叶"，因此新型职业农民首先在心智模式上要改变，从"复制"思维向"建构"思维转变。其次，寻找差异性而非共性。在建构主义看来，"差异性"是诱发学习者意义制定的触发点。为此，新型职业农民在"实地考察"过程中，要多发现"榜样"的差异性，例如，他的产品质量怎么比我好？销售的效果为什么比我强？知识建构的动力只有来源于"差异性"，才能诱发

---

① Stephen Billett, "Mimesis: Learning Through Everyday Activities and Interactions at Work", *Human Resource Development Review*, Vol.13（4）, 2014, pp.462–482.

② 钟志贤：《建构主义学习理论与教学设计》，《电化教育研究》2006 年第 5 期。

新型职业农民"好奇、惊讶、困惑、不安、烦恼、失落等的情绪体验，存在认知不和谐及失衡感，对问题有深刻的切入点并且拥有自己的行为"①，从而诱发建构行为的产生。最后，把"差异性"转化为"建构行为"。面对着与"榜样"的各类差异，新型职业农民就能够有效建构自己的行为，例如，"我要根据自身资源培育一款有特色的产品"；"我的营销策略应该这样搞"等。

（三）在网络学习中挖掘职业知识

虽然，在新型职业农民看来，"网络学习"对他们的职业化过程效果不明显，但是，网络中所蕴藏的知识数量惊人，如果新型职业农民能够有效利用网络学习的方式，则无疑有利于其在网络中挖掘到"知识宝藏"。网络是信息时代知识与信息的资源库，蕴含着巨大的学习资源；网络学习的目的之一，就是开发、利用乃至再生网络中的学习资源②。为此，在网络信息技术发展日益加快的今天，新型职业农民应该有效地利用网络学习资源，从而有效挖掘相关的职业知识：

一是有效完善网络学习技能。诸多证据表明，利用信息通信技术所进行的各类学习优势明显，社会最终会有一个系统的、可行的方式将上述优势赋予新型职业农民。当然，这种赋予不是坐享其成，而是需要新型职业农民不断地完善自身的网络学习技能。从新型职业农民的来源看，传统农民和返乡务工农民是其中一个重要的组成部分。虽然，他们了解网络学习的价值，但是由于相关技能的缺失，或者网络信息获取意识的缺失，在某种程度上抑制了这类群体网络学习的积极性。为此，新型职业农民要有较强的网络信息获取意识；要有通过各种途径学会网络浏览与查询的技能，特别是能够浏览和查询与农业相关的信息或数据；

---

① 钟志贤：《建构主义学习理论与教学设计》，《电化教育研究》2006 年第 5 期。
② 王松涛：《论网络学习》，《教育研究》2000 年第 3 期。

同时，要有能够利用互联网进行信息发布与互动参与的技能（例如，应用诸多聊天工具、专业平台）。

二是构建虚拟学习小组。伴随着信息通信技术的普及，学习者开始融入一种建构、提升、学习与分享的氛围中，这使得学习成为一种生产和参与，而不再是消费和吸收①。这也就意味着信息通信技术在无形之中为新型职业农民建构了一个强大的虚拟学习网络。这种虚拟学习网络需要新型职业农民积极参与，即利用网络的便捷去快速构建基于自身需求的虚拟学习小组。根据自身职业发展的需要，虚拟学习小组成员包括兴趣相近、工种相近的新型职业农民、专家、销售人员等，从而形成一个虚拟的互动小组。通过各类网络技术的运用，摆脱网络学习中由于缺乏互动而引发的相关问题。

三是合理地识别知识的有效性。如果要问，当今什么地方储存的知识最多？估计有部分人会毫不犹豫地指向网络。然而，有时候知识的过度往往容易造成困惑和迷茫，知识过度引发的信息噪音容易使新型职业农民在学习过程中迷失方向。为此，新型职业农民在面临诸多网络知识的过程中，需要学会去伪存真。"在这个信息过载的时代，内容本身将不具有多少直接的价值，和以往获得的知识、拥有知识相比，处理知识、理解知识、应用知识和创造知识变得更为重要"②。为此，新型职业农民在网络学习知识的过程中不仅要学会获得知识，更重要的是学会处理知识，即"那些知识能够为我所用"，去伪存真，而不是盲目地全盘接受。在许多学者看来，知识并不是客观唯一的，而是主观世界与客观世界在互动过程中协商的成果。为此，知识的有效性需要新型职业农民在实践情境中验证，适当地筛选知识。例如，新型职

---

① 欧阳忠明等：《全球成人学习与教育发展：趋势、矛盾与思考——基于〈全球成人学习与教育报告〉（GRALE Ⅰ—Ⅲ）的解析》，《远程教育杂志》2017 年第 4 期。
② 张举范、孟小菁、彭智慧：《MOOC 的核心理念、价值及实践反思——基于网络学习的视角》，《江苏开放大学学报》2014 年第 6 期。

业农民要去了解知识提供者的背景是什么；知识提供的时间是什么时候；知识针对的是什么产品；知识是否经过科学合理地论证；别人对该知识有什么评价等。只有系统地评估知识的有效性，才能将"知识"转化为"生产力"。

（四）在专业书籍中弥补职业知识

奥克肖特曾经对"技术知识"和"实践知识"做出了清晰的界定。"技术知识"往往是能够被载体进行书写的，大多数以专业书籍的形式出现；而经验知识往往只能够在实践中表达，并在实践中学习相关经验，往往储存在个体大脑中①。两种知识各有特色，也各有千秋，不能说孰优孰劣，而是一种互补形式的存在。相对于"跟师傅学习"和"实地考察"的经验知识学习，"网络学习"和"专业书籍学习"则是一种技术性、学科性知识的学习，能够有效弥补前面的缺憾。那么，新型职业农民在专业书籍中学习什么知识？从专业书籍所蕴含的知识架构看，它往往包含三类技术知识：（1）基于学科的概念和理论，往往属于一致性和系统性知识；（2）专业行动的应用领域的实践和原则概括；（3）关于某些特殊案例、决定和行动的具体解决措施②。为此，新型职业农民在向专业书籍取经的过程中，应该猎取上述相关的知识。以苹果种植为例，第一，新型职业农民在阅读专业书籍过程中，可以从书本中获取苹果种类、土壤和环境等基本概念或相关的理论；第二，了解相关种植或问题解决的基本原则，例如，苹果建园的原则——"合理密植，科学定植"，它对施肥、株行距和时间都有详细规定；第三，还可以从书本上涉猎到特殊问题的解决方案，例如，"如何在不大量施肥和打农药的情况下，保持苹果美观度"（刘记者），部分相关的专业书籍已经给出了解

---

① Oakeshott M., *Rationalism in Politics*: *And Other Essays*，London，Methuen，1962，p.63.

② Michael Eraut，*Developing Professional Knowledgeand Competence*，London: Taylor & Francis Inc，1994，p.5.

决方案。相对于经验知识的碎片化，"专业书籍"所提供的"技术知识"则相对系统化，能够弥补相关的差距。

虽然，"专业书籍"具有自身的优势，但是其也存在晦涩难懂、花费时间长以及有效性的问题。为此，新型职业农民从专业书籍中获得相关知识，还需要从以下几个方面做足功课：一是合理选择。由于部分新型职业农民的文化水平层次不高，对书本的知识理解较为困难。这就要求其在专业书籍挑选方面做足功课，可以挑选文字通俗易懂、图文并茂的书籍。以苹果种植为例，现在网络上提供了大量的专业书籍，有些书籍确实比较晦涩，而有些书籍则通俗易懂，例如，《苹果高效栽培》介绍了当前苹果栽培的主要优良品种，矮化、乔化苹果苗木繁育，果园的建立，肥料选择与施肥技术，幼树快速丰产技术，以及盛果期苹果周年管理技术，融入了我国最近几年制定的一些标准、规程，文字表述通俗易懂，图文并茂，技术先进，科学实用。学习者对该书给予的好评度比较高，那么新型职业农民就可以选择购买并阅读。二是融会贯通。正如前面所述，技术知识和实践知识虽然表达形式不一样，但有时候往往是互通的。如果新型职业农民在阅读过程中碰到难以理解的问题，可以结合相关的经验知识进行理解。例如，当新型职业农民在阅读专业书籍看到"保墒"的时候，可以联想到师傅经验知识"水分保持"，则能够瞬间理解相关术语。三是学以致用。迈克尔·艾劳特（Eraut）认为，概括和实用原则因为在实际应用中的关联性很少而遭到质疑，但实际上，它们的有效性往往需要学习者去思考和实践①。这就意味着，新型职业农民在专业书籍中学到的知识有效性并不总是可靠的，需要在实践中得到检验。为此，新型职业农民在专业书籍阅读过程中，需要把相关知识及时运用到实践，通过实践来论证知识的有效性。

---

① Michael Eraut., *Developing Professional Knowledgeand Competence*, London: Taylor & Francis Inc,1994, p.5.

三、职业成长期：在问题解决中实现知识顺应

在诸多职业心理学研究者看来，相对于较为风平浪静的职业初始期，个体在职业成长期则是"荆棘密布"，在实践中面临着诸多问题。作为林德曼的成人学习者的核心假设之一，"成人学习以生活中心为导向"，意味着任何成人的学习以应对生活需要为目标。正如前面的发现，新型职业农民在职业成长期以问题解决为主要学习目标，从而帮助知识实现顺应。在该过程中，新型职业农民应该有效使用如下学习策略，帮助其顺利度过职业成长期。

（一）专家指导——指点迷津

当我们试图实践新东西的时候，通常会利用现有的知识和工具，去缩小已知和未知之间的差距。刚开始从事新任务的时候，所有的变量都是未知的。所以，个体一般会利用外部资源来更全面地了解任务，并且试图缩小已知和未知之间的差距。在诸多外部资源中，"专家"就成了新型职业农民"指点迷津"的一个重要手段。虽然，个案分析和数据调查的结果都显示了"专家"的价值，但是，"专家"并不是万能的，还需要新型职业农民有效利用。

一是基于问题来选择专家。斯腾伯格在对专家和新手资料进行因素分析后发现，专家根据问题解决时的规则和原理来解决问题，而新手无法有效地利用这些规则，对问题的知觉也多停留在表层结构，实际上新手和专家在面临相同的问题情境时采集信息的方式具有明显差异。[①] 可以说，专家在解决问题上更胜一筹。然而，新型职业农民在

---

① 宋磊：《专家技能的养成研究——从新手到专家》，博士学位论文，华东师范大学教育科学学院，2009 年，第 17 页。

成长过程中具有诸多特定要求的职业实践。工作实践的不同导致知识存在差别,即使开展同样的职业实践,不同工作情境的专业知识的概念化理解也是不同的。因此,专业知识的情境维度,往往超越了认知心理学提供的用来指导社会和文化情境中思考、行动和表现方面的见解。为此,专家也不是万能的。比利特(Billett)曾经做过一项煤炭开采研究,员工们认为,附近职业学院的教师缺乏合适的专业知识,并不真实了解煤矿工作的具体流程。因此,矿工们认为这些老师不能提供煤矿开采方面的指导①。为此,新型职业农民合理地选择指导专家就非常重要了。如何选择指导专家,就要依据问题所依托的知识情境。当新型职业农民碰到的是产品培育的一般问题(例如,病虫、天气灾害等),则可以邀请当地农技站的科技人员;如果碰到的是产品培育技术改良问题,则可以邀请农科院的科研人员或高校从事相关产品培育的研究者;如果碰到的是日常管理问题,则可以向企业管理人员或长期从事相关研究的学者请教;如果碰到的是市场营销问题,则可以请教从事同类产品销售的企业营销人员。总之,新型职业农民应该根据相应的问题,选择不同的指导专家,从而得到切实的指导。

二是基于问题的有效互动。通过跟专家协作解决问题,会使知识变得更易于理解,也更容易被个体学会。高质量的问题解决,大多数都是通过专家与新型职业农民之间有效互动引发的思考和行动来实现的,而不是通过新型职业农民作为被动的知识接受者来进行简单的知识迁移而引起的。哈里斯(Harris)等指出,与更有经验的专家直接互动,可以指导学习者选择工作任务的方法以及监督任务使之成功完成。这些互动包括告知、解释以及明确指出工作中发生的各类

---

① [澳] 史蒂芬·比利特:《工作场所学习:有效实践的策略》,欧阳忠明等译,江西人民出版社2017年版,第74页。

状况①。为此，新型职业农民在"专家指导"的过程中，不能一味地充当看客，要学会用相关的策略来实现互动。例如，首先，"详细地描述产品病虫的症状"（告知问题的基本情况）；其次，"我认为这个是最近天气热导致的"（解释出现的原因）；最后，"我想把这个大棚撤掉，但是效果不大"（指出工作中发生的状况）。虽然，专家在某些领域具有丰富的知识，但是面对有些问题时，他需要与新型职业农民进行互助。这种共享或互助式学习蕴藏在维果斯基的个体间互动理念当中（心理互涉过程），个体间互动是个体学习（内在心理结果）的基础。通过一系列主动参与，能够更快地帮助专家对问题进行诊断，并提出针对性的有效措施。同时，专家在参与问题解决的指导过程中，能够有效检验其所探索知识的有效性，这在某种程度上实现了双赢的局面。

（二）职业培训——破解困惑

学习者是否拥有问题意识是产生意义建构的关键。知识建构的动力来源于"知"与"不知"之间的矛盾，意义的建构活动是由问题所激发②。从当前我国新型职业农民的培训看，虽然搞得轰轰烈烈，但是效果一直遭人诟病。之所以存在这样的问题，与自上而下的职业培训的模式有关。这种模式往往忽视了新型职业农民现实需求——破解困惑。为此，面对越来越多培训，新型职业农民应该以"破解困惑"为导向，选择性地参加相关培训课程。

一是带着问题参加培训。相较于儿童和青年的学术科目导向的学习（至少在学校），成人往往是生活导向（任务导向或问题导向）的学习。

---

① Harris，L.& Volet，S.，"Developing Workplace Learning Cultures"，*the Proceedings of Learning and Work：The Challenges—4th Annual International Conference on Post-Compulsory Education and Training*，Vol.2，1996，pp.83-94.

② 钟志贤：《建构主义学习理论与教学设计》，《电化教育研究》2006年第5期。

成人之所以在学习上产生动力，在某种程度上，是因为他们认为学习能够帮助他们在生活中处理相关的任务或问题[1]。从样本所呈现的观点来看，新型职业农民希望在职业成长期参加相关的培训，目的是帮助他们解决日常实践中碰到的相关问题。面对诸多职业培训，新型职业农民如果都参加，无疑是不现实的，这将浪费他们大量的时间。为此，新型职业农民参加培训应该遵循"问题"意识，即参加的培训在某种程度上有利于解决其职业实践中难以解决的问题。诺尔斯、塔夫和豪尔（Knowles、Tough & Hower）所开发的成人教育学设计模型主要包括选择问题领域、选择合适的学习方式等。在该模型中，他们强调，能否识别问题将是选择合适的学习方式的前提。为此，学习者应该积极通过自我诊断程序来识别问题领域。可以说，新型职业农民在日常实践过程中会碰到诸多问题，但不是所有的问题都能通过职业培训解决。为此，在参与培训之前，新型职业农民应该学会有效地对问题进行自我诊断，例如，"我在实践中碰到了什么问题？""什么样的原因导致了这些问题？""这些问题我能解决吗？""如果不能，我用什么样的方式解决？""职业培训是否合适？""如果合适，我需要得到哪些方面的帮助？"等。通过对问题的自我诊断，如果确定参加职业培训，那么去之前，新型职业农民应该把相关问题罗列成一张清单，力争在培训课堂上解决。

二是在班级互动中寻求困惑破解的办法。格申·费德（Gershon Feder）等在对印度农场主的研究中发现，他们之所以热衷于参与培训，包含了三个目的：第一，实现知识的扩散和迁移；第二，寻找问题解决

---

[1] Malcolm S. Knowles, Elwood F. Holton III, Richard A. Swanson, *The Adult Learner：The Definitive Classic in Adult Education and Human Resource Development*, San Diego：Elsevier, 2005, p.89.

的办法；第三，建立关系圈①。研究者指出，相对于知识的扩散和迁移，通过培训方式所建立的关系圈有利于加强农场主之间的互动。虽然，新型职业农民带着问题去参加职业培训，但并不总会从培训老师那里"如愿以偿"。此时，新型职业农民应该利用培训班学员的知识资源，寻求困惑破解的办法。虽然，参加职业培训的新型职业农民有可能来自不同的行业，实践经历存在诸多差异，处于不同的发展阶段，但是他们在实践中积累了丰富的知识，遇到过形形色色的问题。为此，格申·费德等强调，如果要想让职业培训更加有效，就应该把学员作为一种有效的培训资源，通过相关的方式鼓励培训学员尽情地分享相关知识，鼓励学员根据相关的问题进行讨论②。然而，许多新型职业农民在参加职业培训的过程中，往往局限于传统的课堂模式——"老师讲，学生听"，而忽视了与学员之间的互动。为此，新型职业农民在参与培训过程中，既要积极地从培训老师那里汲取知识，也要主动地把自己日常实践中碰到的问题分享出来，通过学员的共同讨论，集思广益，从而在班级互动中寻找破解困惑的办法。

（三）自我反思——排除荆棘

无论是从个案分析，还是从问卷调查的情况看，自我反思都是新型职业农民最热衷、最有效的学习方式。特别是在成人学习领域，反思就是学习过程的核心，特别是关系到个人发展的学习。反思能够帮助实践

① Gershon Feder, Rinku Murgai, and Jaime B. Quizon, "The Acquisition and Diffusion of Knowledge:The Case of Pest Management Training in Farmer Field Schools, Indonesia", *Journal of Agricultural Economics*, Vol.55, No.2, 2004, pp.221-243.

② Gershon Feder, Rinku Murgai, and Jaime B. Quizon, "The Acquisition and Diffusion of Knowledge：The Case of Pest Management Training in Farmer Field Schools, Indonesia", *Journal of Agricultural Economics*, Vol.55, No.2, 2004, pp.221-243.

者持续地理解职业实践，以及开发问题解决的能力①。坎利夫（Cunliffe）认为，如果反思者能够更好地利用外部资源促进反思，并把反思的结果转为实际行动，那么这种反思行为将更有效②。

一是注重反思中的积极倾听。虽然，新型职业农民善于在问题解决中自我反思。然而，在反思的过程中，部分新型职业农民往往容易犯自我防卫的错误，即反思过程中不善于积极倾听他人的心声。通过积极倾听，新型职业农民可以从他人的言语信息中获得相关的信息和内容。约瑟夫（Joseph）曾经提出了著名的 JO-Hari 窗模型（见图 7-1），该模型认为，任何人都有自己的盲点（Blind Spot）——"他知，我不知"，即个人的举止和行为能够被他人所观测到而自我并不知晓。例如，针对某一个问题，自我认为这样做会成功，并不觉得会"一直走到黑"，然而，他人却看到了相关的问题。JO-Hari 窗的存在，意味着个体在反思过程中，不仅要深深地自省，更要打破内心的"窗户"，接受外部的"阳光"。坎利夫（Cunliffe）指出，"反思"包含了主体间性、关系性所引发的各类主要问题，例如，在反思我们的行为世界时，要考虑"我们"而不是"我"

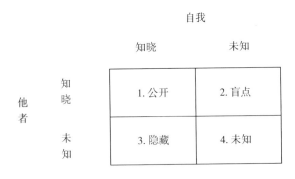

图 7-1　JO-Hari 窗 ①

---

① Loughran, J. J., " Effective Reflective Practice: In Search of Meaning in Learning about Teaching", *Journal of Teacher Education*, Vol.53, 2002, pp.33–43.

② Cunliffe, A. L., "On Becoming a Critically Reflexive Practitioner", *Journal of Management Education*, Vol.28, 2004, pp.407–426.

的关系；要认识到他人经验的独特性；善待和尊重他人的意见；将他人的意见视为不可替代，而不是一带而过①。坎利夫的观点，意味着新型职业农民在反思的过程中应该吸收他人的观点、经验等。这种积极倾听包括从不同群体当中获取相关的意见，例如，针对某个产品改良需要解决的问题，可以向师傅请教相关的意见，可以向同行咨询，也可请专家出谋策划；这种积极倾听也包括观点各异的内容，甚至有可能是观点的对立；这种积极倾听包括多元化的方式（例如：登门拜访、电话咨询、网络询问等）。当然，无论是何种观点和意见，它们的存在价值是辅助性的，目的是避免新型职业农民在自我反思过程中的盲目性，帮助其有效地厘清问题解决的思路，缩短自我反思的进程，提高问题解决的速度。当然，外部意见和内部反思不能颠倒秩序，要以自我反思为主。

二是做到思行合一。在舍恩看来，反思与行动是互补的关系。反思为行动提供了发展方向，行动则能够验证反思的有效性。新型职业农民通过内部反思与外部建议的结合，积极进行反思，其目的就是验证反思的结果——理念、观点和意见等的有效性。"反思性实践是把关注学习和行为变化的思想和行动整合起来的一种方式……为了使对个体行为的理解和感悟达到一个更高的水平，反思性实践者扮演了一个双面人的角色。一方面，他是台上戏中的演员，另一方面他又是坐在台下观众席上观看和分析整场戏的评论者"③。为此，新型职业农民既要在行动中反思，更要在反思中改进相关的行动。基于反思的学习过程，新型职业农民通过寻找新的可能解决方案，利用与当前问题领域相类似的元素，对当前问题进行思考和分析，并找到如何继续前进的办法，从而使得"知

---

① Cunliffe, A. L., "On Becoming a Critically Reflexive Practitioner", *Journal of Management Education*, Vol.28, 2004, pp.407–426.

② Joseph Luft, *Group Processes : An Introduction to Group Dynamics*, Third Edition, The McGraw-Hill Companies, 1984, p.47.

③ 卢真金：《反思性实践是教师专业发展的重要举措》，《比较教育研究》2001 年第 5 期。

识情境化"。如图 7-2 所示，这是张主任的反思性学习的一个"思行合一"的过程。在该过程中，她首先对相关内容和过程进行了一个反思，通过反思，进行了相关行为的改进，从而帮助她解决了有机水稻种植技术的相关问题。

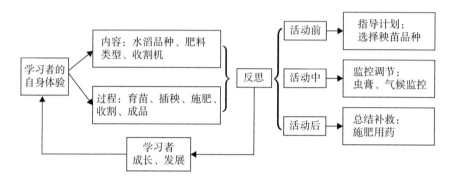

图 7-2　张主任的反思性学习过程

四、职业发展期：在互动学习中实现知识创新

从新型职业农民成长历程看，职业发展期可以看作职业化成功的核心阶段，也是衡量新型职业农民成功与否的重要标准。在该时期，新型职业农民需要面对竞争激烈的市场、日益繁重的管理任务和形势巨变的风险等。从职业成长期到职业发展期，个人的事业具有更广阔的蓝图，同时，新型职业农民也需要在如下三个方面实现转型：（1）规则、治理和责任；（2）网络化工作结构；（3）知识发展与创造[1]。塔拉·芬威克（Tara Fenwick，2013）指出，该阶段的实践充满了复杂性和多样性，如果学习者仅仅依赖于自我反思或外部指导的方式，将使自己陷入困境。

---

① Tara Fenwick，"Understanding Transitions in Professional Practice and Learning: Towards New Questions Forresearch"，*Journal of Workplace Learning*，Vol.25 Issue: 6, 2013, pp.352–367.

唯有加强与他人的互动，基于协商式学习，才能帮助学习者实现知识创造，从而实现转型①。

（一）在合作交流中进行协作学习

在诸多研究者看来，合作学习往往是知识创新的一种重要方式。在查尔德（Child，1984）看来，合作中实现知识创新由如下几个因素决定：知识本身的迁移能力、合作成员对新知识的接受能力、合作成员对新知识的理解与吸收能力、合作成员的经验总结能力。为此，新型职业农民在合作中进行协作式学习，需要发挥自我和合作成员的力量，实现知识彼此之间的良性互动。

一是摒弃身份的差距。身份（identity）是当代社会学的重要概念，源于涂尔干的"集体良知"（Collective Conscience）和滕尼斯"礼俗社会"（Gemeinschaft）等，是指在人类社会群体中，个体之间的彼此认同。身份理论关注于人的社会构造、主体文化的解读以及成员标记的创建和使用（例如：成人礼和社会类别）。在我们的社会中，绝大多数成人所表现出来的特征是，他们的"成人期"在心理上是与一个相对坚实和稳定的身份认同相联系的，这种身份认同通常嵌入在教育和工作岗位、家庭关系之中，也许还嵌入在诸如政治或宗教信条之中。② 在与他人合作学习过程中，新型职业农民对自身身份的形成往往存在两种取向：一方面是认同，包括一致、和谐、认可等，它为自我认同的建构提供经验和物质；另一方面是质疑，包括冲突、怀疑、斗争等，这种心理斗争往往容易引发相关的身份防御，例如，"我能力不行，专家就是专家，水平

---

① Tara Fenwick，"Understanding Transitions in Professional Practice and Learning: Towards New Questions Forresearch"，*Journal of Workplace Learning*，Vol.25 Issue: 6，2013，pp.352–367

② [丹] 克努兹·伊列雷斯：《我们如何学习：全视角学习理论》，孙玫璐译，教育科学出版社 2014 年版，第 223 页。

还是不一样"。这种身份防御在某种程度上会影响那些旨在与他人积极互动、协作的学习。为此，新型职业农民在与他人合作的过程中，需要摒弃身份差距的自我暗示。这种自我暗示要求新型职业农民发现自我的优点，例如，"他们虽然是专家，但是我也做了这么久，我也有他们不知道的东西"，"理论上他们是专家，实践上我比他们强"。通过有效的自我暗示，新型职业农民在合作过程中能够建立一定的心理优势，积极主动地分享长期实践中的经验和物质，从而为合作者提供相关的知识。

二是实现共同的参与。埃蒂纳·温格（Wenger）指出，任何协作式的学习需要双方的共同参与。其描述的参与是指共同体成员积极参与分享生活世界中的社会经验。因而，参与是个人的，也是社会的，它是一个复杂的融合行动、讨论、思考、感知以及归属的过程，涉及我们整个人，包括我们的身体、心灵、情感以及社会关系①。参与是一个协作活动的必要过程，其特点是相互承认对方的可能性。参与者们塑造彼此的意义经验，与此同时，也在彼此了解。通过相互参与，我们成为彼此的一部分。在这种双方参与的过程中，成员必须探寻一个共同协作的方法，甚至与他们的分歧一起生活，并且协调他们各自的目标。基于有意义的接受式学习，由有经验的人员提供直接帮助和支持（指导）则会成为学习的一种重要基础，因此，学习者在构建学习经验和防范不当结果时，与更有经验的人相互合作是十分必要的，由此就产生了合作的契机。通过合作学习，新型职业农民和合作成员之间不同类型的知识能够实现共享、迁移，并产生新知识②。因此，这种"合作关系"不仅要重视新型职业农民的积极主动性，也要发挥相关合作人员的功能。共同参与更要重视新型职业农民和合作人员"共同发现事实"的双向互动。为

① Etienne Wenger, *Communities of Practice Learning, Meaning, and Identity*, New York: Cambridge University Press, 1998, p.5.
② Grant. R. M., "Toward to a Knowledge-Based Theory of the Firm", *Strategic Management Journal*, Vol.17, 1996, pp.109–122.

此，在合作过程中，新型职业农民应该正确认识彼此的地位：自身不是主导身份，合作人员也不是辅助身份，二者是平等的合作关系。二者在协作式学习中处于共同主导地位，这样在交流中实现平等，从而有利于实现知识在彼此之间有效的流动。

（二）在"圈子"交流中实现知识共享

许多与工作任务有关的知识蕴藏在非正式的、他人对问题解决的叙事性描述中。人际的沟通和协作是获得这些知识的方法，而在获得知识的同时，每个组织成员也建构了自己在组织中的社会身份①。伴随着新型职业农民职业化进程的深入，参与的社会活动增多，从而积累越来越多的人脉圈子。这种圈子有时候会给新型职业农民的发展提供相关的思想、行动实践等等。诸如此类的知识能够引发新型职业农民的灵感和思考，从而内化为新知识。为此，利用圈子交流，实现知识共享，新型职业农民可以从以下几点完善：

一是有效搭建知识分享的媒介。知识分享的主体、知识分享的客体、知识分享的媒介和知识分享的环境都对知识分享行为产生一定的作用，然而他们对知识分享的作用机理又不完全相同②。知识分享的媒介虽无法激发个体进行知识分享的动机，但是良好的知识分享媒介则可以促进有效的知识分享，所以它是知识分享的必要条件，是知识分享的支撑机制。从新型职业农民职业化进程看，"微信群"成为他们进行知识分享的重要媒介。卡伊（Kaj）将知识分享渠道分为五种类型：面对面的接触与交流、电话交流、私人书面材料、正式书面材料、正式数据

---

① Etienne Wenger, *Communities of Practice Learning, Meaning, and Identity*, New York: Cambridge University Press, 1998, p.54.

② 汪轶、徐青、孟丽君、王凯：《组织成员中知识分享影响因素研究评述》，《西安电子科技大学学报（社会科学版）》2008年第4期。

材料①。不同的知识分享媒介对知识的传递能力不同，进而会对知识分享产生影响。因此，新型职业农民之间的知识分享要根据不同知识的特性选择合适的知识分享形式，充分发挥面对面对话、研讨会和座谈会、培训班集体、电话交流、网络沟通、书面材料等方式的优势，以多样化的知识分享方式和途径提高知识分享的有效性。

二是基于需求的知识分享。哥拉斯博士的选择理论指出，我们是被内在动力所推动的，是被我们的各种需要所驱使的。这些需要如同我们的胳膊和腿之于我们的生动性结构一样，也建立于我们的生物性结构之上。根据不同的需求成人将会有选择性地进行某种学习，这种学习往往是他们认为值得学，并且值得付诸努力的。为此，知识分享的发生往往取决于个体在生活中所面临的相关问题。这种问题是否符合分享者的"需求"，将直接影响到他们所分享的知识的内容、方式以及态度。从访谈的样本看，部分"圈子"中的成员知识分享意愿并不是那么积极，这是因为分享的"话题"激发不了成员的兴趣或意愿。为此，如果想激发圈子成员分享知识的积极性，新型职业农民就需要寻找"共域"问题——即大家共同面临的问题，而且也是急需解决的问题。在抛出"共域"问题之后，"圈子"成员会在媒介上（例如：微信圈、QQ群或研讨会）发布相关的观点和看法。这时，新型职业农民需要适当地引导，把自己在职业实践中碰到的相关"问题"引出来，鼓励圈子成员分享相关的观点。个人在倾听的过程中，适当地进行发言，积极地做好相关记录，对相关的观点和意见进行汇总，进而转化为自己所需的知识。

---

① 转引自周密、姚芳、姚小涛：《员工知识共享、知识共享意愿与信任基础》，《软科学》2006年第3期。

第八章　新型职业农民职业化学习的
社会支持体系构建

　　虽然，新型职业农民职业化进程中的学习往往以自我导向为主，但是，在这个自我导向的过程中，他们的学习往往得到了外部资源的支持。这是因为，成人学习往往是一种情境型学习。正如梅里安和凯夫瑞拉（Merrian & Kefreira）的观点，成人的学习不是发生在真空中的，而是与外部情境保持密切联系的。为此，如果新型职业农民希望通过学习顺利地推动职业化进程，就需要获得外部学习支持体系的帮助。有时候，这种帮助对于新型职业农民来说是至关重要的。

一、塑造"师傅榜样"，让更多的人愿意成为师傅

　　伴随着市场经济的发展，传统的"师徒制"学习方式慢慢消失在公众眼前。但是，作为历经几千年的一种典型的技艺传承方式，"师徒制"能够帮助新手顺利地储备相关的知识和技艺。即使在当今，"跟师傅学习"依然是一种较为流行的方式，新型职业农民的实证调查就表明了这一点。当然，新型职业农民可以通过自己的努力寻找相关的"师傅"，然而，这种"师傅"的适切性和意愿性是未知的。因此，为了帮助新型职业农民更好地获得"师傅"的指导，相关部门（例如：当地农业局）

227

寻找并塑造"师傅榜样"就具有一定的必要性，通过激励措施的制定和实施，促使更多人的愿意成为师傅。当然，这种"师傅榜样"的塑造并不是随意的，而需要一个规范的流程（见图 8-1）。

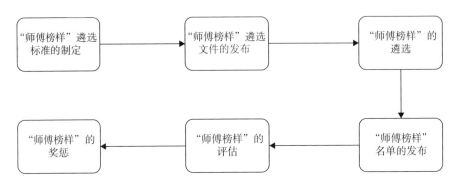

图 8-1 "师傅榜样"塑造的流程

　　一是"师傅榜样"遴选标准的制定。自古以来，"名师出高徒"。在某种程度上师傅的能力影响着学徒的水平。只有"师傅"在自己擅长的领域具有某种特殊的能力和水平，能够对学徒进行有效的指导，才能帮助学徒进行知识技能的累积。为此，塑造"师傅榜样"，首先就需要确定"师傅榜样"遴选的标准，这意味着"师傅榜样"需要具备某种门槛。这种标准的制定可以邀请相关领域的专家、长期从事该职业的实践者等相关人士共同讨论和制定。正如前面所述，首先，"师傅"应该是在某一职业领域(这里主要是大农业范围）内积累了丰富的专业知识的人士。这种专业知识是"师傅榜样"的基础条件。其次，"师傅"要能够对该职业领域存在的问题进行快速地分类并提出有效解决措施。最后，"师傅"要能够且愿意指导学徒，能够在实际中做到因材施教。这些标准应该进行细化且内容更丰富。

　　二是"师傅榜样"遴选文件的发布。在相关标准制定后，当地农业局可以下发"师傅"遴选文件到各个乡镇和农村。在遴选文件中，需要着重强调激励措施，即在文件中，详细明确地说明"师傅榜样"的遴选是与奖励措施相结合的。例如，"师傅榜样"等诸如此类的证书、指导学徒的费用、候选人所从事职业的财政补贴等。只有切实感受到相关的激励，那些从事农业行业、具有丰富经验的人才愿意主动参与"师傅榜样"的遴选。

三是"师傅榜样"的遴选。通过收集相关候选人的信息表，地方农业局确定面试的时间和地点，对候选人进行面试。面试主要围绕三大方面：其一是职业领域的专业知识，例如：某农业产品的种植过程；其二是职业面临的问题的解决措施，例如：天气变化导致某农产品受到损害，该如何解决？其三是针对不同的学徒，该如何有效指导。当然，还可以围绕产业发展的现状、产品或技术创新等提出相关的问题，综合考核候选人知识、技能和态度等方面的素质。

四是"师傅榜样"名单的发布。在经过对候选人的综合面试后，最终确定每个农业行业领域"师傅榜样"的名单。同时，利用相关的渠道，把"师傅榜样"的名单下发到各个地方。例如，把名单挂在农业局的官方网站上；通过地方电视媒介宣传"师傅"名单；通过乡镇农技站等部门把名单下发到各个村落。这些名单应该包含如下信息：行业领域、从事行业时间、行业规模、地址以及相关联系方式。通过名单的发布，有利于实现信息的对称，为那些有志于从事农业领域，但缺乏相关资源的个体提供信息服务。

五是"师傅榜样"的评估。塑造"师傅榜样"的目的，就是希望能够为更多有志于从事农业职业的个体提供模仿学习的机会。为此，"师傅榜样"的评估主要有两个目的：其一是能够了解"师傅榜样"是否发挥了指导学习的功能，也就是是否达到了塑造"师傅榜样"的初衷；其二是通过评估，能够有效地对"师傅榜样"进行相应的激励。"师傅榜样"评估的主要内容就是其指导学徒的总人数，以及指导质量的高低。"师傅榜样"评估的主要方法就是对学徒进行问卷调查和访谈。

六是"师傅榜样"的奖惩。通过相关的评估，把评估结果运用到实际中去，能够科学兑现"师傅榜样"的奖惩措施，从而激励他们更加愿意参与到指导学徒的学习中去。当然，如果"师傅榜样"没有有效兑现相关的文件标准，则取消其"师傅榜样"的称号及相关的优惠措施。

二、培育"示范基地"，建立行业发展的学习标杆

在班杜拉看来，驱动力是推动学习的强力刺激。任何刺激都可以成为学习的驱动力，只要它足够强大。虽然，新型职业农民比较热衷于"实地考察"来获得学习的机会，但实际学习效果并不明显。之所以出现这种矛盾的现象，一方面是考察者本身的原因，另一方面就是考察的"驱动力"不够强大。为此，通过培育"示范基地"，树立行业发展的学习标杆，使其成为一种强大的"驱动力"，有利于新型职业农民在"实地考察"中获得更多的学习机会，实现知识的有效迁移。

一是基于适应区域产业的示范基地规划。自 2011 年起，原农业部开始启动国家农业产业化示范基地创建工作，在比较各地推荐和征求省级人民政府同意的基础上，认定了第一批国家农业产业化示范基地，这昭示着我国农业产业化发展进入了创建农业产业化示范基地的新纪元①。然而，从我国农业发展的区域分布来看，全国各地农业产业之间存在较大的差异，省与省之间、市与市之间以及县与县之间的农业产业结构都存在较大的差异，所以，各地建立农业示范基地，不能搞"一刀切"，而是应该根据不同区域产业的特色，来培育农业示范基地。因此，要培育农业示范基地，为当地新型职业农民提供学习考察的机会，首先应该有效地进行规划，即"培育什么样的农业示范基地"。为此，

---

① 杨昀、郭建鸾：《农业产业化示范基地科技支撑效应与模式研究》，《科学管理研究》2015 年第 4 期。

当地农业局应该对区域农业发展的状况进行统计和梳理，了解区域农业产业的主流和特色产业，并邀请相关的专家进行科学论证，从而确立当地农业示范基地的方向。例如，陕西省淳化县主要以苹果产业为主，那么其应该成为该县农业示范基地培育的重要方向；江西省婺源县主要以茶叶产业为主，那么茶叶示范基地应该是当地培育的一个重点。

二是基于培育功能互补的基地类型设置。《"十三五"全国新型职业农民培育发展规划》指出："加强基地建设，遴选建设一批全国新型职业农民培育示范基地，支持各地重点建设实训基地、创业孵化基地和农民田间学校。"从新型职业农民"实地考察"的目的看，有些是为了获得创业经验，有些则是为了习得相关技术……诸如此类的目的要求相关部门在培育农业示范基地过程中，合理地对基地的功能进行定位，能够实现功能互补，满足学习者的不同学习需求。农民田间学习基于互动式、参与式和启发式的教学形式，目的是帮助新型职业农民能够在学习过程中，习得相关的农业技术；创业孵化基地帮助新型职业农民获得相关的创业咨询服务，了解创业的过程，提供相关的创业实践；实训基地能够帮助新型职业农民获得实践操作训练，获得仿真性的实践活动。当然，如果有条件，当地部门还可以培育集教学、仿真和真实实践为一体的农业示范基地。

三是基于示范功能发挥的激励措施完善。如果要想有效地发挥农业示范基地的功效，则需要加强示范基地负责人的积极主动性。通过奖惩结合的方式，能够为更多有志于从事新型职业农民职业的人提供学习机会。第一，对那些成功竞标的农业示范基地要给予相应的经费投入，帮助基地完善相关的教学资源，从而提高示范基地的育人效果；第二，根据接待学习人次、观摩团体的接待数量，给予相关农业示范基地财政补贴，从而放大基地育人功能；第三，进行优质示范基地评比，根据相关的标准，对区域内农业示范基地的育人功能进行评比，对那些获得优秀农业示范基地的榜样给予相应的物质或精神奖励；第四，加强对农业示范基地的育人效果评估，农业示范基地建设的目标就是为了培育更多有志于从事现代农业发展的人才，主管部门要实行动态管理制度，对农业示范基地进行监测和考评，建立动态退出机制，对于没有达到预期要求的基地，取消农业示范基地的称号。

三、建设"网络课程"，提供知识获取的精准服务

由于注册门槛低、资源开放在线、使用无约束等特质，网络课程受到了许多新型职业农民的青睐。然而，由于运营的现实可行性，网络课程往往提供给所有的学习者统一封装的学习资源，这种自上而下的产品设计流程并不能满足多样化学习者的差异化需求[①]，从而导致了新型职业农民的学习质量不高，甚至对网络课程的学习效果产生质疑。如果要为新型职业农民提供个性化、多样化的学习机会，则需要在网络课程的精准服务方面多做文章。

一是规划网络课程框架。网络课程克服了传统课堂教学的局限性，已经成为整个社会获取学习资源的惯用途径。人们借助网络课程的学习，充实自身片面的知识储备，获得生活、工作所需的技能，以期不被当下日新月异的时代所淘汰。因此，规划好网络课程框架，将其真正应用于实践，有利于建设有效的网络课程，达到满足个体和社会全面发展的要求。首先，确认新型职业农民的课程需求。成人学习者是有着独立自我的个体，只有以个人需求为导向的成人教育课程，才能充分发挥其内在的学习动机，有效实现课程效能。针对新型职业农民的网络课程也不例外。如果忽略或偏离了新型职业农民对课程的实际需求，之后的网

---

① 任友群、赵琳、刘名卓：《MOOCs 距离个性化学习还有多远——基于 10 门国内外 MOOCs 的设计分析》，《现代远程教育研究》2015 年第 6 期。

络课程开发和实施就无从谈起。其次，充分运用技术制作精良的网络课程材料。这既需要满足不同新型职业农民之间可能相异的学习要求，也应该呈现出更具趣味性、丰富性和延展性的学习内容，让新型职业农民和网络课程之间可以进行多次、多维的互动，进而吸引他们持续、有效地学习。最后，提供良好的学习支持服务系统，以便于新型职业农民咨询学习方面的问题，并获得即时快速的反馈、辅导与建议。总之，规划网络课程框架，既要直面新型职业农民生活和职业生涯中所面临的各种实际问题，也应注重充分发挥新型职业农民自身的主体性和参与性，通过学习促使他们获得独有的学习体会和价值。

二是确立课程开发人员。课程开发（Curriculum Development）是指借助教育计划，对新课程进行研究、设置、实施和评价，从而改进课程功能的活动的总称。大卫·罗斯（David Ross）通过对远程教育网络课程开发项目的分析，认为网络课程的开发工作需要组建一个团队，每个阶段会有不同的人员参与，一同朝着一个开发目标努力。[①] 一个网络课程开发团队的基本构成为：（1）总负责人，负责网络课程开发的整个过程，涉及统筹、管理和监督；（2）课程负责人，负责网络课程内容的设计、协调和把关；（3）授课教师，主要提供课程的具体内容，设计课程内容和表现形式；（4）教学设计人员，负责与授课教师沟通，配合技术开发人员和媒体制作人员制作网络课程的脚本；（5）媒体制作人员，负责课件设计和素材制作，包括音频、视频、动画等；（6）技术开发人员，负责网络课程的合成，页面脚本语言开发，在线平台运行的测试、发布和维修等。当然，针对网络课程开发的不同阶段，参与人员可以进行相应的调整、补充，力求充分发挥团队成员的特长和优势，保障开发团队的专业性。

---

① David Ross，"Project Management in the Development of Instructional Material for Distance Education: An Australian Overview"，*American Journal of Distance Education*，Vol.5（2），1991，pp.24–30.

三是完善课程获取渠道。当前，网络课程已经渗透到了教育的各个领域和层次，从学历教育到职业教育与培训的网络课程层出不穷。新型职业农民职业化过程中所需的学习资料以及相应的网络课程资源也在不断地丰富。毫无疑问，网络课程的开发是为了给新型职业农民提供多样化、个性化的学习机会。那么如何便于新型职业农民针对性地获得所需的网络课程资料，提高其学习的主动性和积极性，就需要重点关注课程的获取渠道了。事实上，网络课程的实践推广并不局限于在视频网站上上架，还可以使用包括博客、论坛、社交网站、聊天室、电子邮件、留言板、网络课程群等多种交流平台。例如，新型职业农民可以浏览上传了网络课程的博客，留言博主进行疑问解答和个人观点探讨，从而实现学习者之间的互动与交流，加深网络课程的学习和理解。

四、建立"专家智库"，帮助知识信息的有效分享

奎恩（Quinn）等学者指出，"当一个人或者组织与其他人或者组织分享知识时，不仅获得了信息，同时由于分享过程中的问题反馈、丰富和修正，从而增加了初始传递者的价值，创造了知识的指数性增长"[1]。从新型职业农民成长的过程看，其在学习过程中会得到许多外界资源的支持，其一就是专家指导。有效的专家指导能够帮助新型职业农民获取充分的知识信息，完善他们的知识体系。为此，建立专家智库，搭建知识分析的媒介，丰富知识分享方式，有利于弥补新型职业农民由于知识信息不对称所引发的各类缺憾。

一是明确专家共同体的来源。个体要想成长为有文化、懂技术、会

---

[1] Quinn J., Brain J., Erson P., "Leveraging Intellect", *Academy of Management Executive*, Vol.10 (3), 1996, pp.7–26.

经营的新型职业农民就必须多层次、全方面地参与到共同体的实践中，不同性质的共同体在新型职业农民成长过程中的作用有所不同。为此，明确专家共同体的成员则是实现知识信息分享的前提。从新型职业农民成长路径来看，其会接受不同类型专家的指导，专家指导类型不同，分享的知识信息则有所差异，例如，精通技术的农民、擅长技术研发和创新的高校教师、农科院研究员、精通营销管理的教师、企业人才等。为此，相关部门在建立专家智库的过程中，应根据专家的擅长领域进行划分，分门别类地建立信息数据库。这样新型职业农民在寻求专家指导时，会根据各自的需求来寻找合适的专家，从而实现专家指导的对称性，避免专家指导失效。

二是搭建专家知识分享平台。随着移动互联网技术的发展，人们学习的场所已经不局限于教室、培训班等传统场所。通讯信息技术打破了知识分享的时空界限，一方面使得新型职业农民狭隘、封闭的思想变得开阔、开放起来，另一方面也为专家与新型职业农民之间的知识分享提供了技术支撑和保障。专家与新型职业农民应充分发挥现代信息技术的优势，建立农业技术与经验成果的知识分享平台，最大可能提高知识分享的效率。信息技术平台的作用在于通过构建信息技术平台，将组织运营过程中产生的大量零散、无序的知识及信息进行编码，使其有序化和系统化，进而形成知识数据库，方便他人查询、使用和知识的分享交流[1]。一方面，专家要善于总结归纳农业领域的技术经验、农业项目的实施决策、新型职业农民成长过程中成功和失败的案例分析等，把这些宝贵的知识尽可能以编码、明晰的语言或图表的方式，整合到农业知识库或者农业知识分享平台，如中国新型职业农民网、中国农业知识服务平台等。这种动态、累积知识的分享平台以开放的姿态供新型职业农

---

[1] Hansen T., Nohrian & Tiemey T., "What's Your Strategy for Managing Knowledge?", *Harvard Business Review*, Vol.77 (2), 1999, pp.106–116.

民查阅，可以有效解决新型职业农民工作上遇到的难题，是新型职业农民实现自我学习和增进动力的补给站。另一方面，运用信息化手段，建设新型职业农民信息化服务云平台，对接 12316 农业综合信息服务平台，整合农业专家和农技推广服务等线上资源，充分利用云计算、大数据、互联网、智能装备等现代信息技术手段，为新型职业农民提供灵活便捷、智能高效的在线教育培训、移动互联服务和全程跟踪指导，提高培育效果。

三是丰富专家知识分享方式。加拿大学者伊尼斯（Ennis）提出"传播的倾斜"理论，即一种传播媒介对于知识在时间和空间中的传播会产生重要影响。纵观人类发展史，知识的传递经历了符号、语言、文字、印刷、电子和网络等方式，每一种方式都各有所长，也各有所短，各种媒介之间互相协调，优势互补。因此，专家与新型职业农民之间的知识分享要根据知识特性选择合适的知识分享方式，充分发挥面对面对话、研讨会、座谈会、培训、电话交流、网络沟通和书面材料等方式的优势，以多样化方式促进知识分享的有效性：一方面，拉近知识分享的物理距离。对于专家与新型职业农民来说，隐性知识是最有价值的。然而，隐性知识不易编码和难以言传的特性要求专家需要打破知识分享的时空障碍，以直接面对面对话和沟通的方式，加以类比、隐喻等手段的灵活运用，提高新型职业农民对隐性知识的理解程度。例如，建立新型职业农民田间学校和实训基地，为专家和新型职业农民的知识分享提供就近就地学习、教学观摩、实习实践和创业孵化场所。通过现场的示范和观察，就当前的热点和难点问题加以讲解，以这种质朴的知识交流方式提高知识落地的实效性。另一方面，消除知识分享的时空界限。现代信息技术为专家与新型职业农民之间的知识分享插上了翅膀。电话、微信群、QQ 群、E-mail 等方式拉长了专家与新型职业农民之间知识分享的时空跨度和连续性，这种快捷的方式不仅有助于专家及时地为新型职业农民答疑解惑，也有助于同行之间经验、技术的分享和交流。

五、完善"培训体系"，有效满足个体的学习需求

《国家中长期教育改革和发展规划纲要（2010—2020年）》（以下简称《纲要》）指出，新型职业农民培育工作覆盖所有的农业县市区，培育制度健全完善，培育机制灵活有效，培育能力适应需要，以公益性教育培训机构为主体、多种资源和市场主体有序参与的"一主多元"新型职业农民教育培训体系全面建立。可以说，有效的新型职业农民"培训体系"的建立势在必行。然而，从本研究调研看，新型职业农民培训体系建设任重道远。

一是根据内容选择培训对象。诺尔斯（Knowles）认为，当成人需要应对生活或是某个任务时候，成人将积极参与学习。成人学习是以生活为导向的，他们把教育或学习视为开发个人潜能的持续过程，从而应对不同生活阶段的任务。因此，新型职业农民培训体系需要关注到新型职业农民之间的差异，部分新型职业农民可能处于职业初始期，部分可能处于职业成长期，部分可能处于职业发展期。正如前所述，不同的职业阶段，新型职业农民的学习目标是存在差异的。部分研究者指出，个体的差异会影响学习的过程。基于此，我们不能期望所有学习者的行为是一致的，培训机构应该理解个体的差异，从而有助于为学习者提供适切的学习内容。为此，教育培训机构在选择培训对象时，应该根据他们所处的成长阶段所需要的学习内容，来确定培训对象。在职业初始期，新型职业农民更多的希望获取创业历程、技术方面的学习内容，为此，当教育培训机构所提供的培训内容与创业或技术等内容相关时，则主要面对处于职业初始期的新型职业农民。在职业成长期，他们需要面对技术、销售和管理等方面的问题，为此，当教育培训机构提供这方面的培训时，则主要面对处于职业成长期的新型职业农民。在职业发展期，新型职业农民面临着创新和扩大化再生产，对融资、创新等方面学习需求

加大，为此，当教育培训机构提供这方面的培训时，则主要以发展期的新型职业农民为主。

二是根据培训内容选择培训方法。一般来说，培训方法往往是为培训目标服务的。所有的现代学习理论都强调，成人在学习过程中具有一定的自主权，往往在培训过程中结合个人先前经验参与学习。为此，培训方法选择主要基于两个要素：其一是成人学习者的参与；其二是培训内容的授权（见图8-2）。在新型职业农民培训中，不同的培训内容应该选择适当的培训方法。例如，如果是技术培训，可以选择行为示范的方法。劳拉（Rola）等指出，FFS是一种有效的行为示范的培训方法，它在改善农场主知识、培训农业技能方面具有重要的作用①。如果是营销类主题培训，则以主题研讨会的形式来进行。如果是管理培训，则可以选择案例教学的形式来实现。案例教学是一种有效衔接理论与实际的

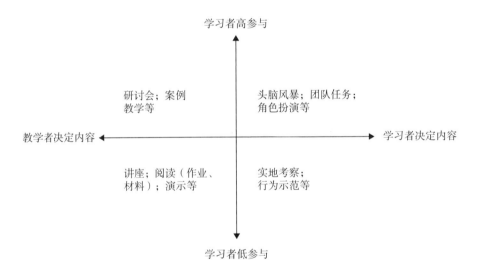

图8-2　培训方法的分类

---

① Rola, A.C., Jamias, S.B., Quizon, J.B., "Do Farmer Field School Graduates Retain and Share What They Learn? An Investigation in Iloilo, Philippines", *Journal of International Agricultural and Extension Education*, Vol.9, 2002, pp.65–76.

培训方法，能够鼓励学习者积极参与。如果是理念培训、创业过程培训，则可以选择课堂讲授或实地考察的方式，通过课堂讲授，学习者能够进一步深入了解概念、内涵；通过实地考察，能够帮助学习者身临其境，具有更深的体验。可以说，选择哪种培训方法对新型职业农民进行培训，犹如询问外科医生使用哪种工具进行手术一样，这一切都取决于操作的性质。

三是根据培训内容选择培训讲师。在新型职业农民培训过程中，往往容易步入一个陷阱——"卓越人士"，即培训师往往是来自高校、农科院的专家或学者。然而，有时候培训效果并不明显，这是因为培训师与培训学员之间存在较大的知识鸿沟，导致了知识迁移难度加大。为此，在新型职业农民培训中，教育培训机构应该根据培训内容来选择培训讲师。当培训内容关注创业过程时，成功的新型职业农民较为合适，因为他们积攒了较为丰富的创业经历；当培训内容关注技术操作时，农科站、农科院技术研发人员以及成功的新型职业农民较为合适，因为他们长期从事技术的实践和研发；当培训内容关注市场营销时，那些具有实践和研究经历的老师或企业中从事相关营销的人士较为合适；当培训内容涉及管理方面时，在高校长期从事 MBA 教学的老师或者相关企业的高管人员较为合适。

四是根据培训内容选择培训机构。《纲要》指出，"健全完善'一主多元'新型职业农民教育培训体系，统筹利用农广校、涉农院校、农业科研院所、农技推广机构等各类公益性培训资源，开展新型职业农民培育"。当然，这些机构在新型职业农民培训中应该扮演主体角色，但是，要注意的是，不同的培训内容决定了机构的层次，否则容易造成资源浪费而培训效果不佳的局面。《纲要》所提出的培训机构更多适合在农业技术实施、推广和创新等方面进行相关培训。营销类和管理类的培训则需要由农业企业来主导；创业类培训则需要由当地农业局负责组织和实施等。

六、建设"认证系统"，实现学习成果的合理认定

实现学习成果的合理认证可以连接不同教育和培训形式，推动正规、非正规和非正式学习实现实质等价，从而完善现有的教育体系和制度使其能够更好地适应社会对于人才多样化的要求和学习者群体多元化的学习需求。① 在倡导终身教育和终身学习理念的时代背景下，《纲要》提出，要建立继续教育学分积累与转换制度，实现不同类型学习成果的互认和衔接；建立学习成果认证体系，建立"学分银行"制度。② 新型职业农民群体的学习成果认证主要是对其先前学习和职业化进程中的学习进行专业认证。例如，给予新型职业农民普遍认可的职业资格、技能证书，以确保其能够不断地提高技能和知识水平。由此，构建以先前学习认证和专业认证为基础的立体化"认证系统"是实现新型职业农民学习成果合理认证的重要手段。

一是新型职业农民的先前学习认证。先前学习（Prior Learning）又被称为经验学习，即经验知识通过非正式的学习（如：生活、工作）获得，或通过非正式的、有目的的学习获得③。从研究过程我们可以发现，新型职业农民在职业化进程中通过多样化的学习策略，积累了丰富的知识和技能。然而，在诸多学习策略中，部分学习策略所获得知识和技能难以及时地、科学地进行认证，例如：反思性学习等。为此，先前学习认证（Recognition of Prior Learning）将是一种行之有效的方式，通过对个人先前学习的经历进行评估，可以识别新型职业农民的技能状况，

---

① 王海东、韩民：《学习成果认证制度相关概念及问题探讨》，《开放教育研究》2016 年第 22 期。

② 《国家中长期教育改革和发展规划纲要（2010—2020 年）》，2014 年 6 月 22 日，见 http://www.china.com.cn/policy/txt/2010-03/01/content_19492625_3.html。

③ 王莉颖：《试论成人的经验与成人学习模式》，《职业技术教育（教科版）》2006 年第 31 期。

促使他们展开进一步的学习，从而实现改善职业前景的目的。同时，新型职业农民的先前学习认证还可以为其新型职业农民的资格认证保驾护航，便于其获取相应的证书。《国家教育事业发展"十三五"规划》中明确提出了建立学分银行和信息化平台的目标——"完善学习成果认证制度，通过部分地区率先探索、以点带面的方式，推进国家学分银行建设，为每一位学习者提供能够记录、存储自己的学习经历和成果的个人学习账号，对学习者的各类学习成果进行统一的认证与核算，使其在各个阶段通过各种途径获得的学分可以得到积累或转换。被认定的学分，可累计作为获取学历证书、职业资格证书或培训证书的凭证"。然而，从全球发展的经验看，先前学习认证是一个系统化工程，需要构建有效的政策保障体系，明确新型职业农民先前学习认证的机构和专业人员，完善认证的信息化平台，以及学分互认机制、流程等。基于此，先前学习认证可以实行"学分制"，建立统一标准的学分银行，通过个人的学分申请对其的先前学习进行评估，并转化成学分累计起来。在对技能有了普遍的认定之后，新型职业农民将会有更强的自信以及持续学习的动力。

二是新型职业农民的专业资格认定。谁是新型职业农民？在当前诸多研究中，尚存在对新型职业农民主体认识不清晰的问题。同时，国家出台了诸多有关新型职业农民的扶持政策，但是至于"扶持谁"，依然存在一定的混淆。为此，合理地对新型职业农民的专业资格进行认定，具有十分重要的意义。专业认定（Professional Recognition，PR）关注的是新型职业农民持续的专业发展，即在新型职业农民职业化进程中，知识、技能和能力的保持与改进，以及学习能力的提高。其主要根据专业机构所制定和确定的专业标准和要求开展评估，是对个体按照专业标准进行实践的现有地位和权利的认可。这需要在农业领域建立其广泛认可的专业资格，设立可以辨别合格标准的入门壁垒(职业结束）和指标，建立专业的农业协会，并执行农业的专业道德（行为）准则。2015 年，原农业部下发了《农业部关于统筹开展新型职业农民和农村实用人才认定工作的通知》，对新型职业农民资格认证办法、程序、统计等方面工作进行了规定，从而有效地推动了全国新型职业农民资格认证工作的开展。然而，由于该通知缺乏对认定的机构、具体办法、要求、流程的进一步规定，从而导致了全国各地资格认定存在许多问题。例如，认证标准不一，导致不同地区认证的难度不一；认证机构不一，导致证书的有效性不一。例如，有访谈样本指出，只要参加当地三天的培训，就可以获得新型职业农民资格证书。这种门槛导致了新型职业农民证书的效力大打折扣，违背了其初衷。为此，农业农村部应该联合相关部门，对新型职业农民资格认证出台进一步的实施细则，例如：明确专业的认证机构来统一管理和实施，可以设立包括先前学习认证、资格证书认证、技能认证和课程认证等在内的一系列认证部门，由部门统一制定相对应的规章制度，并监督整个农业内部的产业链；明确新型职业农民在不同行业领域的基本要求、学习时间和考核方式等；对新型职业农民资格认证效果进行评估，对于那些认定机构行为进行奖惩，对于缺乏严格、科学的认定程序的机构进行撤销等。总之，新型职业农民资格认定既要保障准备进入农业的创业者没有后顾之忧，也要持续敦促已经在农业行业奋斗的从业者不忘初心，保持活力，继续前行。

七、完善"政策框架"，让学习参与变得畅通无忧

虽然学习本身是一项自主性很强的活动，但在倡导终身学习理念的时代背景下，积极加强培育的"政策框架"既可以推动学习型城市的建设，还能提升国民的终身学习意识，摆脱学历教育带来的一系列局限，真正使全民参与到自身未来的学习规划中，丰富他们的生活。公共政策是政府为实现某种目的而做出的策略性选择，是否实现了目标，在多大

程度上实现了目标，实现该目标所耗费的资源情况，这些都指向一个共同的问题——政策效果。[①] 为了更有效地呈现出新型职业农民学习的政策效果，满足其多样化的学习需求，完善新型职业农民培育的"政策框架"就起到了重要的外部支持作用。

一是构建系统、连贯的新型职业农民培育政策体系。从新型职业农民职业化进程看，它是一个持续的、系统的过程，而不是一朝一夕能够培育。为此，这就需要其政策能够具有系统性和连贯性。"公共政策的连续性关系到公共利益的实现。一旦一项关系公共利益的合理政策不能够保持连续性，就会增加政策的随意性，出现无章可循、朝令夕改的现象，全局性变成了片面性，长远性变成了短期性，从而使得公共政策难以为继。"[②] 为此，国家要制定一个关于新型职业农民培育的纲领性文件，有利于保障学习的观念植入到每个新型职业农民的意识中，敦促新型职业农民贯彻终身学习理念，实现可持续化发展。同时，根据时代的发展，政府要适时制定和调整一些新型职业农民的培育政策，便于新型职业农民能够更开放自由地开展学习活动，从而获得个性化学习需求的满足。此外，考虑到我国是一个发展极不均衡的国家，需要关注不同地区、不同群体的学习和发展要求，各地方政府要发挥各自的主导作用，建立持续、灵活的地方性学习政策体系，如：发展良好的区域可以偏重于发展职工的职业培训政策；偏远地区或欠发达地区重视继续教育相对应的学习政策。总之，完善的新型职业农民政策框架，应该是从宏观到微观、从概括到具体、从中央到地方，自上而下，兼具长远与短期目标的全局性战略。

二是确立新型职业农民培育政策的参与部门。新型职业农民培育是一项系统工程，需要不同部门参与其中。为推动新型职业农民的学习，

---

① 欧阳忠明、任鑫、田丽君：《终身学习框架下韩国成人学习政策研究》，《职业技术教育》2016 年第 7 期。

② 欧阳忠明、肖菲：《英国成人学习政策框架与实施效果》，《现代教育管理》2013 年第 6 期。

政府需要建立直接的培育管理部门，由农业农村部牵头，教育部、财政部参与的相关培育部门，统领我国的新型职业农民培育事业，其职责既包括拟定、出台相关的培育政策，也有对培育政策、培育成效进行评估等后续监管任务，要从始至终保障学习政策实施的顺畅和有效。一个统管的部门下面可以下设国民学习保障、职业技能指导和新型职业农民学习促进等具体部门，专注不同领域、不同群体的学习和教育问题。在此基础上，还可以开发一些监管、反馈渠道，便于收集新型职业农民在学习方面的数据资料，及时调整学习政策和规范制度，既不能让学习政策滞后于时代的发展，也不能让新型职业农民的学习无章可循，无途径可用，从而真正保障公民的受教育和学习的权利。

三是建立新型职业农民培育的财政支持框架。"为成人学习和教育投资就是为希望和机遇投资。"[1]虽然，新型职业农民群体来源于不同的身份、不同的行业和不同的受教育水平的群体，然而，不可否认的是，大部分新型职业农民来源于广袤的农村，返乡务工人员、传统农民占据了半壁江山。相对于其他群体，这类群体在学习资源、原始资本积累方面存在很大的欠缺。舒尔茨指出："人们都认识到知识及技能的重要性，但人们却不完全知道知识和技能是一种资本，这种资本实质上是一种投资，这类资本的增长在西方社会正以比传统的（非人力）资本大得多的速率增长，国民总收入增长要比物质资本增长快得多，这个差额就是由人力资本的投资所导致的，即是由人们对教育的投资所带来的"[2]。为此，只有有效地对人力资本进行投资，才能实现个体的自我发展。虽然，当前国家对新型职业农民参加职业培训具有相应的激励政策，给予财政补贴，但是，由于政策覆盖面不广，导致部分传统农民没有享受到

---

[1]　Dae Joong Kang et al., "UNESCO 6th International Conference on Adult Education", *National Institute for Lifelong Education*, 2009.

[2]　转引自欧阳忠明、杨亚玉、葛晓彤:《全球成人学习与教育经费投入:发展趋势、问题与思考——基于〈GRALE〉分析》,《终身教育研究》2017 年第 3 期。

政策的福利，需要自己付费参与相关的学习，这无疑会打压他们的积极性。[1] 充分的财政支持体系对于促进新型职业农民学习是十分必要的。从公共政策角度看，一套完备的财政支持框架包括公共部门投资、财政激励机制和私人机构投资等。首先，从政策角度完善公共部门投资。公共部门投资主要来自政府用于教育的财政经费，面对日益增长的学习需求，在政策层面应该建立可持续的教育经费机制，明确新型职业农民培育的经费投入目标、方向、对象、数量、行动规划和相关的监督机制，从中央到地方，弹性地应对教育经费需求，最大限度地满足新型职业农民的基本学习要求。其次，加强新型职业农民资格证书与财政补贴之间的关联。市场经济条件下，如果个体通过不断的学习努力构建自身的资本，他考虑的不是社会利益，而是自身利益，那么，其具有准公共产品属性。对此，个体应该为自身的学习负责，在经费投入中占主导角色。同时，由于其具有外部效应，政府应该出台相关的政策，给予一定的财政补贴[2]。为此，在政策中，应该明确相应资格证书的获得与学习经费补贴之间的关系。通过相关补贴项目的出台，能够推动更多的新型职业农民参与到学习过程中。最后，通过相关政策，鼓励更多的农业企业为新型职业农民的学习提供资源或经费投入。从农业现代化发展看，农业企业在其中扮演重要的角色，能够推动农业技术的发展和生产效率的提升，同时也能够为社会创造更多的学习机会。然而，由于信息的不对称，新型职业农民往往难以获取农业企业所拥有的学习资源。为此，从政策角度出发，通过相关荣誉或激励措施，激发更多的农业企业参与到新型职业农民培育中来，为他们提供相关的学习资源、师资和场所，从而让个体获得更多的学习资源。

---

[1] 欧阳忠明、李国颖：《传统农民向新型职业农民转型过程中的学习研究》，《河北师范大学学报（教育科学版）》2017 年第 6 期。

[2] 欧阳忠明、杨亚玉、葛晓彤：《全球成人学习与教育经费投入：发展趋势、问题与思考——基于〈GRALE〉分析》，《终身教育研究》2017 年第 3 期。

参考文献

一、相关图书

[1] [澳] 史蒂芬·比利特：《工作场所学习：有效实践的策略》，欧阳忠明等译，江西人民出版社 2017 年版。

[2] [丹] 克努兹·伊列雷斯：《我们是如何学习：全视角学习理论》，孙玫璐译，教育科学出版社 2013 年版。

[3] [德] 哈贝马斯：《作为"意识形态"的技术与科学》，李黎等译，学林出版社 1999 年版。

[4] [法] H.孟德拉斯：《农民的终结》，李培林译，中国社会科学出版社 1991 年版。

[5] [加] D.简·克兰迪宁、F.迈克尔·康纳利：《叙事探究：质的研究中的经验和故事》，张园译，北京大学出版社 2008 年版。

[6] [美] 阿伯特·班杜拉：《社会学习心理学》，郭占基、周国韬等译，吉林教育出版社 1988 年版。

[7] [以] 艾米娅·利布里奇、里弗卡·图沃-玛沙奇、塔玛·奇波尔：《叙事研究：阅读、分析和诠释》，王红艳主译，重庆大学出版社 2008 年版。

[8] [美] 安德鲁·阿伯特：《职业系统：论专业技能的劳动分工》，李荣山译，商务印书馆 2016 年版。

[9] [美] 彼得森等：《职业咨询心理学——工作在人们生活中的作用》，中国轻工业出版社 2007 年版。

[10] [美] 凯瑟琳·马歇尔、格雷琴·B.罗斯曼：《设计质性研究：有效研究计划的全程指导》，何江穗译，重庆大学出版社 2015 年版。

[11] [美] 柯蒂斯·J.邦克：《世界是开放的——网络技术如何变革教育》，焦建利主译，华东师范大学出版社 2011 年版。

[12] [美] 罗伯特·里尔登等：《职业生涯发展与规划》第四版，侯志瑾等译，中国人民大学出版社 2016 年版。

[13]［美］马可·L.萨维科斯:《生涯咨询》,郑世彦等译,重庆大学出版社 2015 年版。

[14]［美］纳德内·彼得森、罗伯特·科特·冈萨雷斯:《职业咨询心理学——工作在人们生活中的作用》,时勘等译,中国轻工业出版社 2007 年版。

[15]［美］乔治·H.米德:《心灵、自我与社会》,赵月瑟译,上海译文出版社 2008 年版。

[16]［美］雪伦·B.梅里安、罗斯玛丽·S.凯弗瑞拉:《成人学习的综合研究与实践指导》,黄健等译,中国人民大学出版社 2011 年版。

[17]［美］雪伦·B.梅里安编:《成人学习理论的新进展》,黄健等译,中国人民大学出版社 2006 年版。

[18]［美］约翰·W.克雷斯威尔:《研究设计与写作指导:定性、定量与混合研究的路径》,崔延强译,重庆大学出版社 2007 年版。

[19]［日］野中郁次郎等:《创造知识的企业:日美企业持续创新的动力》,知识产权出版社 2006 年版。

[20]［英］弗兰克·艾利思:《农民经济学——农民家庭农业和农业发展》,胡景北译,上海人民出版社 2006 年版。

[21] 陈向明:《质的研究方法与社会科学研究》,教育科学出版社 2000 年版。

[22] 丁钢、王枬:《教学与研究的叙事探究》,广西师范大学出版社 2010 年版。

[23] 丁钢:《声音与经验:教育叙事探究》,教育科学出版社 2008 年版。

[24]《费孝通全集》第 14 卷,内蒙古人民出版社 1994 年版。

[25] 费孝通:《乡土中国》,人民出版社 2008 年版。

[26] 何爱霞:《成人教育工作者专业社会化的叙事探究》,中国人民大学出版社 2014 年版。

[27] 何景熙、王建敏:《西方社会学说史纲》,四川人民出版社 1995 年版。

[28] 黄健:《成人教育课程开发的理论与技术》,上海教育出版社 2002 年版。

[29] 卢荣善:《走出传统——中国三农发展论》,经济科学出版社 2006 年版。

[30] 瞿葆奎主编:《教育学文集·教育研究方法》,人民教育出版社 1988 年版。

[31] 石中英:《知识转型与教育改革》,教育科学出版社 2001 年版。

[32] 翟文明、李治威:《现代汉语辞海》,光明日报出版社 2002 年版。

[33] 钟启泉:《现代课程论》,上海教育出版社 1989 年版。

二、期刊文章

[1] 陈春霞、石伟平:《新型职业农民培训供给侧改革:需求与应对——基于江苏的调查》,《职教论坛》2017 年第 28 期。

[2] 陈士海、陈晓琼：《培育中的"微"能量》，《农民科技培训》2015年第3期。

[3] 陈向东等：《网络学习环境中交互问题的跨学科研究》，《中国电化教育》2006年第4期。

[4] 陈宇：《职业能力以及核心技能》，《职业技术教育》2003年第33期。

[5] 程然：《在叙述中建构自我》，《柳州师专学报》2014年第8期。

[6] 丁钢：《教育经验的理论方式》，《教育研究》2003年第2期。

[7] 丁红岭、郭晓珍：《新型职业农民培育制度体系框架构建研究》，《中国成人教育》2018年第2期。

[8] 范力军：《新型职业农民能力素质模型构建——基于CiteSpaceV的可视化分析》，《中国农业教育》2017年第2期。

[9] 费舒霞等：《行动学习的知识创新机制研究》，《上海管理科学》2015年第2期。

[10] 郭小粉等：《基于Android智能手机的新型农民教育软件的设计与实现》，《湖北农业科学》2015年第7期。

[11] 何超群、吴锦程：《近十年新型职业农民学习共同体研究述评》，《湖北成人教育学院学报》2016年第3期。

[12] 何建斌等：《关于河北省农村实用人才队伍建设的专题研究》，《农民科技培训》2010年第11期。

[13] 胡焱、王伯达：《新型职业农民培育困境及对策研究》，《理论月刊》2017年第8期。

[14] 姜大源：《职业教育学基本问题的思考（一）》，《职业技术教育（教科版）》2006年第1期。

[15] 姜明伦等：《发达地区新型农民农业科技培训需求及意愿分析——基于宁波市的调查和分析》，《乡镇经济》2009年第8期。

[16] 姜卫韬：《中小企业自主创新能力提升策略研究——基于企业家社会资本的视角》，《中国工业经济》2012年第6期。

[17] 李君等：《新型职业农民胜任力模型的构建》，《贵州农业科学》2016年第7期。

[18] 李玉山、张素罗：《新型农民的培养对策浅析》，《特区经济》2014年第1期。

[19] 卢真金：《反思性实践是教师专业发展的重要举措》，《比较教育研究》2001年第5期。

[20] 吕淑丽：《企业家社会资本对企业创新绩效的研究综述》，《管理现代化》2007年第5期。

[21] 马建富、黄晓赟：《新型职业农民职业教育培训社会支持体系的建构》，《职教论坛》2017年第16期。

[22] 马建富等：《新型职业农民素质模型的建构——基于KSAIBs模型及国内外

认定标准》，《职教通讯》2016 年第 34 期。

[23] 欧阳忠明、杨亚玉：《新型职业农民的职业化学习图景叙事探究》，《现代远程教育研究》2017 年第 4 期。

[24] 欧阳忠明、李国颖：《传统农民向新型职业农民转型过程中的学习研究》，《河北师范大学学报（教育科学版）》2017 年第 6 期。

[25] 欧阳忠明、任鑫、田丽君：《新型职业农民心理资本与自我导向学习的关系》，《现代远程教育研究》2016 年第 6 期。

[26] 欧阳忠明、任鑫、田丽君：《终身学习框架下韩国成人学习政策研究》，《职业技术教育》2016 年第 7 期。

[27] 欧阳忠明、肖菲：《英国成人学习政策框架与实施效果》，《现代教育管理》2013 年第 6 期。

[28] 欧阳忠明、杨亚玉、葛晓彤：《全球成人学习与教育经费投入：发展趋势、问题与思考——基于〈GRALE〉分析》，《终身教育研究》2017 年第 3 期。

[29] 欧阳忠明等：《全球成人学习与教育发展：趋势、矛盾与思考——基于〈全球成人学习与教育报告〉（GRALE Ⅰ—Ⅲ）的解析》，《远程教育杂志》2017 年第 4 期。

[30] 钱绍青等：《交互式学习、知识创造与企业创新绩效关系实证研究》，《科技进步与对策》2013 年第 4 期。

[31] 秦金亮：《国外社会科学两种研究范式的对峙与融合》，《山西师大学报（社会科学版）》2002 年第 2 期。

[32] 任友群、赵琳、刘名卓：《MOOCs 距离个性化学习还有多远——基于 10 门国内外 MOOCs 的设计分析》，《现代远程教育研究》2015 年第 6 期。

[33] 石火培、成新华：《基于 logit 模型下农民接受"新型农民培训"的意愿分析——以苏中地区为例》，《中国农业教育》2008 年第 5 期。

[34] 时勘：《基于胜任特征模型的人力资源开发》，《心理科学进展》2006 年第 4 期。

[35] 宋新辉、汤钦乐：《当前新型职业农民培育问题探析》，《南方农村》2014 年第 9 期。

[36] 孙铁玉：《海南新型职业农民培育课程体系构建研究》，《高等继续教育学报》2017 年第 5 期。

[37] 田野、常建平：《农民田间学校在新型职业农民培育中的应用》，《农民科技培训》2016 年第 1 期。

[38] 汪轶、徐青、孟丽君、王凯：《组织成员中知识分享影响因素研究评述》，《西安电子科技大学学报（社会科学版）》2008 年第 4 期。

[39] 王海东、韩民：《学习成果认证制度相关概念及问题探讨》，《开放教育研究》

2016 年第 22 期。

[40] 王君华等：《创新型科研团队知识合作博弈模型构建与仿真》，《四川大学学报（哲学社会科学版）》2015 年第 3 期。

[41] 王乐杰、沈蕾：《城镇化视阈下的新型职业农民素质模型构建》，《西北人口》2014 年第 3 期。

[42] 王莉颖：《试论成人的经验与成人学习模式》，《职业技术教育（教科版）》2006 年第 31 期。

[43] 王松涛：《论网络学习》，《教育研究》2000 年第 3 期。

[44] 魏学文：《黄河三角洲产业结构生态化发展路径研究》，《生态经济（中文版）》2012 年第 6 期。

[45] 夏金星：《发展现代农业职业教育大力培养新型职业农民》，《中国职业技术教育》2014 年第 21 期。

[46] 肖菲、王桂丽：《冲突情境中的学习：基于新型职业农民与农业专家项目合作的个案研究》，《职教论坛》2017 年第 36 期。

[47] 许浩：《培育新型职业农民：路径与举措》，《中国远程教育》2012 年第 11 期。

[48] 杨昀、郭建鸾：《农业产业化示范基地科技支撑效应与模式研究》，《科学管理研究》2015 年第 4 期。

[49] 易阳、董成：《湖北省新型职业农民培训需求调查分析》，《湖北农业科学》2014 年第 14 期。

[50] 曾一春：《培育新型职业农民需完善制度设计强化配套政策》，《农村科技培训》2012 年第 9 期。

[51] 张晨等：《"参与式发展"研究综述》，《农村经济与科技》2010 年第 5 期。

[52] 张宏彦：《农民田间学校模式在新型职业农民培育中的应用》，《甘肃农业》2016 年第 5 期。

[53] 张举范、孟小莙、彭智慧：《MOOC 的核心理念、价值及实践反思——基于网络学习的视角》，《江苏开放大学学报》2014 年第 6 期。

[54] 张明媚：《新型职业农民内涵、特征及其意义》，《农业经济》2016 年第 10 期。

[55] 张胜军、李翠珍：《新型职业农民培训共同体：内涵与意蕴》，《职教论坛》2015 年第 34 期。

[56] 张胜军：《新型职业农民培训中学习共同体建构的意义与策略》，《职教通讯》2015 年第 25 期。

[57] 赵邦宏：《对培育新型职业农民问题的思考》，《农民科技培训》2012 年第 5 期。

[58] 赵昌木：《创建合作教师文化：师徒教师教育模式的运作与实施》，《教师教育研究》2004 年第 4 期。

[59] 赵奎皓、张水玲：《新型职业农民教育培育评估指标体系设计研究》，《中国成人教育》2015 年第 17 期。

[60] 赵曙明：《人力资源经理职业化的发展》，《南开管理评论》2003 年第 5 期。

[61] 钟慧：《论培养新型职业农民的法律政策支持体系》，《云南大学学报（法学版）》2016 年第 6 期。

[62] 钟志贤：《建构主义学习理论与教学设计》，《电化教育研究》2006 年第 5 期。

[63] 周密、姚芳、姚小涛：《员工知识共享、知识共享意愿与信任基础》，《软科学》2006 年第 3 期。

[64] 周玉泉等：《合作学习、组织柔性与创新方式选择的关系研究》，《科研管理》2006 年第 2 期。

[65] 祝智庭：《教育信息化的新发展，国际观察与国内动态》，《现代远程教育研究》2012 年第 3 期。

[66] 庄西真：《从农民到新型职业农民》，《职教论坛》2015 年第 10 期。

[67] 阚言华：《构建新型职业农民支持扶持政策体系》，《农民日报》2014 年 6 月 21 日。

[68] 陈东勤：《新型职业农民培育视角下农民在线学习需求及策略研究——以苏南、苏北地区为例》，硕士学位论文，南京师范大学教育科学学院，2016 年。

[69] 李伟：《新型职业农民培育问题研究》，博士学位论文，西南财经大学金融系，2014 年。

[70] 宋磊：《专家技能的养成研究——从新手到专家》，博士学位论文，华东师范大学教育科学学院，2009 年。

三、英文文献

[1] Alice Y. Kolb，David A. Kolb，*The Learning Way：Meta−cognitive Aspects of Experiential Learning*，Simulation，Gaming，Vol.40，No.3.，2009.

[2] Arlin，P.，*Cognitive Development in Adulthood, A Fifth Stage*，Developmental Psychology，1975.

[3] B. Lukuyu，F. Place，S. Franzel & E. Kiptot，"Disseminating Improved Practices：Are Volunteer Farmer Trainers Effective"，in *The Journal of Agricultural Education and Extension*，Vol.18，No.5，2012.

[4] Barbara Ostrowski Martin，Klodiana Kolomitro，Tony C. M. Lam.，"Training Methods：A Reviewand Analysis"，*Human Resource Development Review*，Vol.13（1），2014.

[5] Barley，S.，"The New Crafts：The Rise of the Technical Labour Force and its

Implication for the Organization of Work", University of Philadelphia, *National Center on the Education Quality of the Workforce*, Philadelphia, PA.1992.

[6] Berryman, S., "Learning for the Workplace", *Review of Research in Education*, 1993.

[7] Billett, S., *Mimetic Learning at Work:Learning in the Circumstances of Practice*, Springer, Dordrecht, 2014.

[8] Bjorn Nvkvist, "Does Social Learning Lead to Better Natural Resource Management a Case Study of the Modern Farming Community of Practice in Sweden", *Society and Natural Resources*, Vol.27, 2014.

[9] Blackmore, C., "What Kinds of Knowledge, Knowing and Learning are Required for Addressing Resource Dilemmas?", *A theoretical overview,* Environ. Sci. Policy, 2007.

[10] Brannen J., *Mixing Methods: Qualitative and Quantitative Research*, Aldershot: Avebury, 1992.

[11] Cagla Gur, "Self-knowledge and Adolescence", *Procedia-Social and Behavioral Sciences*, Vol.197, 2015.

[12] Callahan, J. L., "Constructing a Manuscript: Distinguishing Integrative Literature Reviews and Conceptual and Theory Articles", *Human Resource Development Review*, Vol.9, 2010.

[13] Carol Hoare, *Handbook of Adult Development and Learning*, New York: Oxford University Press, 2006.

[14] Cherry homes, *Notes on Pragmatism and Scientific Realism*: *Educational Researcher*, 1992.

[15] Chiffoleau, Y., "Learning about Innovation Through Networks : The Development of Environment Friendly Viticulture", *Technovation*, Vol.25, (2005) .

[16] Child, Dennis, "Motivation and the Dynamic Calculus-A Teachers' View", *Multivariate Behavioral Research*, Vol Issue 2/3, Apr/July, 1984.

[17] Clandinin, J . D.& Connelly, F. M., *Narrative Inquiry : Experience and Story in Qualitative Research*, San Francisco : Jossey Bass, 2000.

[18] Collins, H., *Tacit and Explicit Knowledge*, Chicago : University of Chicago, 2010.

[19] Creswell, J., *Qualitative Inquiry and Research Design*: *Choosing among Five Approaches* (*2nd ed*), Thousand Oaks, CA : Sage, 2006.

[20] Creswell, J.W., Shope, R., Plano Clark, V.L.& Green, D.O., "How Interpretive Qualitative Research Extends Mixed Methods Research", in *Research in the*

Schools, 13 (1), 2006.

[21] Crow, L.D, Crow, A : *Readings in Human Learning*, New York : McKay, 1963.

[22] Cunliffe, A. L."On Becoming a Critically Reflexive Practitioner", *Journal of Management Education*, Vol.28, 2004.

[23] Dae Joong Kang et al., "UNESCO 6th International Conference on Adult Education", *National Institute for Lifelong Education*, 2009.

[24] Darrah, C.N., *Learning and Work:An Exploration in Industrial Ethnography*, New York : Garland Publishing, 1996.

[25] David Ross, "Project Management in the Development of Instructional Material for Distance Education : An Australian Overview", *American Journal of Distance Education*, Vol.5 (2), 1991.

[26] Dewey, J., "My Pedagogic Creed", *The School Journal*, LIV (3), 1897.

[27] Donald A. Schon., *The Reflective Practitioner : How Professionals Think in Action,* Basic Books, Inc.1982.

[28] Duane Brown., "The Role of Work and Cultural Values in Occupational Choice, Satisfaction, and Success a Theoretical Statement", *Jouranl of Counseling & Development*, Winter (80), 2002.

[29] E. Suzanne Neder, Ezekiehl N. Odonkor, "Lessons from an Experiential Learning Process : The Case of Cowpea Farmer Field Schoolsin Ghana", *The Journal of Agricultural Education and Extension*, Vol.12, No.4, 2006.

[30] Ecclestone, K., "Lost and Found in Transition: Educational Implications of Concerns about Identity'Agency' and 'Structure'", in *Field*, *J.*, *Gallagher*, *J. and Ingram*, *R.* (*Eds*), *Researching Transitions in Lifelong Learning*, *Rout ledge*, London, 2009.

[31] Edward W. Taylor, Deborah Duveskog, Esbern Friis-Hansen, "Fostering Transformative Learning in Non-formal Settings : Farmer-Field Schools in East Africa", *International Journal of Lifelong Education*, Vol.31, No.6, 2012.

[32] Edward W. Taylor, Esbern Friis Hansen, Deborah Duveskog, "Farmer Field School in Rural Kenya: A Transformative Learning Experience", *Journal of Development Studies*, 2011.

[33] Edwards, A., "Let's Get Beyond Community and Practice: The Many Meanings of Learning by Participating", *The Curriculum Journal*, 16 (1), 2005.

[34] Elder, G. H. Jr. Rudkin, L., Conger, R. D., "Inter-Generational Continuity

and Change in Rural America", in *V. L. Bengston*, *K. W. Schaie*, *& L.Burton* (Eds.), *Adult Inter Generational Relations*: *Effects of Societal Change*, New York: Springer, 1994.

[35] Engeström., "Expansive Learning at Work : Towards an Activity-Theoretical Reconceptualization", Keynote Address, *Changing Practice Through Research* : *Changing Research Through Practice*, 7th Annual International Conference on *Post-Compulsory Education and Training*, *Centre for Learning and Work Research*, Griffith University, Brisbane, 1999.

[36] Eric R. Wolf, *Peasants*, New Jersey: Prentice Hall, 1996.

[37] Eric R. Wolf, *Peasant Wars of the Twentieth Century,* Oklahoma: University of Oklahoma Press, 1966.

[38] Ericsson, K.A.& Simon, H.A., *Protocol Analysis-Verbal Reports as Data*, MIT Press, Cambridge, MA, 1984.

[39] Estola, E., Erkkilä, R.. & Syrjälä, L., "A Moral Voice of Vocation in Teachers' Narratives, Teachers and Teaching", *Theory and Practice*, 2003.

[40] Etienne Wenger, *Communities of Practice Learning*, *Meaning*, *and Identity*, New York : Cambridge University Press, 1998.

[41] Evetts, J., "New Directions in State and International Professional Occupations: Discretionary Decision-Making and Acquired Regulation", *Work*, *Employment and Society*, Vol.16, No.2, 2002.

[42] Fenwick, T., "Toward Enriched Conceptions of Work Learning: Participation, Expansion, and Translation among Individuals with/in Activity", *Human Resource Development Review*, 5 (3), 2006.

[43] Fenwick, T., "Inside out of Experiential Learning: Fluid bodies, Co-emergent Minds", in R. Edwards, J. Gallacher, & S. Whittaker (Eds.), *Learning outside the Academy. International Research Perspectives on Lifelong Learning*, New York, NY: Routledge, 2006.

[44] Filstad, C., "How Newcomers Use Role Models in Organizational Socialization", *Journal of Workplace Learning*, Vol.16, No.7, 2004.

[45] Fritsch M.Franke G., "Innovation, Regional Knowledge Spillovers and R&D Cooperation", *Research Policy*, (33), 2004.

[46] Frost, J. and Lentz, R., "Rooted in Grass: Challenging Patterns of Knowledge Exchange as a Means of Fostering Social Change in a Southeast Minnesota Farm community", *Agriculture and Human Values*, 20, 2003.

[47] Gagne, R. M, *The Conditions of Learning*, New York : Holt, Rinehart and

Winston，1965.

[48] Geoger R. Burn，Robert R. Paton.，"Supported Workplace Learning: A Knowledge Transfer Paradigm"，*Policy Futures in Education*，Vol.3，No.1，2005.

[49] Gergen，K. J.，*The Saturated Self*，New York：Basic Books，1991.

[50] Gershon Feder，Rinku Murgai，and Jaime B. Quizon，"The Acquisition and Diffusion of Knowledge：The Case of Pest Management Training in Farmer Field Schools，Indonesia"，*Journal of Agricultural Economics*，Vol.55，No.2，2004.

[51] Giddings，L.S.& Grant，B.M.，"Mixed Methods for the Novice Researcher"，in *Contemporary Nurse*，23，2006.

[52] Grant. R. M.，"Toward to a Knowledge-Based Theory of the Firm"，*Strategic Management Journal*，Vol.17，1996.

[53] Guijt，I. and Proost，J.，"Monitoring for Social Learning"，In *C. Leeuwis and R. Pyburn* (eds.) *Wheelbarrows Full of Frogs：Social Learning in Rural Resource Management*，Koninkljke Van Gorcum Ltd.，The Netherlands，2002.

[54] Hansen T，Nohrian & TiemeyT，"What's Your Strategy for Managing Knowledge ?"，*Harvard Business Review*，Vol.77（2），1999.

[55] Harris，L.& Volet，S.，"Developing Workplace Learning Cultures"，*The Proceedings of Learning and Work：The Challenges-4th Annual International Conference on Post-Compulsory Education and Training*，Vol.2，1996.

[56] Heong，K. L.，M. M. Escalada，H. V. Chien，L. Q. Cuong，"Restoration of Rice Landscape Biodiversity by Farmers"，in *Vietnam through Education and Motivation Using Media*，Sapiens，Vol.7，No.2，2014.

[57] Hilgard，E.R.Bower，G.H，*Theories of Learning*，New York: Appleton-Century-Crofts，1966.

[58] Hoare,C.，"Growing a Discipline at the Borders of Thought",in *C. Hoare* (Ed.)，*Handbook of Adult Development and Learning*，New York: Oxford University Press，2006.

[59] Holland，J. L.，Magoon，T. M.，& Spokane，A. R.，"Counseling Psychology: Career Interventions，Research，and Theory"，*Annual Review of Psychology*，1981.

[60] Hung，W.，"Problem-based Learning：A Learning Environment for Enhancing Learning Transfer"，*New Directions for Adult and Continuing Education*. Vol.137，2013.

[61] Illeris，Knud，"Contemporary Theories of Learning：Learning Theorists- in Their Own Words"，*Taylor & Francis Rout Ledge*，2009.

[62] Jack Mezirow，"Contemporary Paradigms of Learning"，*Adult Education*

Quarterly, 46（3）, 1996.

[63] James, W., *The Principles of Psychology*, New York: Henry Holt, Vol.2, 1980.

[64] Jan D. Sinnott, "Cognitive Development as the Dance of Adaptive Transformation: Neo-Piagetian Perspectives on Adult Cognitive Development", in *M Cecil Smith*, *Nancy DeFrates-Densch* (Eds.), *Handbook of Research on Adult Learning and Development*, New York: Routledg, 2009.

[65] Jarvis P., "Adult Learning in the Social Context", *London: Croom Helm*, 1987.

[66] Jasper Eshuis, Marian Stuiver., "Learning in Context through Conflict and Alignment: Farmers and Scientists in Search of Sustainable Agriculture", *Agriculture and Human Values*, Vol.22, 2005.

[67] Jeffery W. Bentley, Paul Van Mele, Md. Harun-ar-Rashid, Timothy J. Krupnik, "Distributing and Showing Farmer Learning Videos in Bangladesh", in *The Journal of Agricultural Education and Extension*, Vol.1, 2015.

[68] John Guenther, *Vocational Learning in the Frame of a Developing Identity*, Ralph Catts, Ian Falk, Ruty Wallace, *Vocational Learning:Innovative Theory and Practice*, New York: Springer International Publishing, 2011.

[69] John W. Creswell & Vicki L. Plano Clark, *Designing and Conducting Mixed Methods Research*, CA : Sage Publications, 2007.

[70] Johnson, D.W., Johnson, R.J., *Circles of Learning*: *Cooperation in the Classroom*, Edina, MN: Interaction Book Company, 5, 1993.

[71] Jordan, B., "Cosmopolitan Obstetrics: Some Insights from the Training of Traditional Midwives", *Social Science and Medicine* , 1989.

[72] Joseph Luft, *Group Processes*: *An Introduction to Group Dynamics*, Third Edition, The McGraw-Hill Companies, 1984.

[73] Kalam, A. P. J. A., *Challenges for Knowledge Society*, University News, 2004.

[74] Kegan, R, *The Evolving Self*, Cambridge, MA : Harvard University Press, 1982.

[75] Keith Goffin, Ursula Koners., "Tacit Knowledge, Lessons Learnt, and New Product Development", *Journal of Product and Innovation Management*, Vol.28, 2011.

[76] Kemmis, S., "Action Research and the Politics of Reflection", in D. Boud, R. Keogh, & D. Walker (Eds.), Reflection, *Turning Experience into Learning* , London, England: Kogan Page, 1985.

[77] Kilpatrick, S.Johns, S., "How Farmers Learn : Different Approaches to

Change", in *The Journal of Agricultural Education and Extension*, Vol.9, No.4, 2003.

[78] Knowles, M. S., Holton, E. F., Swanson, R. A, *The Adult Learner*, *5thed*, Houston : Gulf, 1998.

[79] Knowles, M. S., *The Modern Practice of Adult Education: From Pedagogy to and ragogy* (rev. ed.), Englewood Cliffs, NJ : Prentice Hall/Cambridge, 1980.

[80] Kolb, D., *Experiential Learning : Experience as a Source of Learning and Development*, Upper Saddle River, NJ : Prentice, 1984.

[81] Koplowitz, H., "A Projection beyond Piaget's Formal Operations Stage: A General Systems Stage and a Unitary Stage", in *M. Commons, F. Richards, & C. Armon* (Eds.), *Beyond Formal Operations*, 1984.

[82] Korsching, P. F., Hoban, T.J. IV., " Relationship between Information Sources and Farmers' Conservation Perceptions and Behavior", *Society and Natural Resources*, Vol.3, No.1, 1990.

[83] Kwaw-Mensah, D. R. A. Martin., "Perceptions Regarding Selected Educational Strategies Used by Extension Educators", in *The Journal of Agricultural Education and Extension*, Vol.19, No.4, 2013.

[84] Lave, J., *The Culture of Acquisition and the Practice of Understanding*, J.W. Stigler, R.A. Shweder , G. Herdt eds., *Cultural Psychology*, Cambridge : Cambridge University Press, 1990.

[85] Lesgold, A., Ivell-Friel, J.& Bonar, G., *Towards Intelligent Systems for Testing*, L.B. Resnick, Lawrence Erlbaum & Associates Hillsdale ed., *Knowing, Learning and Instruction:Essays in Honor of Robert Glaser* .NJ : 1989.

[86] Loughran, J. J., " Effective Reflective Practice: In Search of Meaning in Learning about Teaching", *Journal of Teacher Education*, Vol.53, 2002.

[87] Ludvigsen, S., Lund, A., Rasmussen, I., & Säljö, R., "Introduction : Learning across sites : new tools, infrastructures and practices", in *Learning across sites. New tools, infrastructures and practices* , S. Ludvigsen, A. Lund, I. Rasmussen, & R. Säljö (Eds.) Oxon : Rout ledge, 2011.

[88] Malcolm S. Knowles, Elwood F. Holton III, Richard A. Swanson, *The Adult Learner: the Definitive Classic in Adult Education and Human Resource Development*, San Diego: Elsevier, 2005.

[89] Marchand, T.H.J., "Muscles, Morals and Mind: Craft Apprenticeship and the Formation of Person", *British Journal of Education Studies*, Vol.56, No.3, 2008.

[90] Margaret M. Kroma PhD, "Organic Farmer Networks: Facilitating Learning and

Innovation for Sustainable Agriculture", *Journal of Sustainable Agriculture*, 2006.

[91] Mary McCarthy, *Experiential Learning Theory*: *From Theory To Practic*e, Journal of Business, Economics Research, Vol.14, No.3, 2016.

[92] Mascitelli, R., "From Experience: Harnessing Tacit Knowledge Toachieve Breakthrough Innovation", *Journal of Product InnovationManagement*, Vol.17, No.3, 2000.

[93] Mezirow, J., "Learning to Think Like an Adult: Coreconcepts of Transformation theory", in *J. Mezirow*, *Associates*, *Learning as Transformation*, San Francisco : Jossey-Bass, 2000.

[94] Michael Eraut., *Developing Professional Knowledge and Competence*, London: Taylor & Francis Inc, 1994.

[95] Middleton, H.E., "Solving Complex Problems in Learning", in *the Workplace*: *Tourism and Hospitality*, J.C. Stevenson, Brisbane : Centre for Learning and Work Research, 1996.

[96] Mostafa Karbasioun, Harm Biemans, Martin Mulder, "Farmers' Learning Strategies in the Province of Esfahan", in *The Journal of Agricultural Education and Extension*, Vol.14, No.4, 2008.

[97] Nathalie Muller Mirza, Anne-Nelly Perret-Clermont, *"Are You Really Ready to Change?"*, in *An Actor-oriented Perspective on a Farmers Training Setting in Madagascar.*, Eur J. Psychol Educ, 2016.

[98] O'Kane, M.P.Paine, M.S, King, B.J., "Context, Participation and Discourse : The Role of the Communities of Practice Concept in Understanding Farmer Decision-MakingP", *Journal of Agricultural Education and Extension*, Vol.14, No.3, 2008.

[99] Oakeshott M., *Rationalism in Politics : And Other Essays*, London, Methuen, 1962.

[100] Paavola, S. & Hakkarinen, K., "The Knowledge Creation Metaphor-An Emergent Epistemological Approach to Learning", *Science & Edution*, 14 (6), 2005.

[101] Park, D. B.Y. B. Cho, M. Lee, "The Use of an e-Learning System for Agricultural Extension : A Case Study of the Rural Development Administration, Korea", in *The Journal of Agricultural Education and Extension*, Vol.13, No.4, 2007.

[102] Patton, *Qualitative Evaluation and Methods* (*2nd ed.*), New bury Park, CA : Sage, 1990.

[103] Pavlenko, Aneta, Blackledge., "Adrian.Negotiation of Identities in Multilingual Contents", *Multilingual Matters*, 2004.

[104] Peerasit Patanakul, Dragan Milosevic, "A Competency Model for Effectiveness in Managing Multiple Projects", *The Journal of High Technology Management Research*, 18 (2), 2008.

[105] Pepijn Schreinemachers, etc., *Farmer Training in Off-season Vegetables : Effects on Income and Pesticideuse in Bangladesh*, Food Policy, 2016.

[106] Peter M. Blau., "Occupational Choice : A Conceptual Framework", *ILR Review*, Vol.9, No.4. (Jul.1956).

[107] Piaget, J., *Ehavior and Evelution*, New York : Random House, 1978.

[108] Quinn J., Brain J., Erson P., "Leveraging Intellect", *Academy of Management Executive*, Vol.10 (3), 1996.

[109] Rajula Shanthy, T., R. Thiagarajan, " Interactive Multimedia Instruction versus Traditional Training Programmes : Analysis of their Effectiveness and Perception", in *The Journal of Agricultural Education and Extension*, Vol.17, 2011.

[110] Rani, E., L. Yadav, V. Verma, and S. Verma., "Impact Assessment of Technological Optionsand Opportunities in Agriculture", *Annals of Agriculture Biological Research,* 18 (2): 2013.

[111] Reychav, I., Weisberg, J., "Going beyond Technology:Knowledge Sharing as a Tool for enhancing Customer—Oriented Attitudes", *International Journal of Information Management*, Vol.29, 2009.

[112] Reynolds, M., "Reflection and Critical Reflection in Management Learning", *Management Learning*, 1998.

[113] Richard F. Miirod, Frank B. Matsiko, Robert E. Mazur, "Training and Farmers' Organizations' Performance", *Journal of Agricultural Education and Extension*, Vol.20, No.1, 2014.

[114] RichardS.Williams, *Performance Management*, London: International Thomson Business Press, 1998.

[115] Rogers, E.M, *Diffusion of Innovations*, New York : Free Press, 1995.

[116] Rogers, Everett M., *Diffusion of Innovations*, 3rd ed. New York : Free Press, 1983.

[117] Rogers, C.R., *On Becoming a Person*, Boston : Houghton Mifflin, 1961.

[118] Rogoff, B., *Apprenticeship in Thinking-Cognitive Development in Social Context*, New York : Oxford University Press, 1990.

[119] Rola, A.C., Jamias, S.B., Quizon, J.B., "Do Farmer Field School Graduates Retain and Share What They Learn? An Investigation in Iloilo, Philippines",

Journal of International Agricultural and Extension Education, Vol.9, 2002.

[120] Rumelhart, D. E., & Norman, D. A., "Accretion Tuning and Restructuring : Three Modes of Learning." In *J.W.Cotton&R. Klatzky* (Eds.), Semantic Factors in Cognition. Hillsdale, NJ : Erlbatun, 1978.

[121] Sanginga, P.C., Waters-Bayer, A., Kaaria, S., Njuki, J.& Wettasinha, C, *Innovation Africa, Enriching Farmers, Livelihoods*, London : Earthscan, 2009.

[122] Scanlon, L. (Ed.) ., *"Becoming" A Professional : An Interdisciplinary Study of Professional Learning*, Springer, Dordrecht, 2011.

[123] Schon D. A., *The Reflective Practitioner: How Professionals Think in Action*, New York: Basic Books, 1983.

[124] Selyf Lloyd Morgan, "Social Learning among Organic Farmers and the Application of the Communities of Practice Framework", in *The Journal of Agricultural Education and Extension*, Vol.17, No.1, 2011.

[125] Sfard, A., "On Two Metaphors of Learning and the Dangers of Choosing Just One", *Educational Researcher*, 27 (2), 1998.

[126] Siroco Messerli, Maksat Abdykaparov, Peter Taylor, "Vocational Education and Training for Woman Farmers in Kyrgyzstan : A Case Study of an Innovative Education programme", *Journal of Vocational Education & Training*, Vol.58, No.4, 2006.

[127] Smith, R. M, *Learning How to Learn*, *Englewood Cliffs*, NJ : Cambridge, 1982.

[128] Solano, C.Leon, H.Perez, E.Herrero, M, "The Role of Personal Information Sources on the Decision Making Process of Costa Rican Dairy Farmer", *Journal of Agricultural Systems*, Vol.76, No.1, 2003.

[129] Soniia David, Christopher Asamoah, "The Impact of Farmer Field Schools on Human and Social Capital : A Case Study from Ghana", *Journal of Agricultural Education and Extension*, Vol.17, No.3, 2011.

[130] Stephen Billett, "Mimesis : Learning Through Everyday Activities and Interactions at Work", *Human Resource Development Review*, Vol.13 (4), 2014.

[131] Stephen Billett, *Vocational Education:Purposes, Traditions and Prospects*, New York: SPRINGER, 2011.

[132] Stephen Billett., "Apprenticeship as a Mode of Learning and Model of Education", *Education + Training*, Vol.58, No.6, 2016.

[133] Sternberg, R. J., Berg, C. A., *Intellectual Development*, New York : Cambridge University Press, 1992.

[134] Steven D. Brown, Robert W. Lent, *Career Development and Counseling*: *Putting Theory and Research to Work*, New Jersey：John Wiley & Sons, 2005.

[135] Strong, Robert, Wayne Ganpat, Amy Harder Travis, L. Irby, James R. Lindner, "Exploring the Use of Information Communication Technologies by Selected Caribbean Extension Officers", in *The Journal of Agricultural Education and Extension*, Vol.20, 2014.

[136] Sue Kilpatrick, "Education and Training：Impacts on Farm Management Practice", in *The Journal of Agricultural Education and Extension*, 2000.

[137] Super, D. E., "Self—Concepts in Vocational Development", in *D. E.Super*, *R. Starishevsky*, *N. Matlin*, *J. P. Joordan*, *Career Development*: *Self-Concept Theory*, New York：College Entrance Examination Board, 1963.

[138] Swindell, R., Grimbeek, P. Heffernan, J., "U3A Online and Successful Aging: A Smart Way to Help Bridge the Grey Digital Divide", In *Soar*, *J.*, *Swindell*, *R. F. and Tsang*, *P.* (eds), *Intelligent Technologies for Bridging the Grey Digital Divide*, Information Science Reference, New York, 2011.

[139] Tara Fen Wick, "Understanding Transitions in Professional Practice and Learning: Towards New Questions for Research", *Journal of Workplace Learning*, Vol.25 Issue: 6, 2013.

[140] Tara Fen Wick, "Understanding Transitions in Professional Practice and Learning: Towards New Questions for Research", *Journal of Workplace Learning*, Vol.25 Issue: 6, 2013.

[141] Thomas Amirtham & M. John Joseph, " ICT and Life Long Learning Pedagogy for Development and Empowerment：An Illustration from Farmers in India", *Journal of Technology in Human Services*, 2011.

[142] Tough, A., "The Adult's Learning Projects, Toronto", *Ontario Institute for Studies in Education*, 1979.

[143] Valente, T.W, "Social Network Thresholds in the Diffusion of Innovations", *Social Networks*, Vol.18, 1996.

[144] Vasiliki Brinia & Panagiotis Papavasileiou, "Training of Farmersin Island Agricultural Areas：The Case of Cyclades Prefecture", *The Journal of Agricultural Education and Extension*, Vol.21, No.3, 2015.

[145] Vasiliki Brinia, Nikolaos Soundoulounakis, "Quality Assurance System in Higher Education, International Journal of Academic Research in Accounting", *Finance and Management,* (10), 2015.

［146］Vazire, S.& Wilson, T.D., *Handbook of Self—knowledge*, USA: Guild Ford Press, 2012.

［147］Vondracek, F. W., Lerner, R. M., Schulenberg, J. E., "Career Development: A life-Span Developmental Approach", *Hillsdale NJ : Erlbaum.*, 1986.

［148］Webb, E., "Making Meaning: Language for Learning", in *Ainley*, *P. and Rain Bird*, *H.* (Eds), *Apprenticeship: Towards a New Paradigm of Learning*, Kogan Page, London, 1999.

［149］Wenger, Etienne., *Communities of Practice: Learning, Meaning and Identity*, Cambridge, MA: Cambridge University Press, 1998.

［150］Wernerfelt B , "A Resource-Based View of the Firm", *Strategic Management Journal,* Vol.5, No.2, 1984.

［151］Yasuyuki Todo, Ryo Takahashi, "Impact of Farmer Field Schools on Agricultural Income and Skills: Evidence from an Aid-Funded Project in Rural Ethiopia", *Journal of International Development,* J. Int. Dev.25, 2013.

图 索 引

表 索 引

后　记

在书稿即将付梓之际，顿觉担子卸下。然细思三年的研究历程，突感担子更重。诸多的酸甜苦辣，还是想在这里说说。

雄关漫道真如铁，而今迈步从头越。当课题立项一公示出来，心中那种喜悦无以言表，这是因为，作为一个科研工作者，能够获得国家级课题的立项，无疑是对研究者莫大的认同。然而，这种喜悦之情持续不长，更大担心由内而生：在许多研究者看来，能够熟练使用一种研究方法论已经非常不错，况且是两种研究者之前都不熟练的方法，一想到混合研究方法论，我心里忐忑不安：怎么用？怎么为课题研究服务？虽然在博士期间经过系统的学术训练，并在科研上小有成就，但之前发表的成果都是以文献为中心，很少与人打交道，一想到与人打交道，我心里就一直犯嘀咕，"他们是谁？他们愿意配合我吗？诸如此类的担心萦绕大脑，甚至日不能食，夜不能寐。直到有一天，我在翻译我的澳大利亚合作导师史蒂芬·比利特教授的《工作场所学习：有效实践的策略》一书时，"从新手到专家演变的过程"其实就是"just do it"（反复练习）的过程。这句话让我豁然开朗——"抛却你畏怯心理，持续行动"。针对研究方法的困惑，先后赴北京、武汉、上海参加相关的培训班和研讨会，自己主动承担教育科学研究方法的课程教学，阅读大量的、具有鲜明研究方法的博士学位论文，渐渐地，混合研究方法论的实施过程了然于胸。针对研究对象的担心，从课题开题后，个人便带硕士研究生先后赴全国 7 个省份，对 22 位新型职业农民进行了接触和访谈。这里要感谢本书中的第一个研究样本——"朱博士"，听说我想对新型职业农民成长进行研究，他主动开车到我学校，在办公室进行 2 个小时的访谈，让我的访谈方法小试身手，也在他的身上感到新型职业农民未来的"光明"，也让我更有兴趣去深入现场了解这样一个"新兴"职业。可以说，所到之处，研究样本主动分享成长故事，并对我们的研究提出了诸多期许，真心希望这样的一个研究成果能够达到他们心中的某些目标。

　　新竹高于旧竹枝，全凭老干为扶持。在教育大家庭中，成人教育学科有时候并不被人所了解，然而，个人时刻感受到了这个大家庭的温暖。从 2003 年硕士研究生开始，跟随导师肖玉梅教授进入成人教育领域。2008 年，有幸成为中国成人教育协会成人高等教育理事会理事长、华东师范大学博士生导师的博士研究生，让我徜徉于终身教育研究海洋中，汲取营养，让我不断成长。在课题立项之前，中国成人教育协会谢国东副会长、曲阜师范大学何爱霞教授就申报书提出了诸多完善意见；在课题开题之时，谢国东副会长、黄健理事长、乐传永教授、柳士彬教授、肖菲教授等专家给予课题诚挚的指导；在课题中期检查之时，张竺鹏秘书长、谭旭总编、何爱霞教授对课题深入研究提出了诸多意见；在课题成果汇报之时，胡业华教授、何齐宗教授、翁伟斌教授、徐德培教授、施晶晖教授、刘建华院长提出了诸多完善意见。成果的出版还离不开杂志社、出版社的大力支持。让我感动的是，中国人大资料书报资料中心谭旭总编，对我们的研究成果保持高度关注，积极转载相关的研究成果；《现代远程教育研究》的田党瑞主编对我们课题成果非常支持，在其刊物上发表了 2 篇文章，并不厌其烦地推荐给中国人大复印资料转载……让我欣慰的是，人民出版社赋予成果出版的机会，感谢吴广庆编辑的热切指导。回顾历程，图书的出版、个人的成长无不浸沥着你们的关切和指导，在此表示衷心的感谢。

　　本书作为一项集体智慧的结晶，王燕子、龚萍、韩晶晶、田丽君等参与了本书部分章节内容的讨论或撰写，课题组成员积极参与并提出了诸多建议，我的研究生团队（徐晨阳、李书涵、唐薇、王饶若愚、刘雨婷和杨文茜）参与书稿的文献搜集与校稿。

　　路漫漫其修远兮，吾将上下而求索。虽然，图书出版意味着研究暂时告一段落，但也意味着一项研究的开始。新型职业农民成长话题依然是我未来持续关注的一个话题，并期待有更加优秀的成果。此心安处是吾乡。从儿时艰苦到外出求学，从学有所用到美丽乡愁，作为一个农村走出来的研究者，本书的初始愿望是能够为乡村振兴战略贡献一份力量，让扎根农村的"土专家""田秀才"更有信心，吸引愿意回报乡村的"新农人"回归土地，促进乡村振兴战略目标的实现。

欧阳忠明

2019 年 3 月 10 日于南昌

责任编辑：吴广庆

封面设计：胡欣欣

图书在版编目（CIP）数据

新型职业农民职业化学习研究／欧阳忠明 著．— 北京：人民出版社，2019.10

ISBN 978 - 7 - 01 - 021260 - 9

I. ①新…　II. ①欧…　III. ①农民教育 - 职业教育 - 研究 - 中国　IV. ① G725

中国版本图书馆 CIP 数据核字（2019）第 203180 号

新型职业农民职业化学习研究

XINXING ZHIYE NONGMIN ZHIYEHUA XUEXI YANJIU

欧阳忠明　著

人民出版社 出版发行

（100706　北京市东城区隆福寺街 99 号）

中煤（北京）印务有限公司印刷　新华书店经销

2019 年 10 月第 1 版　2019 年 10 月北京第 1 次印刷

开本：710 毫米 ×1000 毫米 1/16　印张：17.5

字数：250 千字

ISBN 978 - 7 - 01 - 021260 - 9　定价：68.00 元

邮购地址 100706　北京市东城区隆福寺街 99 号

人民东方图书销售中心　电话（010）65250042　65289539